高等职业教育“十二五”创新型规划教材

审计理论与实务

（第2版）

主　编　王　宏　邹　春

副主编　李丽娜　佟　玲

北京理工大学出版社
BEIJING INSTITUTE OF TECHNOLOGY PRESS

内容简介

《审计理论与实务》自2011年正式出版以来，经过3年的教学和学习的检验，其教学目标和特征得到了社会的普遍认同。

此次修订遵循了国家颁布的最新的中国注册会计师审计准则、企业会计准则及相关法律制度规范的要求，依照“审计理论篇”“理论应用篇”“模拟实务篇”的结构，以注册会计师审计理论为主线，兼顾了政府审计、内部审计，全面阐述了审计的基本理论、基本方法，以及审计实训的基本技能，并且每章都附有技能目标、本章精要、相关知识介绍、自我测试，同时列出大量的审计模拟实训案例，旨在培养学生熟悉审计执业工作环境及要求的能力，培养他们应对复杂、重大、隐蔽性高的财务舞弊行为的审计判断、侦查等实战能力，力求使之较快适应审计工作岗位。

本书可作为高等院校、成人高校、应用型本科院校、民办高校的审计及相关专业审计课程教材，也可作为企业财会、审计人员、其他经济管理人员以及财经类院校教师学习和工作的参考用书。

图书在版编目（CIP）数据

审计理论与实务/王宏，邹春主编. —2版. —北京：北京理工大学出版社，2014.8（2017.1重印）

ISBN 978-7-5640-9626-7

Ⅰ. ①审… Ⅱ. ①王… ②邹… Ⅲ. ①审计学 Ⅳ. ①F239.0

中国版本图书馆CIP数据核字（2014）第194579号

出版发行/北京理工大学出版社
社　　址/北京市海淀区中关村南大街5号
邮　　编/100081
电　　话/(010)68914775(总编室)
　　　　　68944990(批销中心)
　　　　　68911084(读者服务部)
网　　址/http://www.bitpress.com.cn
经　　销/全国各地新华书店
印　　刷/北京泽宇印刷有限公司
开　　本/787毫米×1092毫米 1/16
印　　张/19
字　　数/435千字
版　　次/2014年8月第2版 2017年1月第3次印刷
定　　价/39.80元

责任编辑/刘 娟
文案编辑/王晓莉
责任校对/周瑞红
责任印制/李志强

图书出现印装质量问题，本社负责调换

前　言

随着我国改革的不断深化和经济社会的迅猛发展，审计工作的地位和作用越来越突出，社会各界对审计工作的期望和要求也越来越高。为了适应市场经济的发展，适应我国教育改革与发展的需要，满足高等院校尤其是高等职业教育工学结合的需求，实现教学与工作岗位的近距离接触，突出审计工作“专”和“职”的特点，《审计理论与实务（第2版）》应运而生。

本书以审计的实务运作为出发点，以审计理论为基础，本着务实、求新、开拓和借鉴的原则进行编写。此次修订突出了以下几个方面的内容。

1. 体现审计理论和实务的前瞻性

结合“十二五”时期新特点、新要求，“以学习对象为教学主体，以理论学习为基础，以能力培养为中心，以实践应用为目标”，本书汲取了审计、会计方面的最新法律、法规和政策的精神，及时调整了教材内容与体例，与时俱进，力求使学生获得最前沿的知识与技能，同时还引导学生了解社会、接触实际，增强其职业道德意识、团队精神和社会责任感，对以后的学习工作意义重大。

2. 理论铺垫够用，凸显实务操作

紧紧围绕高等职业教育的培养目标，遵循“注重基础、突出适用、增加弹性、精选内容”的原则，本书在编写过程中能够紧紧围绕“以能力为本位，以就业为导向”的理念，不仅阐明了审计基本知识、基本技能和职业素养，而且设计了大量审计模拟业务及案例，使学生能够身临其境，突出了对其动手能力及实际工作能力的培养。

3. 灌输任务驱动思想，具有新颖性

本书充分吸收了“工学结合”课程教学改革成果，注重岗位针对性与综合性相结合，突出实践教学在人才培养过程中的作用，重视学生校内学习与实际工作的一致性；本书以工作项目和任务为中心，组织课程内容，以注册会计师审计为主线，突出职业能力培养。体现了职业岗位分析和具体工作过程的课程设计理念。在内容上主次分明、重点突出、循序渐进，做到了叙述简洁、文字精练、脉络清晰、通俗易懂，实现了教学内容的先进性、科学性和完整性。

4. 素材系统丰富，一举多得

结合高等院校学历教育和相关职业资格考试所要求的内容，教材内容与时俱进，重视校内学习与实际工作的一致性，满足了高等职业“双证书”教育，更好地提升了学生的岗位竞争能力，同时，在每一教学单元后附有丰富的练习题，以培养学生发现问题、分析问题和解决问题的能力，增强学生的动手与务实操作技能。努力体现教学的启发性、可操作性和实用性的特点。

5. 编写队伍强大，质量优良

本书的主编是“双师型”骨干教师，其能够将职业教育理论和实践相结合，注重学生职业知识的传授和实践技能的培养。同时会计师事务所的专业人才也参与了编写。这个优秀的编写团队充分保证了教材的质量。

6. 适用面广，既可作教材，也可作培训使用参考书

本教材可作为高职院校、成人高校、应用型本科院校、民办高校的审计及相关专业学生的学习教材，也可作为财经类院校教师学习和工作的参考用书，同时也可供从事审计、会计工作的实际工作者参考。

总之，为了满足“十二五”期间国家对教材的开发、编写、审定、选用、更新机制的要求，使“工学结合”“任务驱动”“基于工作过程的项目教学”等教学理念得以进一步推广，我们大力推出了这本“理念新、体系新、内容新、方法新”的精品教材。

本书由吉林省经济管理干部学院王宏老师负责总体方案的策划及全书的写作组织工作。王宏、邹春任主编，李丽娜、佟玲任副主编，具体分工为：第1~7章、第10~14章由王宏编写；第8章由李丽娜编写；第9章由佟玲编写；第15章由王宏、邹春编写；王宏、李丽娜、佟玲共同编写了审计实务部分。全书由王宏、盛立军老师终审。

在编写过程中参阅了大量学者、专家的论著及同类教材，并走访了多家会计师事务所，得到了多家企业的支持与帮助。同时，北京理工大学出版社的编辑在本书的编校过程中，付出了大量的努力，在此一并表示感谢!

尽管我们为编写此书付出了很多的努力，但由于编者水平与时间有限，书中难免有不足之处，敬请读者批评指正，以便再版时修正完善。

编　者

目 录

第一部分　审计理论篇

第二部分 理论应用篇

第三部分 模拟实务篇

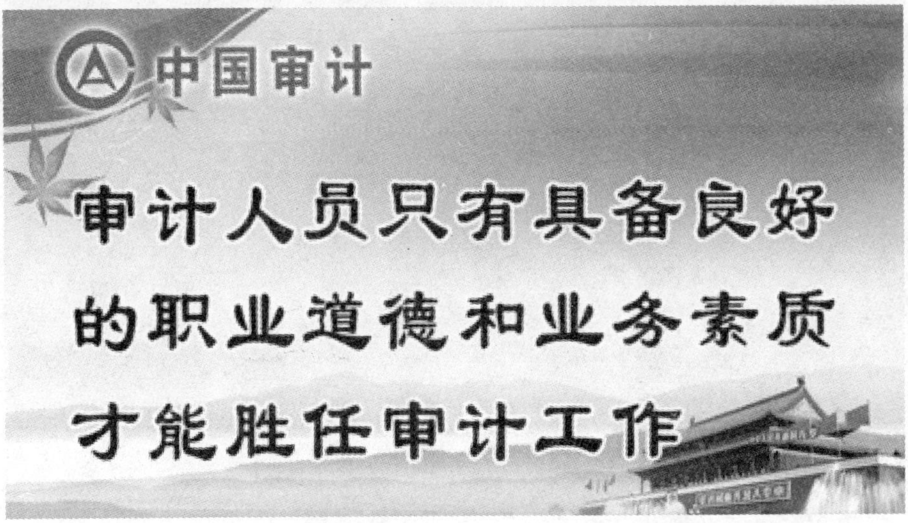

第一部分

审计理论篇

第1章

审计工作入门

地位与作用

本章主要介绍审计的基本知识，属于审计的入门章。

技能要求

* 理解审计的基本概念；熟悉审计的分类；掌握审计的职能；明确审计与会计的联系与区别；明晰政府审计、注册会计师审计和内部审计三者之间关系。

1.1 审计基本知识认知

审计作为一种经济监督活动，是伴随社会经济的发展而产生，又伴随社会经济的发展而发展的。就其产生而言，是人类社会经济活动发展到一定阶段的产物；就其发展而言，是为适应经济活动发展变化对审计的要求而不断变革与完整自身的过程。

1.1.1 认识审计

审计的概念是对审计实践的抽象和总结，它反映了审计的本质属性。随着审计实践的不断发展和变化，审计的定义也在发生着变化，审计概念的内容更丰富，更趋向于科学、合理。

不同观点

1953 年，美国注册会计师协会名词术语委员会将审计定义为："审计是一种检查，旨在按照公认会计原则对公司和其他实体向公众和有关方面提供的财务报表的公允性和一致性表述意见。"

1972 年，美国注册会计师协会《审计准则说明书第 1 号》中的定义为："独立审计师对财务报表进行检查的目的是对其是否按照公认的会计原则公允地反映了财务状况、经营成果和财务状况之变动情况表示意见。"

1973 年，美国会计委员会（American Accounting Association，AAA）下设的审计概念委员会在《基本审计概念说明》中将审计定义为："审计是一种客观地收集与评价有关经济活动和经济事项的断言的证据，以确定其断言与既定标准之间的符合程度，并将这些成果传递给利益相关人的系统过程。"

日本将审计定义为："审计是站在公正的第三者立场上的人对有关人员的行为进行直接监督，以及时进行行为结果调查，并对调查结果表示意见。"

以上的审计定义反映了审计学术界和职业界在不同时期对审计的认识。我国"审计"一词最早见于宋代的《宋史》。从词义上解释，"审"为审查，"计"为会计账目，审计就是审查会计账目。"审计"一词英文单词为"Audit"，有"查账""旁听"的含义。由此可见，早期的审计就是审查会计账目，与会计账目密切相关。

审计发展至今，早已超越了查账的范畴，涉及对各项工作的经济性、效率性和效果性的查核。

1989 年，我国审计理论界把审计定义为："审计是由专职的机构和人员接受委托或授权，依法对被审计单位的财政、财务收支及其有关经济活动的真实性、合法性、效益性进行审查，评价经济责任，用以维护财经法纪，改善经营管理，提高经济效益，促进宏观调控的独立性经济监督活动。"这一定义是国家审计的高度概括。它既包括政府审计，又包含注册会计师审计和内部审计。

小贴士

《中国注册会计师审计准则第 1101 号——财务报表审计的目标和一般原则》将审计概念描述为：财务报表审计的目标是注册会计师通过执行审计工作，对财务报表的下列方面发表审计意见：

1. 财务报表是否按照适用的会计准则和相关会计制度的规定编制。

2. 财务报表是否在所有重大方面公允反映被审计单位的财务状况、经营成果和现金流量。

从审计定义看，审计包括以下基本内容：

（1）审计的主体是专职机构和人员。专职机构是指政府审计机关、会计师事务所、内部审计部门。专职人员包括政府审计机关的工作人员、注册会计师与内部审计部门的职员及其审计助理人员。他们在审计活动中处于主导地位，是审计行为的执行者。

（2）审计客体是被审计人，是指接受审查、监督与评价的被审计单位，包括各级政府机关、金融机构和企事业单位及其他经济组织。

（3）审计的对象是指审计行为的接受者，包括审计的实体和内容。通常把审计的对象高度概括为被审计单位的经济活动，其中被审计单位即为审计实体，经济活动即为审计的内容。

注意：并非社会上的一切经济活动都是审计的对象，只有属于审计范围内的经济活动，才是审计对象。

（4）审计要依法进行。审计人员要对所查明的事实进行评价和判断并提出审计意见，做出审计结论，其标准是国家制定的各类相关法律、法规、法令和有关准则和制度等。

(5) 审计工作的成果以报告形式表达。审计人员通过对被审计单位财务资料的审核，对其所反映的经济活动进行鉴证、证明和评价，并将所形成的审计结论以某种形式传达给授权单位或委托单位。

(6) 审计的目标是指审查和评价审计对象所要达到的目的和要求。审计的目标其实就是确定被审计信息与既定标准之间相符合的程度。

(7) 审计的本质是独立的经济监督活动。审计主体应当独立于委托、授权的单位和被审计单位之外，应该是独立的第三者。审计只有在独立的基础上，才能公正、客观地发挥其经济监督的职能。

1.1.2　认识审计的种类

审计的种类，即对审计进行分类。由于审计的需求不同，从而形成了不同类型的审计。研究审计分类的意义在于从不同的角度加深对审计的认识，以便有效地组织和运用各种类型的审计，充分发挥审计的职能作用。

参照国际审计分类惯例、结合我国经济类型和审计监督的特点，将我国审计划分为基本类型和其他类型。

1. 审计的基本分类

审计的基本分类是以审计的本质属性为标准进行的分类，即按照审计主体、审计内容和目的、审计主体与被审计单位的关系等所进行的分类。

1) 按审计主体分类

(1) 政府审计。政府审计也称国家审计，是指由政府审计机关代表政府依法进行的审计。国家审计具有法定性和无偿性。在我国，最高的政府审计机关是审计署。审计署及其派出机构和地方各级人民政府审计厅（局）所组织和实施的审计，均属于国家审计。

(2) 注册会计师审计。注册会计师审计也称民间审计，是指由经政府有关部门审核批准的注册会计师组成的会计师事务所，在接受委托人的委托后，根据审计业务约定书对被审计单位进行的审计。注册会计师审计具有独立性、委托性和有偿性。这种审计风险高、责任重。审计理论的产生、发展及审计方法的变革都基本上是围绕它展开的。本书所阐述的审计理论与实务也主要是针对注册会计师审计而言的。

(3) 内部审计。内部审计是指由各部门、各单位内部设置的专门机构或人员所实施的审计。内部审计具有内向性、广泛性、及时性、针对性。其主要目的在于查错防弊，改善经营管理，提高经济效益。

小贴士

在西方国家，内部审计被普遍认为是董事会或总经理的耳目、助手和顾问。1999年，国际内部审计师协会（IIA）理事会通过了新的内部审计定义，指出：“内部审计是一项独立、客观的保证和咨询顾问服务。它以增加价值和改善营运为目标，通过系统、规范的手段来评估风险、改进风险的控制和组织的治理结构，以达到组织的既定目标。”

2）按审计内容和目的分类

（1）财政财务审计。财政财务审计也称常规或传统审计，是指审计机构对被审计单位的财务报表及有关资料的公允性及其所反映的财政、财务收支的合法性和合规性所进行的审计。财政财务审计的目标主要是：审查和评价被审计单位的财政、财务收支是否合法、合规，同时还需审查和评价这些活动的会计账目和财务报表的真实性、正确性和公允性，查明有无错弊和被审计单位履行受托经济责任的实绩。

财政审计是国家审计机关对中央机关和地方各级人民政府的财政收支活动所进行的审计；财务审计是国家审计机关、内部审计机构和社会审计组织对企事业单位的财务收支活动所进行的审计。

小思考

> 西方财务审计，随着社会经济的变化，根据法律的规定和投资者、经营者的需要，先后曾以详细审计、资产负债表审计和财务报表审计三种不同形式出现。
> 那么，注册会计师进行的年度财务报表审计，属于什么类别的审计呢？

（2）财经法纪审计。财经法纪审计也称违纪审计，是指审计机构对被审计单位和个人严重侵占国家资财、严重损失浪费和其他严重损害国家经济利益等违法乱纪行为所进行的专案审计。它是我国审计监督的一种重要形式。审计的主要内容是严重侵占国家资财、严重损失浪费、贪污盗窃、行贿受贿等以及由于失职、渎职造成严重损失的重大经济案件。其目的是保护国有财产安全完整，维护企事业单位、所有者、出资人和职工的合法权益。

财政财务审计和财经法纪审计是我国政府审计机关主要的审计目标。

（3）经济效益审计。经济效益审计是指审计机构对被审计单位的财政、财务收支及其经营管理活动的经济性和效益性所实施的审计。其审计的内容包括各级政府的财政收支和管理活动，行政事业单位的资金使用和管理活动，固定资产投资及其管理活动的经济效益情况及影响因素、途径等。审计目标侧重于检查和评价被审计单位经济活动的经济效益性或合理有效性。

3）按审计主体与被审计单位的关系分类

（1）外部审计。外部审计是指由独立于被审计单位之外的国家审计机关或民间审计组织实施的审计。由于外部审计机构与被审计单位并无利害关系，在组织上和职权行使上都具有独立性，其审计报告具有法律效力，在社会上具有公正性，如会计师事务所实施的审计。

（2）内部审计。内部审计是由部门或单位内部所设立的专职审计机构或审计人员所进行的审计。由于内部审计机构设在部门、单位之内，其独立性不及外部审计，其报告主要供内部管理部门使用。

2. 审计的其他分类

审计的其他分类，就是按照审计的客观条件分类，即按照审计范围、采用的技术模式、实施时间、执行地点等所进行的分类。

1）按审计范围分类

（1）全部审计。全部审计也称全面审计，是指对被审计单位一定时期的财政、财务收支及其经济活动的各个方面及其资料进行的全面审计。其优点是审查详细彻底，结果比较准确可靠。缺点是费时费力，审计业务量过于繁重。一般适用于规模较小、业务较少的或内部控制制度不完善、会计基础工作较为薄弱的单位，如对年度财务报表审计。

（2）局部审计。局部审计也称部分审计，是指对被审计单位一定期间的财务收支或经营管理活动的某些方面及其资料进行的部分的、有目的的和重点的审计。其优点是时间短，耗费少，能及时发现和纠正问题，达到预定的目标。缺点是容易遗漏问题，具有一定的局限性，如对销售业务的审计。

（3）专项审计。专项审计又称专题审计，是指针对某一特定项目所进行的审计。专项审计，审计范围小，针对性强，有利于围绕当前中心工作开展审计，有利于提出有针对性的意见和建议，如对支农扶贫资金的审计、对救灾款项的审计、对自筹基建资金来源的审计。

2）按审计采用的技术方法分类

（1）账项基础审计。账项基础审计是审计技术发展的第一阶段，它是指顺着或逆着财务报表的生成过程，通过对会计账簿和凭证进行详细审阅，对财务账表之间的勾稽关系进行逐一核实，来检查是否存在会计舞弊行为或技术性措施。在进行财务报表审计，特别是专门的舞弊审计时，采用这种技术有利于作出可靠的审计结论。

（2）制度基础审计。制度基础审计是审计技术发展的第二阶段，它建立在健全的内部控制系统可以提高会计信息质量的基础上，即首先进行内部控制系统的测试和评价，当评价结果表明被审单位的内部控制系统健全且运行有效、值得信赖时，在随后对报表项目的实质性程序工作中，审计人员可以仅抽取小部分样本进行审查；相反，则需扩大实质性程序的范围。这样能够提高审计的效率，有利于保证抽样审计的质量。

（3）风险导向审计。风险导向审计也称风险基础审计，是审计技术的最新发展阶段。采用这种审计技术时，审计人员一般从对被审计单位委托审计的动机、经营环境、财务状况等方面进行全面的风险评估出发，利用审计风险模型，规划审计工作，积极运用分析性程序，力争将审计风险控制在可以接受的水平上。

3）按审计实施时间分类

可将审计分为事前审计、事中审计和事后审计。

4）按审计执行地点分类

可将审计分为就地审计和报送审计。

5）按审计是否通知被审单位分类

可将审计分为预告审计和突击审计。

综述所述，依据不同的标准对审计所进行的各种分类，既有其各自的特点，又相辅相成，密切相关。审计人员在执行审计任务时，应根据不同的审计目标和要求，结合被审计单位的实际情况，适当地选用审计类型，更好地完成审计任务。同时，也可以选用几种审计类型，结合使用，使其相互补充，扬长避短。只有这样，才能合理组织审计工作，充分发挥各类审计的作用，从而既能简化审计工作，减轻审计工作质量，又能保证审计质量，提高审计工作的效率和效果。

1.1.3　认识审计的职能

审计职能是指审计本身所固有的内在功能，是审计所具备的完成特定任务的功能。审计职能不是一成不变的，它是随着经济的发展而发展变化的。研究审计职能的目的，是为了更准确地把握审计这一客观事物，以便于确定审计任务，有效地发挥审计的作用和更好地指导审计实践。

目前，我国审计界对审计职能的观点，主要有两种：一种是“单一职能论”；一种是“多职能论”。持“单一职能论”者认为，无论是国家审计、民间审计，还是内部审计，它们只有经济监督一项职能。持“多职能论”者，一般认为审计除审计监督这一基本职能外，还具有其他如评价、鉴证等职能。通过总结历史和现实的审计实践，比较一致的意见认为：审计具有经济监督、经济鉴证和经济评价的职能。

1. 经济监督职能

监督是指监察和督促。经济监督职能，主要是指通过审计，监察和督促被审计单位的经济活动在规定的范围内、在正常的轨道上进行；监察和督促有关经济责任者忠实地履行经济责任，同时借以揭露违法违纪，稽查损失浪费，查明错误弊端，判断管理缺陷和追究经济责任等。

经济监督职能是审计的基本职能。无论是传统审计，还是现代审计，其基本职能都是经济监督。不仅政府审计具有监督职能，民间审计和内部审计都具有监督职能。但必须明确，监督不是唯一职能。

2. 经济鉴证职能

鉴证是指鉴定和证明。经济鉴证职能也称审计公正，是指审计机构和审计人员对被审计单位财务报表及其他经济资料进行检查和验证，确定其财务状况和经营成果是否真实、公允、合法、合规，并出具书面证明，以便为审计的授权人或委托人提供确切的信息，并取信于社会公众的一种职能。

经济鉴证职能是在西方财务报表审计阶段发展起来的一项重要职能。随着现代审计的发展，越来越受到人们重视而日益强化，并显示其重要作用。如会计师事务所接受某公司的委托，对其投入资本进行验资，出具的验资报告，对承包、租赁经营的经济责任的审计报告等均属于经济鉴证的范畴。对于民间审计而言，经济鉴证职能是其主要职能。

3. 经济评价职能

评价，包括评定和建议两个方面。经济评价职能，是指审计机构和审计人员对被审计单位的经济资料及经济活动进行审查，并依据一定的标准对所查明的事实进行分析和判断，肯定成绩，指出问题，总结经验，寻求改善管理、提高效率、效益的途径。

评价的过程，也是肯定成绩、发现问题的过程，审计人员往往是根据存在的问题提出建议，因此，审计建议紧接着经济评价而产生，是经济评价职能的一部分。建议就是审计人员从经济评价出发，提出改进经济工作、提高效益和效率的办法和途径。这是现代审计对传统审计在职能上的拓展。民间审计所提交管理建议书，是评价职能的具体体现。

在审计职能的研究过程中，审计还具有服务、管理、咨询等方面的职能。随着社会生产力的发展及生产关系的变化，审计的职能也在不断变化。同时，人们对审计职能的认识能力也在不断提高。

1.1.4 认识审计的作用

审计的作用与特定的社会、经济环境有着密切的联系。审计作用是指履行审计职能、实现审计目标过程中所产生的社会效果。总结古今中外的审计实践，审计具有制约、促进和证实作用。

1. 制约作用

制约作用也称防护作用，是指审计结果所产生的防止、约束、保护、维护、保障等方面的实际效果。制约作用主要表现在：通过对被审计单位的财务收支及其有关经营管理活动审核检查，并进行监督和鉴证，纠错揭弊，制止违法乱纪、侵占财产和严重损失浪费等行为，维护财经纪律，保护国家财产的安全和完整，以确保市场经济健康有效地运行。

2. 促进作用

促进作用又称建设作用，是指审计结果所产生的促进经济发展的实际效果。促进作用主要表现在：通过对被审计单位的经营管理制度及经营管理活动进行审查和评价，确定被审计单位取得的成绩，并总结经验，提出进一步努力的方向；揭示经营管理活动中存在的问题、内部控制中的薄弱环节和不合理的地方，并深入分析，提出改进意见，促进被审计单位不断完善和健全内部控制制度，改善经营管理，提高经济效益和加强宏观调控。

3. 证实作用

通过审计监督向审计委托人出具审计报告、提供鉴证证明，具有较强的可信性与证实性作用。

1.1.5　明晰审计与会计之间的关系

审计与会计都属于经济管理范畴，两者既有联系，又有区别。

1. 审计与会计的联系

审计与会计的联系主要在于：

两者起源密切相关
两者彼此渗透、融会
两者的目的最终一致

1）两者起源密切相关

传统财务审计主要是审查会计资料及其反映的受托经济责任履行情况，会计资料是审计的直接审查对象。从这种意义上讲，会计是产生审计的基础，审计是会计的质量保证。没有会计，无需进行审计；没有审计，无法保证会计的质量。

2）两者彼此渗透、融会

审计与会计虽然是两门各自独立的学科，但无论在理论上还是方法上都有着彼此渗透、融会的地方。审计标准、审计证据与会计有着密切的联系，表现在审计标准的制定和审计证据的取得绝大多数依赖于会计资料。因此，会计的发展变化必然引起审计的发展与变化。

3）两者的目的最终一致

审计与会计尽管各自具体业务不同，但两者都是以维护财经法纪、加强经济管理、提高经济效益为最终目的。

2. 审计与会计的区别

产生基础不同　职能不同
方法不同　工作程序不同
成果不同

1）产生基础不同

会计是社会生产发展到一定阶段而产生的管理活动，其产生基于经济管理的需要。审计是由于财产所有权与经营管理权的分离，为适应财产所有者检查监督财产经营者经济责任履行情况的需要而产生的监督活动。其产生基于经济监督的需要。

2）职能不同

会计的职能是核算与监督。会计监督是一种财会部门进行的内部检查，以达到对单位进行管理的目的，对外不起“公证”作用。审计的职能是监督、鉴证和评价。审计监督是独立于财会部门之外的专门机构和人员进行的外部监督检查，有较大的独立性、权威性和公正性。

3）方法不同

会计的核算方法包括设置会计科目、复式记账、填制和审核凭证、登记账簿、成本计算、财产清查、编制财务报表。审计的方法包括检查、审阅、监盘、观察、函证、重新计算、抽样、分析性程序等。

4）工作程序不同

会计的工作程序是按照经济业务的时间先后顺序分别进行的，即

填制审核会计凭证 → 登记账簿 → 编制财务报表

审计工作不考虑经济业务发生的时间顺序，一般是按照下列程序进行的：

计划阶段 → 实施阶段 → 报告阶段

5）成果不同

会计最终成果是财务报表；审计最终成果是审计报告。

1.2 我国审计监督体系认知

1.2.1 明晰审计监督体系构成

根据《中华人民共和国宪法》《中华人民共和国审计法》和《中华人民共和国注册会计师法》的规定，政府审计机关、企事业单位内部审计机构和注册会计师审计组织构成了我国的审计组织体系。

政府审计、内部审计和注册会计师审计是一个有机的整体，它们共同构成了我国的审计监督体系。

审计监督体系中的政府审计机关、会计师事务所和内部审计机构互相独立，服务于不同的审计对象和不同的审计目标，不存在主导和从属的关系。

1.2.2 注册会计师审计与其他审计的关系

1. 注册会计师审计与政府审计的关系

政府审计是在国家管理中履行经济责任关系而形成的，政府审计机关对受托管理者的经济责任进行监督，担负着对全民财产的审计责任。

小贴士

> 政府审计机关不仅是最早的审计组织形式，也是现代各国审计机构体系中最重要的组成部分。审计机关按照隶属关系的不同可以分为立法型、司法型、行政型和独立型。

注册会计师审计是随着商品经济的发展，财产的所有权和经营权的分离及资本市场的形成而产生的，是商品经济条件下经济监督机制的主要表现。投资者和债权人关注投资的运用和债务收回的前景，这种关注要依赖于注册会计师的审计结果。

相对于审计客体而言，政府审计和注册会计师审计均是外部审计，都具有较强的独立性。但两者在许多方面存在不同，主要区别如表 1 – 1 所示。

表 1 – 1　政府审计与注册会计师审计的区别

审计类型	审计目标不同	审计标准不同	经费或收入来源不同	取证权限不同	对发现问题的处理方式不同
政府审计	对被审计单位的财政财务收支或者财务收支的真实、合法和效益依法进行的审计	依据《中华人民共和国审计法》和《国家审计准则》	经费列入财政预算，由本级人民政府保证	审计机关在获取证据上有行政上的强制力	审计机关出具的审计意见具有行政上的强制力
注册会计师审计	依法对被审计单位财务报表的合法性与公允性进行的审计	依据《中华人民共和国注册会计师法》和《中国注册会计师审计准则》	审计收入来源于审计客体，与客户协商确定	审计机关在获取证据上没有行政上的强制力	注册会计师出具的审计意见不具有行政强制力

2. 内部审计与注册会计师审计的关系

内部审计是组织内部的一种独立、客观的监督和评价活动，它通过审查和评价经营活动及内部控制的适当性、合法性和有效性来促进组织目标的实现。

注册会计师审计与内部审计都是现代审计体系的重要组成部分。它们是相互联系的。任何一种外部审计在对一个单位进行审计时，都要对其内部审计的情况进行了解并考虑是否利用其工作成果。这是由于内部审计是单位内部控制的一个重要组成部分，外部审计人员在对被审计单位进行审计时，要对内部控制进行评价，就需要了解内部审计的情况；同时内部审计和外部审计在工作上具有一致性，即在审计内容和方法等方面都和外部审计有很多一致之处；利用内部审计工作成果，可以提高工作效率，节约审计费用。

从我国的情况看，注册会计师审计与内部审计在许多方面不同，主要区别如表 1 – 2 所示。

表1-2 内部审计与注册会计师审计的区别

审计类型	审计目标不同	审计标准不同	独立性不同	接受审计的自愿程度不同	审计时间不同
内部审计	对组织内部控制的有效性、财务信息的真实性和完整性以及经营活动的效率和效果进行的审计	依据内部审计准则	为组织内部服务，接受总经理或董事会的领导，独立性较弱	内部审计作为内部控制的重要组成部分，单位内部组织必须接受内部审计人员的监督	通常采用定期或不定期审计，可随时进行审计
注册会计师审计	依法对被审计单位财务报表的合法性与公允性进行的审计	依据《中华人民共和国注册会计师法》和《中国注册会计师审计准则》	为需要可靠信息的第三者提供服务，不受被审计单位管理层的领导和制约，独立性较强	注册会计师以独立的第三方对被审计单位进行审计，委托人可自由选择会计师事务所	通常是定期审计，每年对被审计单位的财务报表审计一次

本章精要

审计是社会经济发展到一定阶段的产物，根源于生产资料所有权与经营管理权的分离。本章主要阐述了审计的概念和特征，明确了审计的职能与作用，并从不同角度对审计进行了分类，阐明了审计监督体系的构成。为今后各章的学习提供了必要的审计理论基础。

相关知识

西方注册会计师的起源与发展

注册会计师审计起源于16世纪的意大利合伙企业制度，形成于英国股份制企业制度，发展和完善于美国发达的资本市场，它是伴随着商品经济的发展而产生和发展起来的（表1-3）。

表1-3 注册会计师审计形成与发展各阶段情况表

时间	阶段	审计对象	审计目的	审计方法	其他	报告使用者
1844—20世纪初，英国	英式详细审计	会计账目	差错防弊	对会计账目进行详细审计	注册会计师审计的法律地位得到了法律确认	股东
20世纪初—1933年，美国	美式资产负债表	账目及资产负债表	判断企业信用状况	从详细审计初步转向抽样审计		股东、债权人

续表

时间	阶段	审计对象	审计目的	审计方法	其他	报告使用者
1933年—第二次世界大战	会计报表审计	以资产负债表和损益表为中心的全部会计报表及相关财务资料	对会计报表发表审计意见，以确定会计报表的可信性，查错防弊转为次要目的	测试相关的内部控制，并广泛采用抽样审计	审计准则开始拟订，审计工作向标准化、规范化过渡，注册会计师考试制度广泛推行	社会公众
第二次世界大战后	管理审计和国际审计			抽样审计方法得到普遍运用，制度基础审计方法得到推广，计算机辅助审计技术得到广泛采用	业务扩大到代理纳税、会计服务、管理咨询等领域	社会公众

自我测试

一、单项选择题

1. 注册会计师审计产生的直接原因是（　　）。
   A. 所有权和经营权的分离　　B. 合伙企业制度的产生
   C. 股份制企业制度的形成　　D. 资本市场的发展
2. 注册会计师执行年报审计应遵循的法律和准则是（　　）。
   A.《会计法》和企业会计准则
   B.《注册会计师法》和企业会计准则
   C.《注册会计师法》和审计准则
   D.《注册会计师法》《企业内部控制基本规范》和审计准则
3. 注册会计师审计方法主要是随着下列哪个因素的变化而调整的？（　　）
   A. 审计目标　　B. 审计对象　　C. 审计责任　　D. 审计环境
4. 目前审计准则体系中提出的审计方法是（　　）。
   A. 账项基础审计　　B. 制度基础审计　　C. 财务基础审计　　D. 风险导向审计
5. 下列关于注册会计师审计的表达中，不正确的是（　　）。
   A. 注册会计师审计产生的直接原因是财产所有权与经营权的分离
   B. 注册会计师审计对象可概括为被审计单位的经济活动
   C. 审计监督体系中，政府审计处于主导地位
   D. 注册会计师审计具有独立、客观、公正的特点
6. 从独立性的观点来考虑，在我国审计监督体系中，政府审计（　　）。
   A. 仅与被审计单位独立，不与审计委托者独立
   B. 仅与审计委托者独立，不与被审计单位独立
   C. 与审计委托者和被审计单位均不独立
   D. 与审计委托者及被审计单位均独立

7. 按照审计的主体不同，审计可以分为（　　）。

A. 整体审计和局部审计

B. 财务报表审计和合规性审计

C. 详细审计和资产负债表审计

D. 政府审计、内部审计和注册会计师审计

8. 下列关于政府审计与注册会计师审计的论断中，正确的是（　　）。

A. 二者的经费和收入来源相同

B. 二者的审计目标一致

C. 二者都是外部审计，都具有较强的独立性

D. 二者对发现问题的处理方式相同

9. 在由审计主体、审计客体和审计委托人组成的三方关系中，处于独立的第一关系人地位的是（　　）。

A. 审计主体　　B. 审计客体

C. 审计委托人　　D. 审计主体和审计委托人

10. 吉奥股份有限公司系上市的汽车制造企业，该企业完全实行ERP管理，佳华会计师事务所的合伙人A在确定对吉奥股份有限公司2013年度的财务报表进行审计的审计小组组成时，下列拟作为该项目负责人的注册会计师中，可能不具备专业胜任能力的是（　　）。

A. 甲注册会计师在汽车行业工作多年，且熟悉ERP系统

B. 乙注册会计师在以前年度曾参与过对吉奥股份有限公司的审计

C. 丙注册会计师曾经审计过多家实行ERP管理的企业

D. 丁注册会计师多年一直从事手工记账商品流通企业的审计工作，且经验丰富

二、多项选择题

1. 对以下注册会计师审计理解陈述中，恰当的是（　　）。

A. 注册会计师在年报审计中应根据被审计单位所采用的企业会计准则和不同会计制度来判断其年报的编制是否合法，年报反映的内容是否公允

B. 注册会计师在年报审计中要查出财务报表所有重大舞弊

C. 注册会计师年报审计的核心环节是对财务报表重大错报风险的“识别、评估和应对”

D. 注册会计师必须收集基于认定的充分适当的审计证据才能对财务报表发表审计意见

2. 从注册会计师审计的起源和发展历程我们可以得出以下结论（　　）。

A. 注册会计师审计产生的直接原因是财产所有权与经营权的分离

B. 随着商品经济的发展，注册会计师审计由初期的详细审计发展为资产负债表审计，进而发展为财务报表审计

C. 随着商品经济的发展，注册会计师审计由最初为不参与经济合伙人负责再到为企业主负责到现在为股东负责

D. 注册会计师的独立、客观、公正不仅保证了其鉴证职能的发挥而且也使其在社会上享有较高的权威性

3. 下列有关注册会计师审计的说法中正确的有（　　）。
A. 注册会计师审计就是注册会计师代表本所或个人接受委托对被审计单位的财务报表进行审计并发表审计意见
B. 注册会计师审计体现为双向独立
C. 注册会计师审计是一种有偿服务
D. 注册会计师在执行审计工作时必须利用内部审计的工作成果

4. 政府审计与注册会计师审计的下列表述中，不正确的有（　　）。
A. 二者都有权就有关审计事项向有关单位和个人进行调查并取得有关证明资料
B. 二者都是外部审计，都是双方独立
C. 二者的对象、方式基本一致
D. 二者在审计中对同一事项作出的结论相同

5. 我国审计组织由（　　）构成。
A. 政府审计机关　　B. 注册会计师审计组织
C. 内部审计机构　　D. 资产评估机构

6. 注册会计师进行年度财务报表审计时，应对被审计单位的内部审计进行了解，并可以利用内部审计的工作成果，这是因为（　　）。
A. 内部审计是注册会计师审计的基础
B. 内部审计是被审计单位内部控制的重要组成部分
C. 内部审计和注册会计师审计在工作上具有一定程度的一致性
D. 利用内部审计的工作成果可以提高注册会计师的工作效率

7. 由于审计环境的变化，注册会计师一直随着审计环境的变化调整着审计方法，审计方法包括（　　）。
A. 制度基础审计　　B. 报表基础审计
C. 账项基础审计　　D. 风险导向审计

8. 注册会计师的业务范围包括（　　）。
A. 审查企业财务报表，出具审计报告
B. 验证企业资本，出具验资金报告
C. 办理企业合并、分离、清算事宜中的审计业务，出具有关的报告
D. 承办会计咨询、会计服务业务

9. 审计的职能是审计自身所具有的内在功能，其主要是指（　　）。
A. 经济监督　　B. 经济司法　　C. 经济鉴证　　D. 经济评价

10. 注册会计师审计目标是财务报表审计的（　　）。
A. 合法性　　B. 公允性　　C. 效益性　　D. 合法性和效益性

三、判断题

1. 注册会计师是指取得注册会计师证书并在会计师事务所执业的人员，不能指代为注册会计师所在的会计师事务所。（　　）

2. 在账项基础审计阶段，审计方法是详细审计。（　　）

3. 由于利用内部审计工作成果可以提高工作效率，因此，注册会计师在对一个单位进行审计时，必须了解该单位内部审计情况并利用其工作成果。（　　）

4. 在市场经济体制下，生产资料的所有权和经营管理权是高度统一的，不存在受托经济责任关系，因而不需要审计。(　　)

5. 审计的职能不是一成不变的，它是随着经济的发展而发展变化的。(　　)

四、简答题

1. 简述审计概念、职能、作用。

2. 简述审计与会计的关系。

五、案例分析题

基本情况　吉奥会计师事务所在2014年2月承办三项业务：① 接受了光明股份有限责任公司的委托，对其2013年的财务报表进行审计；② 接受冠达公司监事会的委托，对其进行内部审计；③ 接受国家审计署的委派，赴青海玉树灾区进行重建工作的审计。

要求　请简述吉奥会计师事务所承办的上述三项业务的相同和不同之处。

第2章

审计管理制度

地位与作用

本章对学习后续各章内容没有实质性影响，属于非重点章。

技能要求

*掌握注册会计师的业务范围；了解注册会计师考试与注册登记；熟悉会计事务所的组织形式；关注注册会计师协会个人会员的权利与义务。

2.1 审计人员管理认知

注册会计师是依法取得注册会计师证书并接受委托从事审计和会计咨询、会计服务的执业人员。我国于1991年起施行了注册会计师全国统一考试制度，从1994年起，通过注册会计师全国统一考试成为取得注册会计师资格的前提。通过考试，一大批优秀人才加入了注册会计师队伍。

2.1.1 注册会计师考试

国家实行注册会计师全国统一考试制度，通过注册会计师全国统一考试可取得注册会计师资格。

1. 考试组织

《注册会计师法》规定，注册会计师全国统一考试办法由财政部制定，中国注册会计师协会负责具体组织实施工作。为做好注册会计师全国统一考试，财政部组织成立注册会计师考委会（以下简称全国考委会）。全国考委会负责制定与考试有关的方针、政策，全面领导和组织考试工作。全国考委会办公室在全国考委会领导下，负责考试的具体组织和实施，并指导各地方考试委员会办公室的工作。全国考委会办公室设在中国注册会计师协会。

各省、自治区、直辖市财政厅（局）根据《注册会计师法》等规定，成立本地区考委会及其办公室，负责领导并组织本地区的注册会计师考试工作。

2. 报考条件

根据《注册会计师法》及《注册会计师全国统一考试办法》的规定，具有下列条件之一的中国公民，可报名参加考试：① 高等专科以上学历；② 会计或者相关专业（指审计、统计、经济）中级以上专业技术职称。

根据《港澳台地区居民和外国籍公民参加中华人民共和国注册会计师统一考试办法》的规定，中国香港、澳门、台湾地区居民及按对等原则确认的外国籍公民具有下列条件之一者，可申请参加考试：① 具有全国考委会认可的境内外高等专科以上学校毕业的学历；② 已取得境外法律认可的注册会计师资格（或其他相应资格）；③ 品行良好。这里所指的对等原则，是指外国籍公民所在国允许中国公民参加该国注册会计师（或其他相应资格）考试，中国政府亦允许该国公民参加中国注册会计师统一考试。

报名人员经全国考委会办公室对其报名资格审查合格后，填涂《注册会计师全国统一考试报名信息卡》，由全国考委会办公室于考前发给准考证。

2.1.2 注册登记

根据《注册会计师法》的规定，参加注册会计师全国统一考试成绩合格，并从事审计业务工作两年以上的，可以向省、自治区、直辖市注册会计师协会申请注册。省级注册会计师协会负责注册会计师的审批，受理的注册会计师协会应当批准符合法律规定条件的申请人的注册，并报财政部备案。

注册者如果有下列情形之一的，受理申请的注册会计师协会不予注册。

（1）不具有完全民事行为能力的。

（2）因受刑事处罚，自刑罚执行完毕之日起至申请注册之日止不满 5 年的。

（3）因在财务、会计、审计、企业管理或者其他经济管理工作中犯有严重错误受行政处罚、撤职以上处分，自处罚、处分决定之日起至申请注册之日止不满 2 年的。

（4）受吊销注册会计师证书的处罚，自处罚决定之日起至申请注册之日止不满 5 年的。

（5）国务院财政部门规定的其他不予注册的情形。

已取得注册会计师证书的人员，如果注册后出现以下情形之一的，准予注册的注册会计师协会将撤销其注册，收回注册会计师证书。

（1）完全丧失民事行为能力的。

（2）受刑事处罚的。

（3）因在财务、会计、审计、企业管理或者其他经济管理工作中犯有严重错误受行政处罚、撤职以上处分的。

（4）自行停止执行注册会计师业务满 1 年。

小思考

通过注册会计师全国统一考试就可成为一名注册会计师吗？

2.2　注册会计师业务范围认知

会计师事务所的业务范围，也即是注册会计师的业务范围。根据《注册会计师法》的规定，注册会计师依法承办审计和会计咨询、会计服务等业务（图 2 – 1）。审计业务属于法定业务，非注册会计师不得承办。

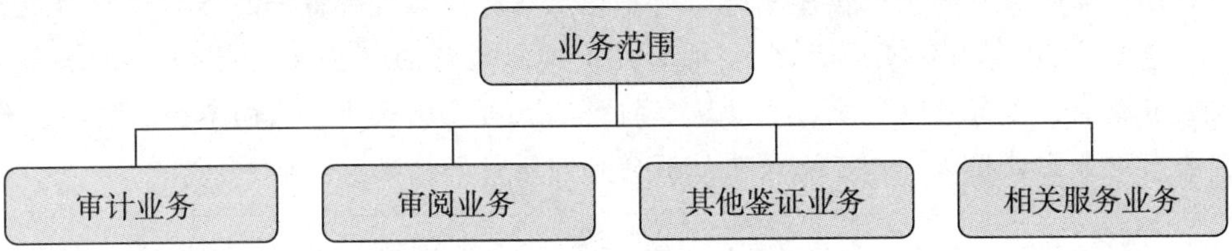

图 2 – 1　注册会计师业务范围

2.2.1　鉴证业务

1. 审计业务

（1）审查企业财务报表，出具审计报告。

（2）验证企业资本，出具验资报告。

（3）办理企业合并、分立、清算事宜中的审计业务，出具有关的报告。

（4）办理法律、行政法规规定的其他审计业务，出具相应的审计报告。

在实际工作中，注册会计师还可根据国家法律、行政法规的规定接受委托，对以下特殊目的业务进行审计。

① 按照特殊编制基础编制的财务报表。

② 财务报表的组成部分，包括财务报表特定项目、特定账户和特定账户的特定内容。

③ 合同遵循情况。

④ 简要财务报表。

这些业务的办理需要注册会计师具备和运用相关的专门知识，注意处理问题的特殊性。对于执行特殊目的的审计业务出具的审计报告，也具有法定证明效力，注册会计师及其所在的会计师事务所对此也应承担相应的法律责任。

2. 审阅业务

审阅业务的目标，是注册会计师在实施审阅程序的基础上，说明是否注意到某些事项，使其相信财务报表没有按照适用的会计准则的规定编制，未能在所有重大方面公允反映被审阅单位的财务状况、经营成果和现金流量。相对审计而言，审阅业务程序简单，保证程度有限，审阅成本也较低。

3. 其他鉴证业务

除了审计和审阅业务外，注册会计师还承办其他鉴证业务，如预测性财务信息审核、系统鉴证、内部控制审核等，这些鉴证业务可以增强使用者的信任程度。

我国注册会计师承办的业务范围较为广泛，既有针对历史财务信息的审计和审阅业务，又有历史财务信息以外的其他鉴证业务。

小贴士

1998 年 10 月，财政部发布了《国有企业年度会计报表注册会计师审计暂行办法》，规定从 1998 年起，国有企业年度财务报表除个别特殊行业（企业）外，不再实行财政审批制度，其财务报表应于在规定时间内委托注册会计师实施审计。

国务院于 2000 年公布并于 2001 年 1 月 1 日起施行的《企业财务会计报告条例》，要求国有企业、国有控股的或占主动地位的企业应当至少每年一次向本企业的职工代表大会公布财务会计报告，并重点说明注册会计师审计的情况。

2.2.2 非鉴证业务

相关服务包括对财务信息执行商定程序、代编财务信息、税务服务、管理咨询以及会计服务等。

1. 对财务信息执行商定程序

对财务信息执行商定程序，是注册会计师对特定财务数据、单一财务报表或整套财务报表等财务信息执行与特定主体商定的具有审计性质的程序，并就执行的商定程序及其结果出具报告。

2. 代编财务信息

代编财务信息，是注册会计师运用会计而非审计的专业知识和技能代客户编制一套完整或非完整的财务报表，或代为收集、分类和汇总其他财务信息。

3. 税务服务

税务服务包括税务代理和税务策划。税务代理是注册会计师接受企业或个人委托，为其填制纳税申报表，办理纳税事项。税务策划是由于纳税义务发生范围和时间不同，注册会计师从客户利益出发，代替纳税义务人设计可替代或不同结果的纳税方案，如所得税的纳税筹划现已扩展到财产税、遗产税等诸多税种。

4. 管理咨询

管理咨询服务是注册会计师与非注册会计师激烈竞争的一个领域。20 世纪 50 年代起，从注册会计师的管理咨询服务收入开始增长，并保持了强劲的增长势头。最近几年，大型会计师事务所越来越明显地成为管理咨询服务的主要提供者。

5. 会计服务

注册会计师提供的会计咨询和会计服务业务，除了代编财务信息外，还包括对会计政策的选择和运用提供建议，担任常年会计顾问等。注册会计师执行的会计咨询、会计服务业务属于服务性质，是所有具备条件的中介机构甚至个人都能够从事的非法定业务。

2.3 会计师事务所管理认知

2.3.1 会计师事务所组织形式

会计师事务所是注册会计师依法承办业务的机构。根据《注册会计师法》的规定，我国会计师事务所分为合伙会计师事务所和有限责任会计师事务所两种形式。

综观注册会计师行业在各国的发展，会计师事务所主要有独资、普通合伙、有限责任、有限责任合伙四种组织形式。

1. 独资会计师事务所

独资会计师事务所又称个人会计师事务所，由具有注册会计师执业资格的个人独立开业，承担无限责任。它的优点是：对执业人员的需求不多，容易设立，执业灵活，能够在代理记账、代理纳税等方面很好地满足小型企业对注册会计师服务的需求，虽承担无限责任，但实际发生风险的程度相对较低。缺点是：无力承担大型业务，缺乏发展后劲。

2. 普通合伙制会计师事务所

普通合伙制会计师事务所是由两位或两位以上符合规定条件的合伙人，以书面协议形式组成的合伙组织。合伙人以各自的财产对事务所的债务承担无限连带责任。它的优点是：在风险的牵制和共同利益的驱动下，促使事务所提高执业质量，扩大业务规模，提高控制风险的能力。缺点是：建立一个跨地区、跨国界的大型会计师事务所要经历一个漫长的过程。同时，任何一个合伙人执业中的失误或舞弊行为，都可能给整个会计师事务所带来灭顶之灾，使之一日之间土崩瓦解。

3. 有限责任公司制会计师事务所

有限责任公司制会计师事务所由注册会计师认购会计师事务所股份，并以其所认购股份对会计师事务所承担有限责任。会计师事务所以其全部资产对其债务承担有限责任。它的优点是：可以通过公司制形式迅速聚集一批注册会计师，组成大型会计师事务所，承办大型业务。缺点是：降低了风险责任对执业行为的高度制约，弱化了注册会计师的个人责任。

4. 有限责任合伙制会计师事务所

有限责任合伙制会计师事务所又称特殊的普通合伙制会计师事务所，最明显的特征是无过失的合伙人只需承担有限责任。无过失的合伙人对于其他合伙人的过失或不当执业行为以自己在事务所的财产为限承担责任，不承担无限责任，除非该合伙人参与了过失或不当执业行为。它的最大特点在于既融入了合伙制和有限责任公司制会计师事务所的优点，又摒弃了他们的不足。这种组织形式是为顺应经济发展对注册会计师行业的要求，于20世纪90年代初期兴起的。有限责任合伙制会计师事务所已成为当今注册会计师职业界组织形式发展的一大趋势。

小贴士

> 从国际惯例来看，会计师事务所的执业登记都由注册会计师行业主管机构统一负责。会计师事务所必须经过行业主管机关或注册会计师协会的批准登记并由注册会计师协会予以公告。独资会计师事务所和合伙制会计师事务所经过这个程序即可开业，有限责任公司制会计师事务所一般还应当进行公司登记。

2.3.2　会计师事务所设立条件

1. 设立普通合伙制会计师事务所的条件

申请设立普通合伙制会计师事务所，应当具备下列条件：（1）有两名以上的符合规定的合伙人，由合伙人聘用一定数量符合规定条件的注册会计师和其他专业人员参与会计师事务所的工作；（2）有能够满足执业和其他业务工作所需要的资金；（3）有固定的办公场所和必要设施。

2. 设立有限责任公司制会计师事务所的条件

申请设立有限责任公司制会计师事务所，应当具备以下条件：（1）有10名以上在国家规定的职龄以内的专职从业人员，其中至少有5名注册会计师；（2）有不少于人民币30万元的注册资本；（3）有固定的办公场所。

3. 拟设立的会计师事务所的股东应当具备的的条件

（1）持有中华人民共和国注册会计师证书；

（2）在会计师事务所专职执业；

（3）成为合伙人或股东前3年内没有因为执业行为受到行政处罚；

（4）有取得注册会计师证书后，最近连续5年在会计师事务所从事法定审计业务的经历，其中在境内会计师事务所的经历不少于3年；

（5）成为合伙人或股东前1年内没有因采取隐瞒或提供虚假材料、欺骗、贿赂等不正当手段申请设立会计师事务所而被省级财政部门作出不予受理、不予批准或者撤销会计师事务所的决定。

4. 申请成为会计师事务所合伙人的注册会计师必须符合的条件

（1）必须是中华人民共和国公民；

（2）持有中华人民共和国注册会计师有效证书，有5年以上在会计师事务所从事独立审计业务的经验和良好的道德记录；

（3）不在其他单位从事谋取工资收入的工作；

（4）至申请日止在申请注册地连续居住1年以上。

小贴士

注册会计师在成为会计师事务所合伙人或股东之前，应当在省注册会计师协会办理完从原会计师事务所转出的手续。若为原会计师事务所合伙人或者股东，还应当按照有关法律、行政法规以及合伙协议或者章程办理完退伙或者股权转让手续。

2.4　注册会计师协会内部管理认知

中国注册会计师协会于1988年11月15日成立。根据《注册会计师法》，中国注册会计师协会是注册会计师行业的全国组织，接受财政部、民政部的监督、指导。省、自治区、直辖市注册会计师协会是注册会计师行业的地方组织。

中国注册会计师协会的宗旨是服务、监督、管理、协调，即以诚信建设为主线，服务本会会员，监督会员执业质量、执业道德，依法实施注册会计师行业管理，协调行业内外关系，维护社会公众利益和会员合法权益，促进行业健康发展。

2.4.1 中国注册会计师协会的职责

中国注册会计师协会依法履行以下职责：

（1）审批和管理本会会员，指导地方注册会计师协会办理注册会计师注册。

（2）拟定注册会计师执业准则、规则，监督、检查实施情况。

（3）组织对注册会计师的任职资格、注册会计师和会计师事务所的执业情况进行年度检查。

（4）制定行业自律管理规范，对违反行业自律管理规范的行为予以惩戒。

（5）组织实施注册会计师全国统一考试。

（6）组织和推动会员培训工作。

（7）组织业务交流，开展理论研究，提供技术支持。

（8）开展注册会计师行业宣传。

（9）协调行业内、外部关系，支持会员依法执业，维护会员合法权益。

（10）代表中国注册会计师行业开展国际交往活动。

（11）指导地方注册会计师协会工作。

（12）办理法律、行政法规规定和国家机关委托或授权的其他有关工作。

2.4.2 中国注册会计师协会会员

1. 会员种类

中国注册会计师协会的会员分为个人会员和团体会员。会员入会均须履行申请和登记手续。

（1）个人会员。凡参加注册会计师全国统一考试全科合格并经申请、批准者和依照原规定考核取得本会会员资格者，为中国注册会计师协会的个人会员。个人会员分为执业会员和非执业会员。其中，依法取得中国注册会计师执业证书的，为执业会员。

（2）团体会员。依法批准设立的会计师事务所，为中国注册会计师协会的团体会员。

设立团体会员是因为考虑到目前我国法律规定，注册会计师不允许个人开业，必须加入会计师事务所才能接受委托承办业务。会计师事务所作为协会的团体会员，便于协会对其实施有效的监督，也便于会计师事务所向协会反映工作中的意见和建议。

对注册会计师行业作出重大贡献的境内外有关知名人士，经有关方面推荐，由理事会批准，可授予中国注册会计师协会名誉会员称号。

2. 个人会员的权利和义务

（1）个人会员的权利。

中国注册会计师协会的会员拥有以下权利：

① 协会的选举权和被选举权；

② 对协会给予的惩戒提出申述；

③ 参加协会举办的学习和培训活动；

④ 参加协会举办的有关专业研究和经验交流活动；

⑤ 获得协会提供的有关资料；

⑥ 通过协会向有关方面提出的意见和要求；

⑦ 监督协会工作，提出批评和建议；
⑧ 监督协会的会费收支；
⑨ 依照规定申请退出协会。
（2）会员的义务。
中国注册会计师协会的会员负有以下义务：
① 遵守协会章程；
② 执行协会决议；
③ 遵守协会纪律；
④ 接受协会的监督、管理；
⑤ 按规定缴纳会费；
⑥ 完成规定的后续教育；
⑦ 自觉维护注册会计师职业声誉，维护会员之间的团结；
⑧ 承担中国注册会计师协会委托的任务。
会员拒不履行义务的以及不再具备会员资格的，理事会可劝其退会或予以除名。

2.4.3 协会权力机构和常设办事机构

1. 会员代表大会

协会最高权力机构为全国会员代表大会。全国会员代表大会每五年举行一次，必要时，由协会理事会决定延期或提前举行，延期召开全国会员代表大会的期限不得超过一年。

全国会员代表大会采取选举、协商和特邀的办法产生，其产生办法，由上一届理事会决定。其职权是：
① 制定、修改协会章程；
② 选举协会理事；
③ 讨论决定协会工作方针和任务；
④ 审议、批准协会理事会的工作报告；
⑤ 制定、修改会费管理办法；
⑥ 审议理事会提请全国代表大会审议的其他事项。

2. 理事会与常务理事会

全国会员代表大会选举理事若干人组成协会理事会。每届理事会任期五年，理事可以连选连任。理事会会议每年举行一次，必要时，可以提前或推迟召开。理事会对全国会员代表大会负责。其职权是：
① 提议召开全国会员代表大会；
② 选举协会常务理事会成员；
③ 选举协会领导成员；
④ 聘任协会常设执行机构领导成员；
⑤ 增补或更换协会理事；
⑥ 审议协会常设执行机构职能部门的设置；
⑦ 审议、批准协会常设执行机构的年度工作报告；
⑧ 审议、批准协会的年度会费收支报告；

⑨ 其他应由理事会办理的事项。

理事会选举会长1人、副会长若干人、常务理事若干人。会长、副会长、常务理事的任期与理事相同。理事会可聘请名誉会长若干人。常务理事会于理事会闭会期间行使理事会职权。

会长代表协会，召集、主持理事会和常务理事会会议，并监督、检查其决议的贯彻实施。副会长协助会长工作。

3. 常设执行机构

中国注册会计师协会设秘书处，为协会常设执行机构。秘书处负责具体落实会员代表大会、理事会、常务理事会的各项决议、决定，承担协会的日常工作。

协会设秘书长1人、副秘书长若干人。秘书长和副秘书长由财政部推荐，理事会表决通过。秘书长为协会的法定代表人。秘书长主持秘书处日常工作，副秘书长协助秘书长工作。秘书处各职能部门的设置，由秘书长提出方案，经理事会审议后，报财政部批准。

4. 专门委员会与专业委员会

理事会设若干专门委员会。专门委员会是理事会履行职责的专门工作机构，对理事会负责。

理事会设若干专业委员会。专业委员会负责处理行业发展中的专业技术问题，对理事会负责。

各专门委员会、专业委员会的设置、调整、具体职责和运作规则以及委员的聘任和解聘，由秘书长提出方案，理事会批准。

2.4.4　地方注册会计师协会

各省、自治区、直辖市注册会计师协会是中国注册会计师协会的地方组织，其章程由当地会员代表大会依法制定，并报中国注册会计师协会和当地政府主管行政机关备案。省、自治区以下成立注册会计师协会，须经省级注册会计师协会批准，报中国注册会计师协会备案，其组织运行、职责权限，依照国家法律、行政法规及所在地省级协会的规定办理。

本章精要

本章主要阐述了注册会计师的考试与注册登记、注册会计师的业务范围、会计师事务所的组织形式、注册会计师协会的职责、个人会员的权利与义务等。

相关知识

审计人员的基本条件

审计人员，是指在政府审计机关、内部审计机关和民间审计组织内专门从事审计工作的人员。审计人员是开展审计工作，完成审计任务的具体执行人。

审计人员的基本条件包括政治素质、专业知识和业务能力三个方面。

(1) 在政治素质上，审计人员必须努力学习政治理论，具有较高的政策理论水平；必须依法审计，忠于职守，坚持以国家和社会公众的利益为重；必须独立、客观、公正、廉洁，保守秘密，为社会各界提供符合规定要求的专业服务。

（2）在专业知识上，审计人员要熟悉会计、审计的理论与实务；熟悉经营管理方面的知识和财政经济方面的法律、法规及制度；掌握审计查账的基本知识技能和方法；熟悉使用计算机和应用电子计算机记账、查账；具备一定的会计、审计或财经管理方面的学历和经验。

（3）在业务能力上，审计人员除了掌握专业知识外，还应具备实际工作的能力，诸如分析能力、判断能力、调查研究能力和文字表达能力等。

自我测试

一、单项选择题

1. 注册会计师提供的相关服务不包括（　　）。

A. 管理咨询　　B. 税务服务

C. 会计咨询与会计服务　　D. 验资

2. 注册会计师执行的下列业务中，不属于鉴证业务的是（　　）。

A. 验资　　B. 财务报表审阅

C. 对财务信息执行商定程序　　D. 预测性财务信息审核

3. 不以财务报表为直接审计对象的审计业务是（　　）。

A. 办理企业合并事宜中的审计业务　　B. 验证企业注册资本

C. 审计企业财务报表　　D. 办理清算事宜中的审计业务

4. 下列各项目中，能够成为中国注册会计师协会团体会员的是（　　）。

A. 会计师事务所　　B. 5名以上注册会计师组成的科研团体

C. 企业集团　　D. 注册会计师理事会

5. 对被审计单位具有处罚权的是（　　）。

A. 政府审计部门　　B. 会计师事务所　　C. 内部审计部门　　D. 资产评估机构

二、多项选择题

1. 注册会计师执行的下列业务中，属于相关服务的包括（　　）。

A. 管理咨询　　B. 税务服务

C. 代编财务信息　　D. 对上市公司半年报表审阅

2. 下列业务是注册会计师的鉴证业务的有（　　）。

A. 审计上市公司的年度财务报表　　B. 验资

C. 对财务信息执行商定程序　　D. 预测性财务信息审核

3. 对于下列不同类型会计师事务所的陈述中恰当的有（　　）。

A. 独资会计师事务所由注册会计师个人承担无限责任

B. 有限责任会计师事务所的合伙人以各自的财产对事务所的债务承担无限连带责任

C. 普通合伙会计师事务所的合伙人以各自的财产对事务所的债务承担无限连带责任

D. 有限责任合伙所的无过失的合伙人对于其他合伙人的过失不承担无限责任，除非该合伙人参与了过失或不当执业行为

4. 注册会计师的审计业务范围包括（　　）。

A. 审查企业财务报表，出具审计报告

B. 验证企业资本，出具验资报告

C. 办理企业合并、分立、清算事宜中的审计业务，出具有关的报告

D. 办理法律、行政法规规定的其他审计业务，出具相应的审计报告

5. 下列注册会计师协会的会员，在入会时必须履行申请和登记手续的是（　　）。

A. 执业会员　　B. 团体会员　　C. 非执业会员　　D. 荣誉会员

三、判断题

1. 根据我国注册会计师业务范围的规定，审计业务是指注册会计师审计企业财务报表出具审计报告。（　　）

2. 注册会计师在获得会计师事务所授权的情况下可以个人名义承接会计服务业务，但不能承担鉴证业务。（　　）

3. 有限责任合伙制会计师事务所最明显的特征是所有的合伙人只需承担有限责任。（　　）

4. 依据《中华人民共和国注册会计师法》的规定，合伙会计师事务所以会计师事务所的全部资产对其债务承担责任，不足部分由当事合伙人承担无限责任。（　　）

5. 在我国，凡依法成立的会计师事务所，均可根据自愿原则加入中国注册会计师协会，成为协会的团体会员。（　　）

四、简答题

1. 简述注册会计师审计业务的具体内容。

2. 综观注册会计师行业在各国的发展，简述目前会计师事务所的组织形式。

3. 简述个人会员的权利和义务。

第3章

审计执业规范与职业道德规范

地位与作用

本章是审计的基础知识，比较重要的章。从性质上讲，本章既具有基本理论的特色，又具备实际应用的特点，其中，职业道德规范是整个注册会计师执业规范的重要组成部分。

技能要求

* 理解职业道德基本原则；掌握注册会计师职业道德规范的具体要求；特别是掌握影响注册会计师独立性的具体情况及防范措施；熟悉注册会计师执业准则的基本内容。

3.1 注册会计师执业准则体系认知

3.1.1 注册会计师执业准则体系的基本框架

为着力完善我国培训会计师审计准则体系，加速实现与国际准则趋同，2006 年 2 月 15 日，财政部发布了 48 个准则项目，并于 2007 年 1 月 1 日起在所有会计师事务所施行，这标志着我国已建立起一套适应社会主义市场经济发展要求、顺应国际趋同大势的中国注册会计师执业准则体系。由于审计环境发生重大变化，国际审计与鉴证理事会开展明晰项目，对国际审计准则做出了重大修订，我国审计实务也面临一些需要解决的新问题。为此，中注协于 2009 年初又进一步启动了审计准则修订工作，共涉及 38 个准则项目。修订后的新审计准则正式发布，自 2011 年 1 月 1 日起施行。

注册会计师执业准则体系涵盖了注册会计师所有执业领域，包括审计准则、审阅准则、其他鉴证业务准则以及相关服务准则，此外，还包括用于保证各类业务质量的会计师事务所质量控制准则。其中，审计准则是执业准则体系的核心内容。注册会计师执业准则体系框架如图 3 – 1 所示。

1. 鉴证业务准则

鉴证业务准则由鉴证业务基本准则统领，按照鉴证业务提供的保证程度和鉴证对象的不

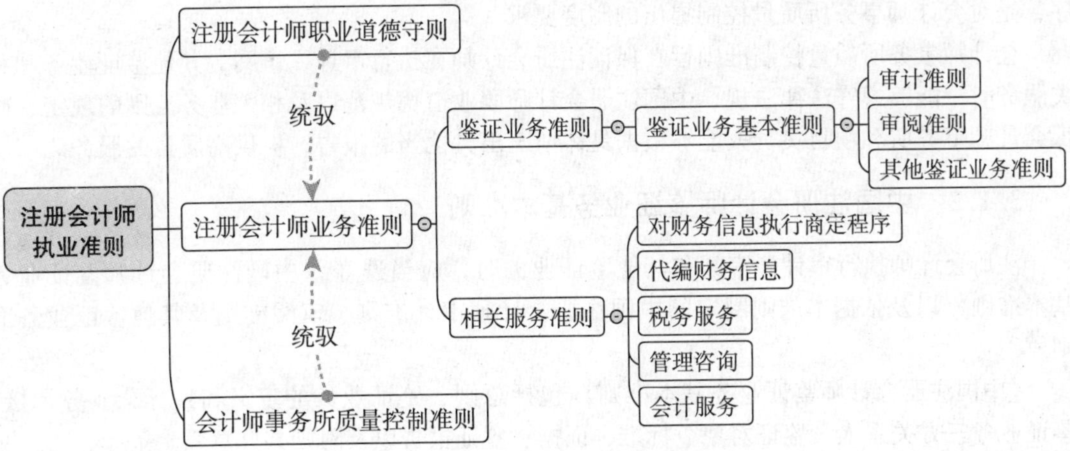

图3-1　注册会计师执业准则体系

同，分为审计准则、审阅准则和其他鉴证业务准则。其中，审计准则是整个业务准则体系的核心。

审计准则用以规范注册会计师执行历史财务信息的审计业务。在提供审计服务时，注册会计师对所审计信息是否不存在重大错报提供合理保证，并以积极方式作出结论。

审阅准则用以规范注册会计师执行历史财务信息的审阅业务。在提供审阅服务时，注册会计师对所审阅信息是否不存在重大错报提供有限保证，并以消极方式提出结论。

其他鉴证业务准则用以规范注册会计师执行历史财务信息审计或审阅以外的其他鉴证业务，根据鉴证业务的性质和业务约定书的要求，提供有限保证或合理保证。其他鉴证业务主要包括预测性财务信息的审核、内部控制鉴证等。

小贴士

合理保证与有限保证

鉴证业务的保证程度分为合理保证和有限保证。合理保证的保证水平要高于有限保证的保证水平。

合理保证的鉴证业务的目标是注册会计师将鉴证业务风险降至该业务环境下可接受的低水平，以此作为以积极方式提出结论的基础。

有限保证的鉴证业务的目标是注册会计师将鉴证业务风险降至该业务环境下可接受的水平，以此作为以消极方式提出结论的基础。

2. 相关服务准则

相关服务准则用以规范注册会计师执行除鉴证业务外的其他相关服务业务。相关服务业务主要包括对财务信息执行商定程序、代编财务信息、税务咨询和管理咨询等。在提供相关服务时，注册会计师不提供任何程度的保证。

3. 质量控制准则

质量控制准则用以规范会计师事务所在执行各类业务时应当遵守的质量控制政策和程

序，是对会计师事务所质量控制提出的制度要求。

会计师事务所质量控制准则旨在保证注册会计师在执行审计、审阅、其他鉴证业务和相关服务时，能够遵守法律法规、中国注册会计师职业道德规范以及相关业务准则的规定，确保会计师事务所和项目负责人能够根据具体情况出具恰当的报告，提供高质量的服务。

3.1.2 中国注册会计师鉴证业务基本准则

注册会计师执行审计、审阅和其他鉴证业务时，应当遵守《中国注册会计师鉴证业务基本准则》以及依据本准则制定的中国注册会计师审计准则、审阅准则及其他鉴证业务准则。

《中国注册会计师鉴证业务基本准则》包括总则、鉴证业务的定义和目标、业务承接、鉴证业务三方关系人、鉴证对象、标准、证据、鉴证报告以及附则共九章六十条。

1. 鉴证业务的定义和目标

1）鉴证业务的定义

鉴证业务是指注册会计师对鉴证对象信息（财务报表）提出结论，以增强除责任方（管理者）之外的预期使用者（股东等）对鉴证对象信息信任程度的业务。

鉴证对象信息是按照标准对鉴证对象进行评价和计量的结果。如责任方按照会计准则（标准）对其财务状况、经营成果和现金流量（鉴证对象）进行确认、计量和列报而形成的财务报表（鉴证对象信息）。

2）鉴证业务的目标

鉴证业务的保证程度分为合理保证和有限保证。合理保证的保证水平要高于有限保证的保证水平。合理保证不等于绝对保证。

由于下列因素的存在，将鉴证业务风险降至零几乎不可能，也不符合成本效益原则。

（1）选择性测试方法的运用。

（2）内部控制的固有局限性。

（3）大多数证据是说服性而非结论性的。

（4）在获取和评价证据以及由此得出结论时涉及大量判断。

（5）在某些情况下鉴证对象具有特殊性。

2. 业务承接

注册会计师和会计师事务所应当在初步了解业务环境后，只有认为符合独立性和专业胜任能力等相关职业道德规范的要求，并且拟承接的业务具备鉴证业务所有特征时，注册会计师才能将其作为鉴证业务予以承接。

1）业务承接的条件

（1）获取管理层诚信。

（2）符合独立性和专业胜任能力等相关职业道德规范的要求。

（3）具备下列鉴证业务的所有特征：

① 鉴证对象适当；

② 使用的标准适当且预期使用者能够获取该标准；

③ 注册会计师能够获取充分、适当的证据以支持其结论；

④ 注册会计师的结论以书面报告形式表述，且表述形式与所提供的保证程度相适应；

⑤ 该业务具有合理的目的。

小思考

> 当拟承接的业务不具备上述鉴证业务的所有特征，不能将其作为鉴证业务予以承接时，注册会计师可以提请委托人将其作为非鉴证业务吗？

2）已承接鉴证业务的变更

对已承接的鉴证业务，如果没有合理理由，注册会计师不应将该项业务变更为非鉴证业务，或将合理保证的鉴证业务变更为有限保证的鉴证业务。

变更原因：业务环境变化影响到预期使用者的需求；预期使用者对该项业务的性质存在误解；业务范围存在限制。

如果注册会计师不同意变更业务，委托人又不同意继续执行原鉴证业务，注册会计师应当考虑解除业务约定。如果发生变更，注册会计师不应忽视变更前获取的证据。

3. 鉴证业务三方关系

（1）三方关系人包括注册会计师、责任方和预期使用者。

（2）三方之间的关系是：注册会计师对由责任方负责的鉴证对象或鉴证对象信息提出结论，以增强除责任方之外的预期使用者对鉴证对象信息的信任程度。

小贴士

> 责任方不可以是唯一的预期使用者，如果某项业务不存在除责任方之外的其他预期使用者，那么该业务不构成一项鉴证业务。在可行的情况下，鉴证报告的收件人应当明确为所有的预期使用者。

（3）委托人通常是预期使用者之一，委托人也可能由责任方担任。

4. 鉴证对象

1）鉴证对象的形式

鉴证对象与鉴证对象信息具有多种形式，如表3－1所示。

表3－1　鉴证对象及对应的鉴证对象信息

鉴证对象	鉴证对象信息
财务业绩或状况（如历史或预测的财务状况、经营成果等）	财务报表
非财务业绩或状况（如企业的运营情况）	反映效率或效果的关键指标
物理特征（如设备的生产能力）	有关鉴证对象物理特征的说明文件
某种系统和过程（如企业的内部控制或信息技术系统）	关于其有效性的认定
某种行为（如遵守法律、法规的情况）	法律、法规遵守情况或执行效果的声明

2）鉴证对象特征

如果鉴证对象的特征表现为定量的、客观的、历史的或时点的，评价和计量的准确性相对较高，注册会计师获取证据的说服力相对较强，相应地，对鉴证对象信息提供的保证程度也较高。

3）适当的鉴证对象应当具备的条件

（1）鉴证对象可以识别。

（2）不同的组织或人员对鉴证对象按照既定标准进行评价或计量的结果合理一致。

（3）注册会计师能够收集与鉴证对象有关的信息，获取充分、适当的证据，以支持其提出适当的鉴证结论。

5. 标准

1）认识标准

标准是指用于评价或计量鉴证对象的基准，当涉及列报时，还包括列报的基准（列报包括披露）。

小贴士

> 对同一鉴证对象进行评价或计量并不一定要选择同一个标准。

2）标准的类型

标准可以是正式的规定，也可以是某些非正式的规定。

3）预期使用者获取标准的方式

标准应当能够为预期使用者获取，以使预期使用者了解鉴证对象的评价或计量的过程。标准可以通过下列方式供预期使用者获取。

（1）公开发布。

（2）在陈述鉴证对象信息时以明确的方式表述。

（3）在鉴证报告中以明确的方式表述。

（4）常识理解，如计量时间的标准是小时或分钟。

如果确定的标准仅能为特定的预期使用者获取，或仅与特定目的相关，鉴证报告的使用也应限于这些特定的预期使用者或特定目的。

4）适当的标准应当具备的特征

适当的标准应当具备下列所有特征：相关性、完整性、可靠性、中立性、可理解性。

注册会计师基于自身的预期、判断和个人经验对鉴证对象进行的评价和计量，不构成适当的标准。

5）评价标准的适当性

（1）对于公开发布的标准，注册会计师通常不需要对标准的“适当性”进行评价，而只需评价该标准对具体业务的“适用性”。

（2）对于专门制定的标准，注册会计师首先要对这些标准本身的“适当性”加以评价。

6. 证据

1）总体要求

注册会计师应当以职业怀疑态度来计划和执行鉴证业务，获取有关鉴证对象信息是否不存在重大错报的充分、适当的证据。

2）职业怀疑态度

职业怀疑态度指注册会计师以质疑的思维方式评价所获取证据的有效性，并对相互矛盾的证据以及引起对文件记录或责任方提供的信息可靠性产生怀疑的证据保持警觉。

3）证据的充分性和适当性

（1）证据的充分性（数量的衡量），与样本量相关，主要受重大错报风险和证据质量的影响。

（2）证据的适当性（质量的衡量），即相关性和可靠性。

小贴士

如果证据质量存在缺陷，仅靠提高证据数量可能无法弥补该缺陷；获取证据时可以考虑成本效益原则，但不应以获取证据的困难和成本为由减少不可替代的程序。

7. 鉴证报告

注册会计师应当出具含有鉴证结论的书面报告，该鉴证结论应当说明注册会计师就鉴证对象信息获取的保证。

小思考

1. 注册会计师是否应当考虑就执行业务过程中注意到的与治理层责任相关的事项同治理层沟通的适当性？

2. 如果委托人并非责任方，注册会计师直接与责任方或责任方的治理层沟通是否适当？

在合理保证的鉴证业务中，注册会计师应当以积极方式提出结论，如“我们认为，根据××标准，内部控制在所有重大方面是有效的”。

在有限保证的鉴证业务中，注册会计师应当以消极方式提出结论，如“基于本报告所述的工作，我们没有注意到任何事项使我们相信，根据××标准，××系统在任何重大方面是无效的”。

3.1.3　质量控制准则

质量控制准则是指会计师事务所为了确保审计质量符合注册会计师审计准则而建立和实施的控制政策和程序的总称，是注册会计师职业规范体系的重要组成部分，是使会计师事务所审计工作符合注册会计师审计准则要求的基本规范，是保证审计工作质量、规范审计行为的基本准则。

1. 质量控制制度的目的和要素

1）质量控制制度的目的

会计师事务所应当根据会计师事务所业务质量控制准则，制定质量控制制度，以合理保证下列各项的实现。

（1）会计师事务所及其人员遵守法律法规、职业道德规范以及审计准则、审阅准则、其他鉴证业务准则和相关服务准则的规定。

（2）会计师事务所和项目负责人根据具体情况出具恰当的报告。项目负责人，是指会计师事务所中负责某项业务及其执行，并代表会计师事务所在业务报告上签字的主任会计师或经授权签字的注册会计师。

质量控制准则适用于注册会计师执行的所有业务。

2）质量控制制度的要素

会计师事务所的质量控制制度应当包括针对下列七项要素而制定的政策和程序。

（1）对业务质量承担的领导责任。

（2）职业道德规范。

（3）客户关系和具体业务的接受与保持。

（4）人力资源。

（5）业务执行。

（6）业务工作底稿。

（7）监控。

会计师事务所应当将质量控制政策和程序形成书面文件，并传达到全体人员。

2. 对业务质量承担的领导责任

会计师事务所应当制定政策和程序，培育以质量为导向的内部文化。这些政策和程序应当要求会计师事务所主任会计师对质量控制制度承担最终责任。

承担质量控制制度运作责任的人员，应当具有足够、适当的经验和能力以及必要的权限以履行其责任。在实务中，会计师事务所主任会计师通常委派专门人员负责质量控制制度的具体运作，但这样做并不能减轻、更不能替代主任会计师对质量控制制度承担的最终责任，主任会计师仍然是质量控制制度的最终责任人。

3. 职业道德规范

会计师事务所及其人员执行任何类型的业务，都应当遵守职业道德规范所要求的诚信、客观原则，保持专业胜任能力和应有的关注，并对执业过程中获知的信息保密。

会计师事务所应当制定政策和程序，以合理保证会计师事务所及其人员，包括聘用的专家和其他需要满足独立性要求的人员，保持职业道德规范要求的独立性。

会计师事务所应当每年至少一次向所有受独立性要求约束的人员获取其遵守独立性政策和程序的书面确认函。

4. 客户关系和具体业务的接受与保持

会计师事务所应当制定有关客户关系和具体业务接受与保持的政策和程序，以合理保证只有在下列情况下，才能接受或保持客户关系和具体业务。

（1）已考虑客户的诚信，没有信息表明客户缺乏诚信。

（2）具有执行业务必要的素质、专业胜任能力、时间和资源。

（3）能够遵守职业道德规范。

小贴士

> 在了解被审计单位的过程中已经识别出问题，但又决定接受或保持客户关系或具体业务时，会计师事务所应当如何记录问题，如何解决问题？

在确定是否接受新业务时，会计师事务所还应当考虑接受该业务是否会导致现实后潜在的利益冲突。如果识别出潜在的利益冲突，会计师事务所应当考虑接受该业务是否适当。

在确定是否保持客户关系时，会计师事务所应当考虑在本期或以前业务执行过程中发现的重大事项及其对保持客户关系可能造成的影响。

5. 人力资源

会计师事务所应当制定政策和程序，合理保证拥有足够的具有必要素质和专业胜任能力并遵守职业道德规范的人员，以使会计师事务所和项目负责人能够按照法律法规、职业道德规范和业务准则的规定执行业务，并根据具体情况出具恰当的报告。

会计师事务所承接的每项业务都是委派给项目组具体办理。委派项目组是否得当，直接关系到业务完成的质量。会计师事务所应当对每项业务委派至少一名项目负责人。

6. 业务执行

1）指导、监督与复核

会计师事务所应当制定相关指导、监督与复核程序，并让全体成员了解、掌握和贯彻执行。会计师事务所应当要求项目负责人负责组织对业务执行实施指导、监督与复核。

（1）指导——项目负责人告诉项目组成员做什么，如何做。

（2）监督——追踪业务进程，监督项目执行情况，解决执行业务过程中遇到的重大问题等。

（3）复核——复核人员应当拥有适当的经验、专业胜任能力和责任感。

确定复核人员的原则是，由项目组内经验较多的人员复核经验较少的人员执行的工作。

2）咨询

项目组在业务执行中如果遇到疑难问题或者争议事项，在项目组内不能得到解决时，有必要向项目组之外的适当人员咨询。适当人员包括会计师事务所内部或外部具有专门知识的人员。注册会计师应当完整记录咨询情况，且项目组就疑难问题或争议事项向其他专业人士咨询所形成记录，应当经被咨询者认可。

3）意见分歧

（1）处理意见分歧的总体要求：会计师事务所应当制定政策和程序，以处理和解决项目组内部、项目组与被咨询者之间以及项目负责人与项目质量控制复核人员之间的意见分歧，形成的结论应当得以记录和执行。

（2）对出具报告的影响：只有意见分歧问题得到解决，项目负责人才能出具报告。

4）项目质量控制复核

（1）含义：会计师事务所挑选不参与该业务的人员，在出具报告前，对项目组作出的重大判断和形成的结论进行客观评价的过程。

（2）总体要求：会计师事务所还应当制定政策和程序，要求对特定业务实施项目质量控制复核，并在出具报告前完成项目质量控制复核。

项目质量控制复核并不减轻项目负责人的责任，更不能替代项目负责人的责任。

（3）项目质量控制复核对象的确定：① 对所有上市公司财务报表的审计；② 规定适当的标准，对除上市公司财务报表审计以外的其他业务，实施项目质量控制复核；③ 对符合适当标准的所有业务实施项目质量控制复核。

7. 业务工作底稿

会计师事务所应当制定政策和程序，以使项目组在出具业务报告后及时将工作底稿归整为最终业务档案。

业务工作底稿的所有权属于会计师事务所。会计师事务所可自主决定允许客户获取业务工作底稿部分内容或摘录部分工作底稿，但披露这些信息不得损害会计师事务所执行业务的有效性。

8. 监控

1）总体要求

会计师事务所应当制定监控政策和程序，以合理保证质量控制制度中的政策和程序是相关、适当的，并正在有效运行。

2）监控人员

会计师事务所可以委派主任会计师、副主任会计师或具有足够、适当经验和权限的其他人员履行监控责任。

3）实施检查

会计师事务所应当周期性地选取已完成的业务进行检查，周期最长不得超过三年。在每个周期内，应对每个项目负责人的业务至少选取一项进行检查。检查时可以不事先告知相关项目组；参与业务执行或项目质量控制复核的人员不应承担该项业务的检查工作。

4）监控结果的处理

（1）适时将缺陷及补救措施告知相关人员。

（2）如果实施监控程序的结果表明出具的报告可能不适当，或在执行业务过程中遗漏了应有的程序，会计师事务所应当确定采取适当的进一步行动，以遵守法律法规、职业道德规范和相关业务准则的规定。同时，会计师事务所应当考虑征询法律意见。

9. 记录

会计师事务所应当制定政策和程序，对质量控制制度各项要素的运行情况形成适当记录。

会计师事务所对质量控制记录的保存期限，应当足以使执行监控程序的人员能够评价质量控制制度的遵守情况。

3.2 中国注册会计师职业道德规范认知

所谓职业道德是某一职业组织以公约、守则等形式公布的，其会员自愿接受的职业行为标准。所谓注册会计师职业道德，是指注册会计师职业品德、职业纪律、专业胜任能力及职业责任等的总称，也就是审计职业界各成员应当遵守的行为规范。

注册会计师的职业性质决定了其对社会公众应承担的责任。为使注册会计师切实担负起神圣的职责，为社会公众提供高质量的、可信赖的专业服务，在社会公众中树立良好的职业形象和职业信誉，就必须大力加强对注册会计师的职业道德教育，强化道德意识，提高道德水准。

从世界各国来看，凡是建立注册会计师制度的国家，都制定了相应的注册会计师职业道德规范，以昭示注册会计师应达到的道德水准。

目前，我国注册会计师职业道德规范主要有《中国注册会计师职业道德基本准则》（以下简称《职业道德准则》）和《中国注册会计师职业道德规范指导意见》（以下简称《指导意见》）。

3.2.1　中国注册会计师职业道德基本准则

中国注册会计师协会自1988年年底组建以来，一直非常重视注册会计师的道德标准建设和道德教育。1996年12月26日，经财政部批准，中国注册会计师协会印发了《职业道德准则》，并于1997年1月1日起施行。《职业道德准则》共包括七章三十二条，即总则、一般原则、专业胜任能力与技术规范、对客户的责任、对同行的责任、其他责任以及附则等。

1. 一般原则

一般原则是对注册会计师应当具备的职业道德所作的原则性规定。

（1）注册会计师应当恪守独立、客观、公正的原则。

（2）注册会计师执行审计或其他鉴证业务，应当保持形式上和实质上的独立。

（3）会计师事务所如与客户存在可能损害独立性的利害关系，不得承接其委托的审计或其他鉴证业务。

（4）执行审计或其他鉴证业务的注册会计师如与客户存在可能损害独立性的利害关系，应当向所在会计师事务所声明，并实行回避。

（5）注册会计师不得兼营或兼任与其执行的审计或其他鉴证业务不相容的其他业务或职务。

（6）注册会计师执行业务时，应当实事求是，不为他人所左右，也不得因个人好恶影响其分析、判断和客观性。

（7）注册会计师执行业务时，应当正直、诚实，不偏不倚地对待有关利益各方。

2. 专业胜任能力与技术规范

注册会计师要提供高质量的专业服务，除必须具备良好的职业品德外，还需具有较强的业务能力。

（1）注册会计师应当保持和提高专业胜任能力，遵守中国注册会计师审计准则等职业规范，合理运用会计准则及国家其他相关技术规范。

（2）会计师事务所和注册会计师不得承办不能胜任的业务。

（3）注册会计师执行业务时，应当保持应有的职业谨慎。

（4）注册会计师执行业务时，应当妥善规划，并对业务助理人员的工作进行指导、监督和检查。

（5）注册会计师对有关业务形成结论或提出建议时，应当以充分、适当的证据为依据，不得以其职业身份对未审计或其他未鉴证事项发表意见。

（6）注册会计师不得对未来事项的可实现程度作出保证。

（7）注册会计师对审计过程中发现的违反会计准则及国家其他相关技术规范的事项，应当按照中国注册会计师审计准则的要求进行适当处理。

3. 对客户的责任

《职业道德准则》在强调注册会计师对社会公众负责的同时，也规定了注册会计师对客户所负的特殊责任。

（1）注册会计师应当在维护社会公众利益的前提下，竭诚为客户服务。

（2）注册会计师应当按照业务约定履行对客户的责任。

（3）注册会计师应当对执行业务过程中知悉的商业秘密保密，并不得利用其为自己或他人谋取利益。

（4）除有关法规允许的情形外，会计师事务所不得以或有收费形式为客户提供鉴证服务。

4. 对同行的责任

对同行的责任是指会计师事务所、注册会计师在处理与其他会计师事务所、注册会计师相互关系中所应遵循的道德标准。

（1）注册会计师应当与同行保持良好的工作关系，配合同行工作。

（2）注册会计师不得诋毁同行，不得损害同行利益。

（3）会计师事务所不得雇用正在其他会计师事务所执业的注册会计师。注册会计师不得以个人名义同时在两家或两家以上的会计师事务所执业。

（4）会计师事务所不得以不正当手段与同行争揽业务。

5. 其他责任

《职业道德准则》规定注册会计师应当维护职业形象，不得损害职业形象的行为，并对业务接受过程中所应遵守的职业道德专门提出了要求。

（1）注册会计师应当维护职业形象，不得有可能损害职业形象的行为。

（2）注册会计师及其所在会计师事务所不得采用强迫、欺诈、利诱等方式招揽业务。

（3）注册会计师及其所在会计师事务所不得对其能力进行广告宣传以招揽业务。

（4）注册会计师及其所在会计师事务所不得以向他人支付佣金等不正当方式招揽业务，也不得向客户或通过客户获取服务收费之外的任何利益。

（5）会计师事务所、注册会计师不得允许他人以本所或本人的名义承办业务。

3.2.2 中国注册会计师职业道德规范指导意见

1.《指导意见》的框架

《指导意见》分为两个层次：一是基本原则；二是具体要求。基本原则包括注册会计师履行社会责任，恪守独立、客观、公正的原则，保持应有的职业谨慎，保持和提高专业胜任能力，遵守中国注册会计师审计准则等职业规范，履行对客户的责任以及对同行的责任等。具体要求包括独立性、专业胜任能力、保密、收费与佣金、与执行鉴证业务不相容的工作、接任前任注册会计师的审计业务以及广告、业务招揽和宣传等。

2. 基本原则

《指导意见》规定，注册会计师在职业道德方面应当遵循以下基本原则：

（1）注册会计师应当遵守职业道德准则，履行相应的社会责任，维护社会公众利益。

（2）注册会计师执行审计、审核和审阅等鉴证业务，应当恪守独立、客观、公正的原则。

（3）注册会计师应当保持应有的职业谨慎，保持和提高专业胜任能力，遵守中国注册会计师审计准则等职业规范，勤勉尽责。

（4）注册会计师应当履行对客户的责任，对执业过程中获知的客户信息保密。

（5）注册会计师应当与同行保持良好的工作关系，配合同行的工作。

3. 独立性

独立性是注册会计师执行鉴证业务的灵魂。注册会计师执行鉴证业务时应当保持实质上和形式上的独立，不得因任何利害关系影响其客观、公正的立场。实质上的独立，是指注册会计师在发表意见时其专业判断不受影响，公正执业，保持客观和专业怀疑；形式上的独立是指会计师事务所或鉴证小组避免出现这样重大的情形，使得拥有充分相关信息的理性第三方推断其公正性、客观性或专业怀疑受到损害。

可能损害独立性的因素包括经济利益、自我评价、关联关系和外界压力等。

（1）会计师事务所和注册会计师应当考虑经济利益对独立性的损害，可能损害独立性的情形主要包括：

① 与鉴证客户存在专业服务收费以外的直接经济利益或重大的间接经济利益；

② 收费主要来源于某一鉴证客户；

③ 过分担心失去某项业务；

④ 与鉴证客户存在密切的经营关系；

⑤ 对鉴证业务采取或有收费的方式；

⑥ 可能与鉴证客户发生雇佣关系。

（2）会计师事务所和注册会计师应当考虑自我评价对独立性的损害。可能损害独立性的情形主要包括：

① 鉴证小组成员曾是鉴证客户的董事、经理、其他关键管理人员或能够对鉴证业务产生直接重大影响的员工；

② 为鉴证业务客户提供直接影响鉴证业务对象的其他服务；

③ 为鉴证客户编制属于鉴证业务对象的数据或其他记录。

（3）会计师事务所和注册会计师应当考虑关联关系对独立性的损害。可能损害独立性的情形主要包括：

① 与鉴证小组成员关系密切的家庭成员是鉴证客户的董事、经理、其他关键管理人员或能够对鉴证业务产生直接重大影响的员工；

② 鉴证客户的董事、经理、其他关键管理人员或能够对鉴证业务产生直接重大影响的员工是会计师事务所的前高级管理人员；

③ 会计师事务所的高级管理人员或签字注册会计师与鉴证客户长期交往；

④ 接受鉴证客户或其董事、经理、其他关键管理人员或能够对鉴证业务产生直接重大影响的员工的贵重礼品或超出社会礼仪的款待。

（4）会计师事务所和注册会计师应当考虑外界压力对独立性的损害。可能损害独立性的情形包括：

① 在重大会计、审计问题上与鉴证客户存在意见分歧而受到解聘威胁；

② 受到有关单位或个人不恰当的干预；

③ 受到鉴证客户降低收费的压力而不恰当地缩小工作范围。

当识别出损害独立性的因素时，会计师事务所和注册会计师应当采取必要的措施以消除影响或将其降至可接受水平。

维护独立性的措施：

（1）会计师事务所应当从整体上维护其独立性。维护独立性的措施主要包括：

① 会计师事务所的高级管理人员重视独立性，并要求鉴证小组成员保持独立性；

② 制定有关独立性的政策和程序，包括识别损害独立性的因素、评价损害的严重程度以及采取相应的维护措施；

③ 建立必要的监督及惩戒机制以促使有关政策和程序得到遵循；

④ 及时向所有高级管理人员和员工传达有关政策和程序及其变化；

⑤ 制定能使员工向更高级别人员反映独立性问题的政策和程序。

（2）在承办具体鉴证业务时，会计师事务所应当维护其独立性。维护独立性的措施主要包括：

① 安排鉴证小组以外的注册会计师进行复核；

② 定期轮换项目负责人及签字注册会计师；

③ 与鉴证客户的审计委员会或监事会讨论独立性问题；

④ 向鉴证客户的审计委员会或监事会告知服务性质和收费范围；

⑤ 制定确保鉴证小组成员不代替鉴证客户行使管理决策或承担相应责任的政策和程序；

⑥ 将独立性受到损害的鉴证小组成员调离鉴证小组。

当维护措施不足以消除损害独立性因素的影响或将其降至可接受水平时，会计师事务所应当拒绝承接业务或解除业务约定。

4. 专业胜任能力

（1）注册会计师应当通过教育、培训和执业实践保持和提高专业胜任能力。

（2）注册会计师不得宣称自己具有本不具备的专业知识、技能或经验。

（3）注册会计师不得提供不能胜任的专业服务。

（4）在提供专业服务时，注册会计师可以在特定领域利用专家协助其工作。

（5）在利用专家工作时，注册会计师应当对专家遵守职业道德的情况进行监督和指导。

5. 保密

（1）注册会计师应当对执业过程中获知的客户信息保密，这一责任不因业务约定的终止而终止。

（2）注册会计师应当采取措施，确保业务助理人员和专家遵守保密原则。

（3）注册会计师不得利用在执业过程中获知的客户信息为自己或他人牟取不正当的利益。

（4）注册会计师在以下情况下可以披露客户的有关信息：

① 法律法规允许披露，并且取得客户或工作单位的授权；

② 根据法律法规的要求，为法律诉讼、仲裁准备文件或提供证据，以及向有关监管机构报告发现的违反法规行为；

③ 法律法规允许的情况下，在法律诉讼、仲裁中维护自己的合法权益；

④ 接受注册会计师协会或监管机构的执业质量检查，答复其询问和调查；

⑤ 法律法规、执业准则和职业道德规范规定的其他情形。

（5）在决定披露客户的有关信息时，注册会计师应当考虑以下因素：

① 是否了解和证实了所有相关信息；

② 信息披露的方式和对象；

③ 可能承担的法律责任和后果。

6. 收费与佣金

在确定收费时，会计师事务所应当考虑以下因素，以客观反映为客户提供专业服务的价值。

（1）专业服务所需的知识和技能。

（2）所需专业人员的水平和经验。

（3）每一专业人员提供所需的时间。

（4）提供专业服务所需承担的责任。

在专业服务得到良好的计划、监督及管理的前提下，收费通常以每一专业人员适当的小时费用率或日费用率为基础计算。

目前，会计师事务所的收费标准不一，有的按照行业管理部门的规定，有的按照被审计单位同行业的审计收费平均水平，有的按照被审计单位资产规模大小以及按照审计工作量等。总体而言，以每一专业人员适当的小时费用率或日费用率为基础计算业务收费更加科学。

专业服务的收费依据、收费标准及收费结算方式与时间应在业务约定书中予以明确。

如果收费报价明显低于前任注册会计师或其他会计师事务所的相应报价，会计师事务所应当确保：

（1）在提供专业服务时，工作质量不会受到损害，并保持应有的职业谨慎，遵守执业准则和质量控制程序。

（2）客户了解专业服务的范围和收费基础。

这一规定主要针对会计师事务所的变更。会计师事务所变更的不利后果主要体现在两个方面：一方面是审计客户与前任注册会计师存在会计、审计意见分歧而变更事务所；另一方面是前后任会计师事务所之间的低价竞争。

除法规允许外，会计师事务所不得以或有收费方式提供鉴证服务。或有收费是指收费与否或收费多少以鉴证工作结果或实现特定目的为条件，例如，审计客户要求注册会计师发表标准审计报告，否则就不付费；审计客户按照审计后的净利润水平高低付费，这都属于或有收费。或有收费在鉴证业务中危害很大。如果会计师事务所的收费与否或多少以鉴证工作结果或实现特定目的为条件，注册会计师为了获得收费或多收费，往往会发表不恰当的意见，作出有违社会公众利益的行为。

会计师事务所和注册会计师不得为招揽客户而向推荐方支付佣金，也不得因向第三方推荐客户而收取佣金。会计师事务所和注册会计师不得因宣传他人的产品或服务而收取佣金。

佣金也是影响注册会计师服务质量和行业形象的一个重要因素。如果注册会计师事务所和注册会计师为了招揽业务而向推荐方支付佣金，或因向第三方推荐客户而收取佣金，就相当于支付佣金一方的业务收费降低，从而影响执业质量。如果会计师事务所和注册会计师因宣传他人的产品或服务而收取佣金，很容易导致形式上的不独立，降低行业在社会公众中的形象。

7. 与执行鉴证业务不相容的工作

注册会计师不得从事有损于或可能有损于其独立性、客观性、公正性或职业声誉的业务、职业或活动。

注册会计师应当就其向鉴证客户提供的非鉴证服务与鉴证服务是否相容作出评价。注册会计师执行的鉴证业务维系着社会公正利益。如果注册会计师正在或将要提供的服务，与其提供服务所需要的独立性发生冲突，就产生了不相容的工作。例如，注册会计师向审计客户提供评估服务、内部审计服务、IT系统服务、法律服务、编制财务报表、管理咨询等服务，产生自我评价威胁，可能影响其独立性。注册会计师在承接上述服务时，应当谨慎行事，通过采取防范措施将影响降至最低，否则，就不应接受此类业务。

会计师事务所不得为上市公司同时提供编制财务报表和审计服务。会计师事务所的高级管理人员或员工不得担任鉴证客户的董事（包括独立董事）、经理以及其他关键管理职务。

目前，我国不允许会计师事务所为同一家上市公司提供资产评估和审计服务，提供其他服务尚未受到限制。如果会计师事务所为上市公司代编财务报表或会计师事务所的高级管理人员或员工成为鉴证客户的高级管理人员，所产生的自我评价、经济利益威胁就会非常重大，以至于没有任何防范措施能够将其降至可接受水平。

8. 接任前任注册会计师的审计业务

会计师事务所的变更，涉及前后任注册会计师。前任注册会计师，是指对最近期间财务报表出具了审计报告或接受委托但未完成审计工作，已经或可能与委托人解除业务约定的会计师事务所。后任注册会计师，是指正在考虑接受委托或已经接受委托，接替前任注册会计师执行财务报表审计业务的会计师事务所。前后任注册会计师的关系，仅限于审计业务，因为审计业务提供的保证程度较高，且是一项连续业务；而其他鉴证业务，如盈利预测审核、财务报表审阅等业务，提供的保证程度较低，且是非连续业务，不包括在内。

此外，如果审计客户委托注册会计师对已审计财务报表进行重新审计，接受委托的注册会计师应视为后任注册会计师，而之前已发表审计意见的注册会计师则视为前任注册会计师。

客户更换会计师事务所的原因很多，但有两种原因很可能不利于行业的发展和市场的正常秩序：一种原因是会计师事务所之间为争揽业务而进行恶性竞争；另一种原因则是注册会计师可能与客户在重大会计、审计问题上存在分歧，客户不认可注册会计师的立场。在一些情况下，如果注册会计师拒绝出具客户希望得到的意见，客户就可能通过更换会计师事务所实现其目的，这种情况构成了购买审计意见。

近年来，一些上市公司存在着频繁变更会计师事务所的现象，甚至在一次年度财务报表审计过程中，接连变更会计师事务所。为此，《指导意见》就前后任注册会计师的关系作了规定：

（1）后任注册会计师在接任前任注册会计师的审计业务时不得蓄意侵害前任注册会计

师的合法权益。

（2）在接受审计业务委托前，后任注册会计师应当向前任注册会计师询问审计客户变更注册会计师的原因，并关注前任注册会计师与审计客户之间在重大会计、审计等问题上可能存在的意见分歧。

（3）后任注册会计师应当提请审计客户授权前任注册会计师对其询问作出充分的答复。如果审计客户拒绝授权，或限制前任注册会计师作出答复的范围，后任注册会计师应当向审计客户询问原因，并考虑是否接受业务委托。

（4）前任注册会计师应当根据所了解的情况对后任注册会计师的询问作出及时、充分的答复。如果受到审计客户的限制或存在法律诉讼的顾虑，决定不向后任注册会计师作出充分答复，前任注册会计师应当向后任注册会计师表明其答复是有限的。

（5）如果后任注册会计师发现前任注册会计师所审计的财务报表存在重大错报，应当提请审计客户告知前任注册会计师，并要求审计客户安排三方会谈，以便采取措施进行妥善处理。

9. 广告、业务招揽和宣传

广告，是指为招揽业务，会计师事务所将其服务和技能等方面的信息向社会公众进行传播。业务招揽，是指会计师事务所和注册会计师与非客户接触以争取业务。宣传，是指会计师事务所和注册会计师向社会公众告知有关事实，其目的不是抬高自己。

许多国家，尚不允许会计师事务所通过刊登广告招揽业务。现在只有少数国家，开始允许会计师事务所刊登广告。根据《注册会计师法》和《中国注册会计师职业道德基本准则》，我国会计师事务所和注册会计师不得对其能力进行广告宣传以招揽业务。会计师事务所和注册会计师不宜刊登广告，主要有三条理由：

① 注册会计师的服务质量及能力无法由广告内容加以评估；

② 广告可能损害专业服务的精神；

③ 广告可能导致同行之间的不正当竞争。

《指导意见》规定：

（1）注册会计师应当维护职业形象，在向社会公众传递信息时，应当客观、真实、得体。

（2）会计师事务所不得利用新闻媒体对其能力进行广告宣传，但刊登设立、合并、分立、解散、迁址、名称变更或招聘员工等信息以及注册会计师协会为会员所作的统一宣传不受此限。

（3）会计师事务所和注册会计师不得采用强迫、欺诈、利诱或骚扰等方式招揽业务等。

（4）会计师事务所和注册会计师在招揽业务时不得有以下行为：

① 暗示有能力影响法院、监管机构或类似机构及其官员；

② 作出自我标榜的陈述，且陈述无法予以证实；

③ 与其他注册会计师进行比较；

④ 不恰当的声明自己是某一特定领域的专家；

⑤ 作出其他欺骗性的或可能导致误解的声明。

（5）会计师事务所和注册会计师进行宣传时，不得有以下行为：

① 利用政府委托或特别奖励牟取不正当利益；

② 当会计师事务所将其名称、地址、电话号码以及其他必要的联系信息载入电话簿、信纸或其他载体时，含有自我标榜的措辞；

③ 当注册会计师就专业问题参与演讲、访谈或广播、电视节目时，抬高自己及其会计师事务所；

④ 当会计师事务所通过新闻媒体发布招聘信息时，含有抬高自己的成分。

（6）会计师事务所可以将印制的手册向客户发放，也可以应非客户的要求向非客户发放，但手册的内容应当真实、客观。

（7）注册会计师在名片上可以印有姓名、专业资格、职务及其会计师事务所的地址和标识等，但不得印有社会职务、专家称谓以及所获荣誉等。

本章精要

本章概括了注册会计师执业准则体系及职业道德规范，重点介绍了其基本准则，可以说，本书所涉及的审计准则，都是在这一章内容上的进一步延伸。因此，本章应作为重点章。能将本章的内容与以后各章节中涉及的准则融会贯通；能够运用注册会计师执业准则的相关规定，分析注册会计师执业过程的完整性与有效性；初步树立审计意识，从总体上把握鉴证业务环节和基本要素，进一步提高学习审计实务的能力。

相关知识

鉴证业务与相关服务的区别如表3-2所示。

表3-2 鉴证业务与相关服务的区别例解

业务类型区别	相关服务 （以代编财务信息为例）	鉴证业务 （以财务报表审计为例）
业务关系人	只涉及注册会计师和责任方（管理层）两方关系人	涉及注册会计师、责任方（管理层）和预期使用者三方关系人
业务关注的焦点	财务信息的收集、分类和汇总	财务信息的质量
保证程度	不对财务信息提供任何程度的保证	对财务报表不存在重大错报提供合理保证
独立性要求	不对独立性提出要求，但如果不独立，应当在代编业务报告中说明这一事实	要求注册会计师从实质上和形式上保持独立
报　告	如果注册会计师的姓名与代编财务信息相关联，需要出具代编业务报告，但在报告中不提出鉴证结论	以书面形式提供审计报告，并在报告中就财务报表是否存在重大错报提出鉴证结论

自我测试

一、单项选择题

1. 注册会计师的下列行为中，不违反职业道德规范的是（　　）。

A. 承接了主要工作由专家完成的业务

B. 按服务成果的大小进行收费
C. 不以个人名义同时在两家或两家以上的会计师事务所执业
D. 对自己的能力进行广告宣传

2. 注册会计师在以下哪种情况属于禁止披露客户的有关信息（　　）
A. 出于第三方利益使用客户信息　　B. 取得客户的授权
C. 为法律诉讼准备文件　　D. 监管机构依法进行的质量检查

3. 会计师事务所和注册会计师不得对其能力进行广告宣传以招揽业务，下列陈述的原因中不正确的是（　　）。
A. 广告可能导致同行之间的不正当竞争
B. 广告可以提高本会计师事务所的知名度
C. 广告可能损害专业服务的精神
D. 注册会计师的服务质量及能力无法由广告内容加以评估

4. 下列各项中，会计师事务所的收费标准较为科学的是（　　）。
A. 按照行业管理部门的规定
B. 按照被审计单位同行业的平均水平
C. 按照被审计单位资产规模大小以及审计工作量
D. 按照每一专业人员适当的小时费用率或日费用率为基础计算业务收费

5. 注册会计师执行下列业务中，对保证程度描述不正确的是（　　）。
A. 代编财务信息不需要任何程度的保证
B. 财务信息执行商定程序仅需要有限保证
C. 内部控制审核业务有可能是有限保证也可能是合理保证
D. 验资要合理保证

6. 注册会计师接受委托对2013年吉吉股份有限公司财务报表进行了审计，下列选项中属于“鉴证对象”的是（　　）。
A. 吉吉公司2013年财务报表
B. 吉吉公司2013年12月31日的财务状况和该年度的经营成果和现金流量
C. 吉吉公司2013年度的财务状况、经营成果和现金流量
D. 吉吉公司2013年利润表

7. 注册会计师执行的下列业务中，保证程度最高的是（　　）。
A. 财务报表审计　　B. 代编财务信息
C. 财务报表审阅　　D. 对财务信息执行的商定程序

8. 会计师事务所应当要求（　　）对业务执行实施指导、监督与复核。
A. 项目负责人　　B. 主任会计师
C. 项目组　　D. 部门经理

9. 会计师事务所中对质量控制制度承担最终责任的是（　　）。
A. 所长　　B. 项目经理
C. 项目合伙人　　D. 主任会计师

10. 在直接报告业务中，鉴证业务风险是指在（　　）存在重大错报的情况下，注册会计师提出不恰当结论的可能性。

A. 鉴证报告　　B. 鉴证意见
C. 鉴证对象信息　　D. 鉴证对象

二、多项选择题

1. 以下关于独立、客观、公正表达正确的有（　　）。
A. 注册会计师与客户之间应保持独立，否则很难取信于社会公众
B. 注册会计师应当力求公平，不因成见或偏见、利益冲突和他人影响而损害其客观性
C. 注册会计师接受审计客户贵重的礼品或超出正常礼仪的款待，可能导致外界压力的威胁
D. 注册会计师应维护其专业服务的公正性，否则丧失其基本原则

2. 专业胜任能力的基本原则要求注册会计师做到以下方面（　　）。
A. 注册会计师不仅要具有专业知识、技能、经验，而且应经济、有效地完成客户委托的业务
B. 如果不能保持和提高专业胜任能力，应当主动降低收费标准
C. 在法规允许情况下可以进行或有收费
D. 不承接自己不能胜任的业务

3. 以下行为中，损害了注册会计师职业声誉的行为有（　　）。
A. 注册会计师把尽可能招揽更多的业务作为事务所第一目标
B. 注册会计师按照服务成果大小决定收费标准
C. 会计师事务所没有雇佣正在其他会计师事务所执业的注册会计师
D. 会计师事务所向他人支付佣金但没有收取他人佣金

4. 鉴证业务的目标可分为（　　）。
A. 合理保证　　B. 绝对保证　　C. 消极保证　　D. 有限保证

5. 下列事项中符合会计师事务所承接鉴证业务的条件有（　　）。
A. 鉴证对象适当，该业务具有合理的目的
B. 有可能获取到足够的证据但不一定能够保证适当
C. 注册会计师的结论以书面报告形式表述，且表述形式与所提供的保证程度相适应
D. 使用标准完全由客户提供，预期使用者无法获取该标准

三、判断题

1. 在允许做广告的国家执行业务的注册会计师，在其本国不能对其能力进行广告宣传，因此他只好在允许做广告的国家通过出版的报纸或杂志做广告，扩大业务量。（　　）

2. 注册会计师在没有取得客户同意的情况下披露客户的商业秘密就是违背保密原则。（　　）

3. 会计师事务所和鉴证小组成员有义务识别和评价可能对独立性产生威胁的各种环境和关系，并采取适当行动消除这些威胁或运用防范措施将其降至可接受水平。（　　）

4. 会计师事务所不论是向他人支付佣金或收取他人支付的佣金都会大大降低行业在社会公众中的形象。（　　）

5. 对于已承接的鉴证业务，注册会计师不应将其变更为非鉴证业务，但可以降低该业务的保证程度。（　　）

6. 如果业务范围存在限制，注册会计师不应当同意变更业务。(　　)

7. 会计师事务所应当按照我国相关法律、法规的规定，对所有的上市公司财务报表审计，定期轮换项目负责人。(　　)

8. 会计师事务所应当制定政策和程序，以合理保证会计师事务所及其人员保持职业道德规范要求的独立性，但不需要包括聘用的专家。(　　)

9. 当拟承接的业务不具备鉴证业务所有特征，不能将其作为鉴证业务予以承接时，注册会计师必须终止该业务，不能为其提供任何服务。(　　)

10. 注册会计师执行鉴证业务的目的是改善鉴证对象信息的质量或内涵，不涉及如何利用信息提供建议。(　　)

四、简答题

1. 注册会计师行业为什么不能实施竞争压价?

2. 什么是或有收费? 会计师事务所为什么不能进行或有收费?

3. 注册会计师对鉴证业务为什么不能绝对保证?

五、案例分析题

基本情况　正达会计师事务所长期以来主要开展对银行、保险公司等金融机构的年报审计业务。2014 年 5 月初，事务所的负责人张平成正在考虑与下列客户的具体情况，以保持审计业务的独立性。下面是正达会计师事务所及注册会计师与这些客户之间往来的相关情况：

1. A 保险公司于 2012 年 10 月聘请正达会计师事务所为其设计了一套具有针对性的规章管理制度。章平注册会计师长期参与 A 保险公司报表的审计业务，同时是上述制度的主要设计者。2014 年，章平注册会计师担任 A 保险公司报表审计的项目负责人。

2. 正达会计师事务所已连续 5 年承办 A 保险公司的年报审计业务。2014 年年初，A 保险公司 2014 年度财务报表审计业务继续由正达会计师事务所执行。为保证审计的独立性，正达会计师事务所决定自 2015 年起停止执行 A 保险公司年度报表审计业务，改为参与 A 保险公司的投资业务策划。

3. 李平注册会计师 2014 年 5 月接受事务所指派，参加 W 银行 2014 年度财务报表的审计项目。李平注册会计师的妹妹在该银行担任财务助理。

4. 为解决员工住房问题，正达会计师事务所与 W 银行经批准共同投资兴建了职工住宅楼，双方共同聘请物业公司进行日常管理。

5. 王清注册会计师 2013 年从 Z 银行贷款 20 万元购买了一辆轿车。按贷款协议约定，王清每月需要向 Z 银行偿还贷款 3 500 元。由于王清在 2013 年底购买了房屋，无力按时向 Z 银行支付借款本息。2014 年以来，已累计 3 个月没有偿还贷款。

6. 注册会计师张可 2016 年来一直是 M 银行年度财务报表审计业务的项目组成员。得知张可于 2014 年 5 月 1 日举办婚礼后，M 银行行长将该行的 10 辆高级轿车借给张可作为婚礼用车。

要求　请根据具体情况，判断正达会计师事务所接受相关的审计业务是否损害独立性。对于认为影响独立性的情形，如何消除其影响? 请予指出。

第4章

注册会计师行业的法律责任

地位与作用

本章是审计基础知识的比较重要章节。本章以“法律责任”为核心，主要介绍注册会计师行业的“法律环境”，基本上不涉及审计的专业知识，与后续各章联系不多。

技能要求

＊基于违约、过失、欺诈对注册会计师法律责任的认定，明确会计师事务所、注册会计师法律责任；试运用所学的理论知识，分析现实中经营失败与审计失败、会计责任与审计责任的区别点；注册会计师规避法律诉讼的基本要求和具体应对措施。

4.1　注册会计师法律责任认知

审计人员的法律责任是指审计人员在履行职责过程中，因违约、过失或欺诈而导致委托单位或利益相关人损失而承担的法律后果。我国相关法律法规对政府审计人员、内部审计人员及民间审计人员的法律责任都作出了相应规定。

下面以注册会计师的法律责任为例来作说明。

4.1.1　注册会计师的法律环境

小贴士

在注册会计师界遇到的各类法律诉讼案件中，许多人认为，财务报表使用者控告会计师事务所的原因之一，是不理解经营失败和审计失败的区别，从而不能正确划分被审计单位管理层应承担的经营责任、会计责任和审计人员应承担的审计责任。因此，在讨论注册会计师法律责任时应从讨论这些术语开始。

应有的职业谨慎，指的是注册会计师应当具备足够的专业知识和业务能力，按照执业准则的要求执业。

经营失败，是指被审计单位由于经济或经营条件的变化（如经济衰退、不当的管理决策或出现意料之外的行业竞争等）而无法满足投资者的预期。经营失败的极端情况是申请破产。任何一个企业，其经营失败的风险总是存在的。经营失败会使一些利益相关者遭受损失，他们要通过法律途径挽回自己的经济损失，因此，注册会计师往往成为被控告的对象之一。

审计失败，则是指注册会计师由于没有遵守审计准则的要求而发表了错误的审计意见。反映被审计单位财务状况和经营成果的会计信息中，存在着无意的错报或人为的造假，或将重大错报误判为不重要的小错报，因而据此给出的审计意见实际上是错误的。

但经营失败绝不等同审计失败。

审计风险，是指财务报表中存在重大错报，而注册会计师发表不恰当审计意见的可能性。由于审计中的固有限制会影响注册会计师发现重大错报的能力，注册会计师不能对财务报表整体上是否存在重大错报获取绝对保证。特别是，如果被审计单位管理层精心策划和掩盖舞弊行为，注册会计师尽管完全按照审计准则执业，有时还是不能发现某项重大错报的风险。

小思考

> 如果注册会计师在审计过程中没有尽到应有的职业谨慎，那属于审计风险还是审计失败呢？

4.1.2　会计责任与审计责任

1. 会计责任

在被审计单位治理层的监督下，按照适用的会计准则和相关会计制度的规定编制财务报表是被审计单位管理层的责任。

管理层对编制财务报表的责任具体包括以下几方面。

（1）选择适用的会计准则和相关会计制度。

（2）选择和运用恰当的会计政策。

（3）根据企业的具体情况，作出合理的会计估计。会计估计是指企业对其结果不确定的交易或事项以最近可利用的信息为基础所作的判断。

2. 审计责任即注册会计师的责任

按照中国注册会计师审计准则规定对财务报表发表审计意见是注册会计师的责任。

（1）财务报表是否按照适用的会计准则和相关会计制度的规定编制。

（2）财务报表是否在所有重大方面公允反映被审计单位的财务状况、经营成果和现金流量。

注册会计师作为独立的第三方，对财务报表发表审计意见，有利于提高财务报表的可信赖程度。注册会计师应当在审计报告中清楚地表达审计意见，并对出具的审计报告负责，并在审计业务约定书中予以明确注册会计师的审计责任。

3. 两种责任不能相互取代

财务报表审计不能减轻被审计单位管理层和治理层的责任。

管理层和治理层理应对编制财务报表承担完全责任。尽管在审计过程中，注册会计师可能向管理层和治理层提出建议，甚至在不违反独立性的前提下为管理层编制财务报表提供协助，但管理层仍然对编制财务报表承担责任，并通过签署财务报表确认这一责任。

如果财务报表存在重大错报，而注册会计师通过审计没有能够发现，也不能因为财务报表已经注册会计师审计这一事实而减轻管理层和治理层对财务报表的责任。

4.1.3 注册会计师法律责任产生的原因

1. 被审计单位方面的原因

被审计单位方面的原因主要包括错误、舞弊和违反法规行为，经营失败。

1）错误、舞弊和违反法规行为

只有当被审计单位存在重大的错误、舞弊和违反法规行为，而注册会计师未能发现时，才可能承担法律责任。

（1）错误，是指导致财务报表错报的非故意行为，主要包括以下内容：为编制财务报表而收集和处理数据时发生失误；由于疏忽和误解有关事实而作出不恰当的会计估计；在运用与确认、计量、分类或列报（包括披露，下同）相关的会计政策时发生失误。

（2）舞弊，是指财务报表中存在不实反映的故意行为，包括伪造、编造记录或凭证；侵占资产；隐瞒或删除交易或事项；记录虚假的交易或事项；蓄意使用不当的会计政策。

一项舞弊行为通常是如下舞弊风险因素“合力”所产生的结果：策划舞弊的动机或压力、进行舞弊的机会、使舞弊合理化的态度和借口。当三个舞弊风险因素同时出现就意味着出现舞弊的可能性很大，注册会计师必须予以足够的关注。舞弊区分为两种类型：舞弊性财务报告和资产侵占。

小贴士

舞弊行为示例

舞弊行为	管理层虚增报表利润	出纳挪用公司资金
舞弊类型	管理层舞弊	职员舞弊
舞弊动机或压力	管理层个人收入与公司利润指标挂钩	准备进行大额股票投资
舞弊机会	财务人员遵从管理层意志	没有定期轮岗制度
舞弊借口	维护公司利益	挪用资金会尽快归还

注册会计师有责任按照审计准则的规定实施审计工作，获取财务报表在整体上不存在重大错报的合理保证，无论该错报是由于舞弊还是错误导致。

（3）违反法规行为，是指被审计单位故意或非故意地违反除企业会计准则及国家其他有关财会法规之外的国家法律、行政法规、部门规章和地方性法规、规章的行为（如工商法、环保法、税法、专利法等）。

错误、舞弊与违反法规的行为如表 4 -1 所示。

表 4 -1　错误、舞弊与违反法规行为的区别

不同点	错　误	舞　弊	违法行为
原因不同	无意	故意	同舞弊
手段不同	未实施掩盖手法	实施掩盖手法	同舞弊
形式不同	原理、技术性差错明显	隐蔽难以查证	同舞弊
目的不同	不以实现结果为目的	以实现结果为目的	同舞弊
结果不同	可能影响他人自己收益	肯定影响他人、自己收益	同舞弊
性质不同	过失	不法行为	同舞弊

2）经营失败

经营失败是指被审计单位在经营过程中，因不能有效地控制经营风险而导致预期经营目标不能实现。由于报告使用者不理解经营失败和审计失败之间的差别，当被审计单位发生经营失败时，往往可能会连累到注册会计师。

2. 注册会计师方面的原因

注册会计师方面的原因包括违约、过失和欺诈。

1）违约

所谓违约，是指合同的一方或几方未能达到合同条款的要求。当违约给他人造成损失时，注册会计师应负担违约责任。比如，会计师事务所在商定的时期内，未能提交纳税申报表，或违反了与被审计单位订立的保密协议等。

2）过失

所谓过失，是指在一定条件下，缺少应具有的合理的谨慎。评价注册会计师的过失，是以其他合格注册会计师在相同条件下可做到的谨慎为标准的。当过失给他人造成损害时，注册会计师应负过失责任。通常将过失按其程度不同分为普通过失和重大过失两种。

（1）普通过失（也有的称“一般过失”），通常是指没有保持职业上应有的合理的谨慎，对注册会计师而言，则是指没有完全遵循专业准则的要求。

（2）重大过失，是指连起码的职业谨慎都不保持，对业务或事务不加考虑，满不在乎，对注册会计师而言，则是指根本没有遵循专业准则或没有按专业准则的基本要求执行审计。

另外，还有一种过失叫共同过失，即对他人过失，受害方自己未能保持合理的谨慎，因而蒙受损失。比如，被审计单位未能向注册会计师提供编制纳税申报表所必要的信息，后来又控告注册会计师未能妥当地编制纳税申报表，这种情况可能使法院判定审计单位有共同过失。再比如，在审计中未能发现现金等资产短少时，被审计单位可以过失为由控告注册会计师，而注册会计师又可以说现金等问题是由缺乏适当的内部控制造成的，并依此为由来反击被审计单位的诉讼。

3）欺诈

欺诈又称注册会计师舞弊，是以欺骗或坑害他人为目的的一种故意的错误行为。具有不良动机是欺诈的重要特征，也是欺诈与普通过失和重大过失的主要区别之一。对于注册会计师而言，欺诈就是为了达到欺骗他人的目的，明知委托单位的财务报表有重大错报，却加以虚伪的陈述，出具无保留意见的审计报告。

不同观点

与欺诈相关的另一个概念是推定欺诈，又称涉嫌欺诈，是指虽无故意欺诈或坑害他人的动机，但却存在极端或异常的过失。推定欺诈和重大过失这两个概念的界限往往很难界定，因此，在国际上通常将这种过失称为重大过失，并将其责任等同于欺诈，命名为推定欺诈或涉嫌欺诈，特别是近年来法院放宽了“欺诈”一词的范围，使得推定欺诈和欺诈在法律上成为等效的概念。这样，具有重大过失的注册会计师的法律责任就进一步加大了。

4.1.4 注册会计师承担法律责任的种类

注册会计师因违约、过失或欺诈给被审计单位或其他利害关系人造成损失的，按照有关法律和规定，可能被判负行政责任、民事责任或刑事责任。这三种责任可单处，也可并处。

1）行政责任

行政责任是指审计人员或会计师事务所，由于违反了法律、职业规范或其他规章制度而由政府主管部门和职业协会等机构给予的行政处罚。

（1）对注册会计师个人来说，包括警告、暂停执业、吊销注册会计师证书。

（2）对会计师事务所而言，包括警告、没收违法所得、罚款、暂停执业、撤销等。

2）民事责任

民事责任是指审计人员或审计组织，由于自己违反合同条款而应承担的法律责任。责任形式主要是指赔偿经济损失。

3）刑事责任

刑事责任是指注册会计师由于重大过失、欺诈行为违反了刑法所应承担的法律责任。责任形式有罚金、拘役、有期徒刑等。

一般来说，违约和过失可能使注册会计师负行政责任和民事责任，欺诈可能会使注册会计师负民事责任和刑事责任。

4.1.5 中国注册会计师法律责任相关法律规定

随着社会主义市场经济体制在我国的建立和发展，注册会计师在社会经济生活中的地位越来越重要，发挥的作用越来越大。注册会计师如果工作失误或犯有欺诈行为，将会给委托人或依赖审定财务报表的第三者造成重大损失，严重的甚至导致经济秩序的紊乱。因此，强化注册会计师的责任意识，严格注册会计师的法律责任，以保证其职业道德和执业质量，其意义就显得愈加重大。近年来我国颁布的不少重要的经济法律、法规中，都有专门规定会计师事务所、注册会计师法律责任的条款，其中比较重要的有《中华人民共和国注册会计师法》《中华人民共和国公司法》《中华人民共和国证券法》及《中华人民共和国刑法》（以下分别简称《注册会计师法》《公司法》《证券法》及《刑法》）等。

1.《注册会计师法》规定

涉及注册会计师法律责任的最重要的法律是《注册会计师法》，其中的第六章为“法律责任”，在第三十九条中规定了会计师事务所和注册会计师应承担的行政责任和刑事责任，

第四十二条规定了会计师事务所应承担的民事责任。

1)《注册会计师法》第三十九条的规定

“会计师事务所违反本法第二十条、第二十一条规定的，由省级以上人民政府财政部门给予警告，没收违法所得，可以并处违法所得1倍以上5倍以下的罚款；情节严重的，并可以由省级人民政府财政部门暂停其经营业务或者予以撤销。”

“注册会计师违反本法第二十条、第二十一条规定的，由省级以上人民政府财政部门给予警告，情节严重的，可以由省级人民政府财政部门暂停其执行业务或者吊销注册会计师证书。”

“会计师事务所、注册会计师违反本法第二十条、第二十一条规定的，故意出具虚假的审计报告、验资报告，构成犯罪的，依法追究刑事责任。”

2)《注册会计师法》第四十二条规定

“会计师事务所违反本法规定，给委托人、其他利害关系人造成损失的，应当承担赔偿责任。”

2.《公司法》第二百一十九条的规定

“承担资产评估、验资或者验证的机构提供虚假证明文件的，没收违法所得，处以违法所得1倍以上5倍以下的罚款，并可由有关主管部门依法责令该机构停业，吊销直接责任人员的资格证书。构成犯罪的，依法追究刑事责任。”

“承担资产评估验资或者验证的机构因过失提供有重大遗漏的报告的，责令改造，情节较重的，处以所得收入的1倍以上3倍以下的罚款，并可由有关主管部门依法责令该机构停业，吊销直接责任人员的资格证书。”

3.《证券法》的规定

于1999年7月1日起施行的《证券法》中的第一百八十二条、第一百八十九条、第二百零二条均涉及注册会计师的法律责任。

1）第一百八十二条的规定

“为股票的发行或者上市出具审计报告、资产评估报告或法律意见书等文件的专业机构和人员，违反本法第三十九条的规定买卖股票的，责令依法处理非法获得的股票，没收违法所得，并处以所买卖的股票等值以下的罚款。”

2）第一百八十九条的规定

“证券交易所、社会中介机构及其从业人员在证券交易活动中做出虚假陈述或信息误导的，责令改正，处以3万元以上20万元以下的罚款。”

3）第二百零二条的规定

“为证券的发行、上市或者证券交易活动出具审计报告、资产评估报告或者法律意见书等文件的专业机构，就其所应负责的内容弄虚作假的，没收违法所得，并处以违法所得1倍以上5倍以下的罚款，并可由有关主管部门依法责令该机构停业，吊销直接责任人员的资格证书。造成损失的，承担连带赔偿责任。构成犯罪的，依法追究刑事责任。”

4.《刑法》的规定

《刑法》第二百二十九条规定：“承担资产评估、验资、验证、会计、审计法律服务等责任的中介组织的人员故意提供虚假证明文件，情节严重的，处5年以下有期徒刑或者拘役，并处罚金。”

5. 最高人民法院的规定

在证券市场上，证券信息披露义务人（包括中介服务机构）违反《中华人民共和证券法》规定的信息披露义务，在提交或公布的信息文件中作出违背事实的陈述或记载，侵犯了投资者的合法权益，应承担民事赔偿责任。

6. 相关《司法解释》

1）《司法解释》的特点

《司法解释》根据法律法规的精神，立足于既保护投资者合法利益又要为注册会计师行业提供健康的发展空间。

2）关于利害关系人、执业准则和不实报告的规定

《司法解释》第二条规定：“因合理信赖或者使用会计师事务所出具的不实报告，与被审计单位进行交易或者从事与被审计单位的股票、债券等有关的交易活动而遭受损失的自然人、法人或者其他组织，应认定为注册会计师法规定的利害关系人。”

会计师事务所违反法律法规、中国注册会计师协会依法拟定并经国务院财政部门批准后施行的执业准则和规则以及诚信公允的原则，出具的具有虚假记载、误导性陈述或者重大遗漏的审计业务报告，应认定为不实报告。

3）诉讼当事人列置的规定

利害关系人未对被审计单位提起诉讼而直接对会计师事务所提起诉讼的，人民法院应当告知其对会计师事务所和被审计单位一并提起诉讼；利害关系人拒不起诉被审计单位的，人民法院应当通知被审计单位作为共同被告参加诉讼。

利害关系人对会计师事务所的分支机构提起诉讼的，人民法院可以将该会计师事务所列为共同被告参加诉讼。

利害关系人提出被审计单位的出资人虚假出资或者出资不实、抽逃出资，且事后未补足的，人民法院可以将该出资人列为第三人参加诉讼。

4）关于归责原则和举证分配的规定

《司法解释》第四条规定：“会计师事务所因在审计业务活动中对外出具不实报告给利害关系人造成损失的，应当承担侵权赔偿责任，但其能够证明自己没有过错的除外。”

会计师事务所在证明自己没有过错时，可以向人民法院提交与该案件相关的执业准则、规则以及审计工作底稿等。

5）关于会计师事务所与被审计单位的连带责任的规定

《司法解释》第五条规定：注册会计师在审计业务活动中存在下列情形之一，出具不实报告并给利害关系人造成损失的，应当认定会计师事务所与被审计单位承担连带赔偿责任。

（1）与被审计单位恶意串通。

（2）明知被审计单位对重要事项的财务会计处理与国家有关规定相抵触，而不予指明。

（3）明知被审计单位的财务会计处理会直接损害利害关系人的利益，而予以隐瞒或者作不实报告。

（4）明知被审计单位的财务会计处理会导致利害关系人产生重大误解，而不予指明。

（5）明知被审计单位的财务报表的重要事项有不实的内容，而不予指明。

（6）被审计单位示意其作不实报告，而不予拒绝。

对被审计单位有前款第2）至5）项所列行为，注册会计师按照执业准则、规则应当知道的，人民法院应认定其明知。

6）关于过失责任和过失指引的规定

《司法解释》第六条规定：“会计师事务所在审计业务活动中因过失出具不实报告，并给利害关系人造成损失的，人民法院应当根据其过失大小确定其赔偿责任。”

注册会计师在审计过程中未保持必要的职业谨慎，存在下列情形之一，并导致报告不实的，人民法院应当认定会计师事务所存在过失。

（1）违反注册会计师法第二十条第（二）、第（三）项的规定。

（2）负责审计的注册会计师以低于行业一般成员应具备的专业水准执业。

（3）制订的审计计划存在明显疏漏。

（4）未依据执业准则、规则执行必要的审计程序。

（5）在发现可能存在错误和舞弊的迹象时，未能追加必要的审计程序予以证实或者排除。

（6）未能合理地运用执业准则和规则所要求的重要性原则。

（7）未根据审计的要求采用必要的调查方法获取充分的审计证据。

（8）明知对总体结论有重大影响的特定审计对象缺少判断能力，未能寻求专家意见而直接形成审计结论。

（9）错误判断和评价审计证据。

（10）其他违反执业准则、规则确定的工作程序的行为。

7）关于抗辩事由的规定

《司法解释》第七条规定，会计师事务所能够证明存在以下情形之一的，不承担民事赔偿责任。

（1）已经遵守执业准则、规则确定的工作程序并保持必要的职业谨慎，但仍未能发现被审计的会计资料错误。

（2）审计业务所必须依赖的金融机构等单位提供虚假或者不实的证明文件，会计师事务所在保持必要的职业谨慎下仍未能发现其虚假或者不实。

（3）已对被审计单位的舞弊迹象提出警告并在审计业务报告中予以指明。

（4）已经遵照验资程序进行审核并出具报告，但被验资单位在注册登记后抽逃资金。

（5）为登记时未出资或者未足额出资的出资人出具不实报告，但出资人在登记后已补足出资。

8）关于减责事由的规定

《司法解释》第八条规定：“利害关系人明知会计师事务所出具的报告为不实报告而仍然使用的，人民法院应当酌情减轻会计师事务所的赔偿责任。”

9）关于无效的免责条款的规定

《司法解释》第九条规定：“会计师事务所在报告中注明‘本报告仅供年检使用’‘本报告仅供工商登记使用’等类似内容的，不能作为其免责的事由。”

10）关于赔偿顺位和最高限额的规定

《司法解释》第十条规定，人民法院根据本规定第六条确定会计师事务所承担与其过失程度相应的赔偿责任时，应按照下列情形处理。

（1）应先由被审计单位赔偿利害关系人的损失。被审计单位的出资人虚假出资、不实出资或者抽逃出资，事后未补足，且依法强制执行被审计单位财产后仍不足以赔偿损失的，出资人应在虚假出资、不实出资或者抽逃出资数额范围内向利害关系人承担补充赔偿责任。

（2）对被审计单位、出资人的财产依法强制执行后仍不足以赔偿损失的，由会计师事务所在其不实审计金额范围内承担相应的赔偿责任。

（3）会计师事务所对一个或者多个利害关系人承担的赔偿责任应以不实审计金额为限。

11）关于会计师事务所与分所的连带责任的规定

《司法解释》第十一条规定："会计师事务所与其分支机构作为共同被告的，会计师事务所对其分支机构的责任部分承担连带赔偿责任。"

12）关于禁止擅自追加被执行人的规定

4.2 注册会计师如何避免法律诉讼

4.2.1 注册会计师减少过失和防止欺诈的措施

注册会计师要避免法律诉讼，就必须在执行审计业务时尽量减少过失行为，防止欺诈行为，而要尽可能不发生过失或防止欺诈，注册会计师应当达到以下基本要求。

1. 增强执业独立性

独立性是注册会计师行业生存的基础。

2. 保持执业谨慎

注册会计师的过失行为主要是由于缺乏认真而谨慎的职业态度造成的。

3. 强化执业监督

审计中的许多差错是由于注册会计师失察或未能对助理人员或其他人员进行切实的监督而造成的。

4.2.2 规避法律责任的对策

1. 严格遵循职业道德和专业标准的要求

保持良好的职业道德，严格遵循专业标准的要求执行业务、出具报告，对于避免法律诉讼或在诉讼中保护注册会计师是非常重要的。

2. 建立、健全会计师事务所质量控制制度

质量管理是会计师事务所各项管理工作的核心和关键，事务所是否建立严格的质量控制制度，是关系到事务所生存的关键问题。

3. 与委托人签订业务约定书

《注册会计师法》第十六条规定，注册会计师承办业务，会计师事务所应与委托人签订委托合同（即业务约定书）。因此，会计师事务所无论承办何种业务，都要按照要求与委托人签订业务约定书。

4. 审慎选择被审计单位

一定要选择正直的被审计单位，对陷入财务和法律困境的被审计单位要尤为注意。

5. 深入了解被审计单位的业务

了解客户情况，是指对客户所处的经济环境及所在行业的一般了解和对客户内部情况的具体了解。不熟悉被审计单位的经济业务和生产经营实务，仅局限于有关的会计资料，就可能发现不了某些错误。

6. 提取风险基金或购买责任保险

《注册会计师法》规定，会计师事务所需要按照规定提取风险基金，办理职业保险。注册会计师以会计师事务所为单位进行投保，会计师事务所与保险公司签订职业责任保险合同。

7. 聘请熟悉注册会计师法律责任的律师

会计师事务所有条件的话尽可能聘请熟悉相关法规及注册会计师法律责任的律师。在执业过程中，如遇到重大法律问题，注册会计师应与本所的律师或外聘律师详细讨论所有潜在的危险情况并仔细考虑律师的建议。一旦发生法律诉讼，也应请有经验的律师参加诉讼。

本章精要

2007 年 6 月 11 日，最高人民法院发布了《关于审理涉及会计师事务所在审计业务活动中民事侵权赔偿案件的若干规定》（简称《司法解释》），虽然只有十一条，但这个热点问题，对我国注册会计师执业行为及结果具有法律效力。本章主要阐述了导致注册会计师法律责任的原因，并明确了法律责任以及法律、法规对注册会计师法律责任的相关规定，最后提出了规避法律责任的对策。

相关知识

“行政责任”与“职业责任”

我国注册会计师的行政责任实质上是一种“职业责任”，而“职业责任”是国外通用的称谓。为何我国称为“行政责任”呢？这是由于我国注册会计师特殊的管理体制而形成的。中国注册会计师协会虽然是按照中国成立社团的规则建立的，是一个行业组织或民间团体，但根据《中华人民共和国注册会计师法》第一章第五条的规定，“国务院财政部和省、自治区、直辖市人民政府财政部门，依法对注册会计师事务所各注册会计师协会进行监督、指导”。换言之，在我国，注册会计师协会只是一个日常行业管理部门，而非此行业中最高权力机关。在这个行业中，许多权力，如会计师事务所成立的审批及对注册会计师的处罚等，都掌握在国家财政部门手中。因此，实际上我国注册会计师行业的管理部门是双重的：一般管理由注册会计师协会来执行；而一些重大的活动，则由政府部门中的财政部门来执行。由于对注册会计师及事务所的处罚不是来自协会而是来自于政府部门，因此称其为“行政责任”比称其为“职业责任”更为贴切。

自我测试

一、单项选择题

1. 中天华信会计师事务所在出具的相关鉴证业务报告中，注明如下内容，其中可以在遭遇诉讼时作为免责的事由是（　　）。

A. 在对甲公司的验资报告中注明：本报告仅供工商登记使用

B. 在对乙公司的审阅报告中注明：本报告仅供工商年检使用

C. 在对丙公司的增资报告中注明：本报告仅供工商登记使用

D. 在对丁公司的审计报告中，对于该公司存在舞弊迹象情况但无法查证，就该事项出具保留意见报告

2. 以下关于注册会计师过失的说法不正确的是（　　）。

A. 过失是指在一定条件下，缺少应具有的合理谨慎

B. 普通过失是指注册会计师没有完全遵循专业准则的要求

C. 重大过失是指注册会计师没有按执业准则的基本要求执行审计

D. 注册会计师一旦出现过失就要赔偿损失

3. 下列不属于注册会计师承担的行政责任的是（　　）。

A. 警告　　B. 罚款

C. 暂停执业　　D. 吊销注册会计师证书

4. 注册会计师减少过失和防止欺诈的基本要求中，不包括（　　）。

A. 强化执业监督　　B. 保持职业谨慎

C. 签订业务约定书　　D. 增强职业独立性

5. 一般情况下，因违约和过失可能使注册会计师承担的法律责任是（　　）。

A. 民事责任和行政责任　　B. 刑事责任

C. 民事责任　　D. 行政责任和刑事责任

6. 下列各项属于被审计单位舞弊的是（　　）。

A. 会计政策的误用　　B. 原始会计数据的计算、抄写错误

C. 记录虚假的交易或事项　　D. 事实的疏忽

7. 下列各项中属于被审计单位错误的是（　　）。

A. 虚列应收账款　　B. 隐瞒应付账款

C. 会计数据计算不正确　　D. 更改原始凭证使之与记账凭证一致

8. 注册会计师在对A公司财务报表进行审计过程中，检查销货发票时发现极个别发票的单价和数量的乘积不正确、注册会计师对该问题性质的判断通常会确定为（　　）。

A. 错误　　B. 舞弊　　C. 违反法规行为　　D. 欺诈

9. 注册会计师在对被审计单位的财务报表进行审计时，发现的下列问题中属于错误的是（　　）。

A. 对经营业绩良好的被投资企业计提了长期投资减值准备

B. 会计政策变更蓄意采用未来适用法

C. 投资者抽回的投资计入“其他应付款”

D. 将预收账款列示在应收款项目中

10. 注册会计师严格按照专业标准的要求执业，没有欺诈行为，即使审定后的财务报表中有错报事项，注册会计师一般也不会承担（　　）。

A. 过失责任　　B. 行政责任　　C. 民事责任　　D. 法律责任

二、多项选择题

1. 在审计过程中如果发现被审计单位有错误或舞弊的可能性，则注册会计师应作出的反映包括（　　）。

A. 对其重要性进行评估　　B. 修改审计程序

C. 追加审计程序　　D. 出具无法表示意见的审计报告

2. 注册会计师李明审计甲公司 2013 年度财务报表出具了无保留意见审计报告。其后，甲公司因发现存在小额销售收入被漏记和贪污现象，控告注册会计师有过失。注册会计师提出无过失申辩，下列申诉理由中合理的有（　　）。

A. 防止发生和及时发现并纠正错误与舞弊，是甲公司管理当局的责任

B. 按照中国注册会计师审计准则审计财务报表，并不能保证发现所有的错误与舞弊

C. 年度财务报表审计并非专门针对错误与舞弊

D. 因销售收入审计是由助理人员完成，直接责任应由该助理人员承担

3. 下列情况中，属于被审计单位的舞弊行为有（　　）。

A. 侵占资产　　B. 伪造凭证　　C. 隐瞒交易　　D. 会计政策误用

4. 导致注册会计师承担法律责任的最主要的两个原因是注册会计师（　　）。

A. 没有保持应有的职业谨慎

B. 法院常常做出对弱者有力的判决

C. 法庭在理解专业性事项方面存在困难

D. 审计结果导致了对他人权利的损害

5. 会计师事务所在违反下列（　　）规定和原则，出具虚假记载、误导性陈述或者重大遗漏的审计报告，将会被认定为不实报告。

A. 法律法规　　B. 执业准则和规则

C. 内部控制规范　　D. 诚信公允原则

三、判断题

1. 注册会计师法律责任的种类有违约责任、过失责任和欺诈责任。（　　）

2. 注册会计师只要严格遵守中国注册会计师审计准则，保持应有的职业谨慎，就能将财务报表中存在的错误与舞弊揭露出来。（　　）

3. 注册会计师审计过程中所依据中国注册会计师审计准则，对发现被审计单位财务报表中存在的错误或舞弊，只能起到合理保证的作用。（　　）

4. 如果注册会计师证实被审计单位确实存在重大的舞弊，在必要的情况下，可能会取消业务约定。（　　）

5. 一般情况下，因违约可使注册会计师承担民事责任，情节严重者应负担刑事责任。（　　）

6. 按照审计准则的要求出具审计报告，保证财务报表的真实性和合法性是注册会计师的审计责任。（　　）

7. 注册会计师出具无保留意见的前提下，被审计单位如果发生经营失败，则注册会计师必定存在审计失败。（　　）

8. 会计师事务所与其分支机构作为共同被告的，会计师事务所和分支机构应分别承担各自的赔偿责任。（　　）

9. 对于管理层凌驾于内部控制制度之上的串通舞弊，注册会计师按照审计准则的要求执业却未能查出，即使注册会计师没有过失也要承担相应的法律责任。(　　)

10. 如果被审计单位财务报表审计前存在重大错报，注册会计师运用了常规审计程序但仍未能查出则属于普通过失。(　　)

四、简答题

1. 注册会计师的违约、过失和欺诈会使其承担什么法律责任？

2. 注册会计师在哪些情形下出具不实报告将会与被审计单位一起认定承担连带赔偿责任？

3. 简述人民法院认定会计师事务所存在过失的情形。

五、案例分析题

基本情况　D注册会计师负责对上市公司丁公司2013年度财务报表进行审计。2010年，丁公司管理层通过与银行串通编造虚假的银行进账单和银行对账单，虚构了一笔大额营业收入。D注册会计师实施了向银行函证等必要审计程序后，认为丁公司2013年度财务报告不存在重大错报，出具了无保留意见审计报告。

在丁公司2013年度已审计财务报告公布后，股民甲购入了丁公司股票。随后，丁公司财务舞弊案件曝光，并受到证券监管部门的处罚，其股票价格大幅下跌。为此，股民甲向法院起诉D注册会计师，要求其赔偿损失。D注册会计师以其与股民甲未构成合约关系为由，要求免于承担民事责任。

要求　（1）为了支持诉讼请求，股民甲应当向法院提出哪些理由？

（2）请指出D注册会计师提出的免责理由是否正确，并简要说明理由。

（3）在哪些情形下，D注册会计师可以免于承担民事责任？

第 5 章

审计目标和审计过程

地位与作用

本章属于审计基本原理与基本方法，是比较重要章。本章需要牢固建立“认定”这个审计理论与实务中十分重要的概念。

技能要求

* 掌握财务报表审计的总目标，具体审计目标；熟悉审计过程与审计目标的实现。灵活地将审计目标理论运用于财务报表审计实务中。

5.1 审计目标认知

审计目标是在一定历史环境下，人们通过审计实践活动所期望达到的境地或最终结果，它包括财务报表审计的总目标以及各类交易、账户余额、列报相关的具体审计目标两个层次。注册会计师审计的发展主要经历了详细审计、资产负债表审计和财务报表审计三个阶段。审计总目标也随之有所变化。

5.1.1 财务报表审计的总目标和一般原则

1. 财务报表审计的总目标

《中国注册会计师审计准则第 1101 号——财务报表审计的目标和一般原则》规定，财务报表审计的目标是注册会计师通过执行审计工作，对财务报表的下列方面发表审计意见：① 财务报表是否按照适用的会计准则和相关会计制度的规定编制；② 财务报表是否在所有重大方面公允反映被审计单位的财务状况、经营成果和现金流量。

小贴士

财务报表审计的作用和局限性

（1）由于审计存在固有限制，审计工作不能对财务报表整体不存在重大错报提供绝对保证。

（2）虽然财务报表使用者可以根据财务报表和审计意见对被审计单位未来生存能力或管理层的经营效率、经营效果作出某种判断，但审计意见本身并不是对被审计单位未来生存能力或管理层经营效率、经营效果提供的保证。

（3）财务报表审计的目标对注册会计师的审计工作发挥着导向作用，它界定了注册会计师的职责范围，直接影响注册会计师计划和实施审计程序的性质、时间和范围，决定了注册会计师如何发表审计意见。

财务报表的使用者之所以希望注册会计师对财务报表的合法性和公允性发表意见，主要有以下四方面原因。

1）利益冲突

财务报表使用者往往有着各自的利益，且这种利益与被审计单位管理层的利益大不相同。出于对自身利益的关心，财务报表使用者常常担心管理层提供带有偏见、不公正甚至欺诈性的财务报表。为此，他们往往向外部注册会计师寻求鉴证服务。

2）重大性

财务报表是财务报表使用者进行经济决策的重要信息来源，在有些情况下，还是唯一的信息来源。在进行投资、贷款和其他决策时，财务报表使用者期望财务报表中的信息十分详实、丰富，并且期待注册会计师确定被审计单位是否按公认会计原则编制财务报表。

3）复杂性

由于会计业务的处理及财务报表的编制日趋复杂，财务报表使用者因缺乏会计知识而难以对财务报表的质量作出评估，所以他们要求注册会计师对财务报表的质量进行鉴证。

4）间接性

绝大多数财务报表使用者都远离客户，这种地域的限制导致财务报表使用者不可能接触到编制财务报表所依据的会计记录，即使使用者可以获得会计记录并对其进行审查，也往往由于时间和成本的限制，而无法对会计记录作有意义的审查。在这种情况下，使用者有两种选择：一是相信这些会计信息的质量；二是依赖第三者鉴证报表。显然，使用者喜欢选择第二种方式。

2. 财务报表审计的一般原则

1）遵守职业道德规范

注册会计师行业是诚信行业，整个社会对行业从业人员的职业精神、职业技能、职业纪律和职业作风的期望很高。制定并遵守一套行业职业道德规范，是注册会计师维护行业形象、取信于社会公众的基础。目前，注册会计师职业道德规范主要为《中国注册会计师职业道德规范指导意见》。

2）遵守质量控制准则

注册会计师应当遵守会计师事务所质量控制准则。目前，财政部已发布两项质量控制准则，即《会计师事务所质量控制准则第 5101 号——业务质量控制》和《中国注册会计师审计准则第 1121 号——历史财务信息审计的质量控制》。前者从会计师事务所层面上进行规范，适用于包括历史财务信息审计业务在内的各项业务；后者从执行审计项目的负责人层面上进行规范，仅适用于历史财务信息审计业务。这两项准则联系紧密，前者是后者的制定依据。

注册会计师应当遵守会计师事务所质量控制准则以及本所的质量控制制度。在执行某项审计业务时，注册会计师还应当同时遵守会计师事务所制定的审计质量控制程序。

3）遵守审计准则

审计准则作为注册会计师提供的审计服务质量的技术标准，对注册会计师在某一审计领域的责任、所需要达到的目标和核心要求、为达到这一目标所要实施的必要审计程序作出了明确规范。注册会计师应当按照审计准则的规定执行审计工作，以保证审计工作质量，维护社会公众利益，增进社会公众对注册会计师行业的信心。

5.1.2　几个重要概念认知

1. 财务报表的审计范围

财务报表的审计范围是指为实现财务报表审计目标，注册会计师根据审计准则和职业判断实施的恰当的审计程序的总和。

审计中的职业判断是指注册会计师在审计准则的框架下，运用专业知识和经验在备选方案中作出决策。恰当的审计程序是指审计程序的性质、时间和范围是恰当的。

审计范围受到限制是指由于客观原因或者被审计单位施加的限制，注册会计师未能实施其根据审计准则和职业判断应当实施的审计程序，从而未能获取充分、适当的审计证据。

小思考

审计准则中的“审计范围”是专指注册会计师审计的那一年（年度）的财务报表，还是专指注册会计师审计的那一张财务报表？

2. 职业怀疑态度

职业怀疑态度是指注册会计师以质疑的思维方式评价所获取审计证据的有效性，并对相互矛盾的审计证据以及引起对文件记录或管理层和治理层提供的信息的可靠性产生怀疑的审计证据保持警觉。

（1）职业怀疑态度并不要求注册会计师假设管理层是不诚信的，但是也不能假设管理层的诚信毫无疑问。职业怀疑态度要求注册会计师凭证据“说话”。注册会计师不能因轻信管理层和治理层的诚信而满足于说服力不够的审计证据。

（2）职业怀疑态度要求注册会计师不应将审计中发现的舞弊视为孤立发生的事项。

（3）职业怀疑态度要求，如果从不同来源获取的审计证据或获取的不同性质的审计证据不一致，可能表明其中某项或某几项审计证据不可靠，因此注册会计师应当追加必要的审计程序。

（4）如果管理层的某项声明与其他审计证据相矛盾，注册会计师应当调查这种情况，必要时，注册会计师应重新考虑管理层作出的其他声明的可靠性。

（5）如果在审计过程中识别出异常情况，注册会计师则应当作出进一步的调查。

3. 合理保证

合理保证与绝对保证是一个相应的概念。绝对保证是指注册会计师对财务报表整体不存在重大错报提供百分之百的保证。合理保证要求注册会计师通过不断修正的、系统的执业过程，获取充分、适当的审计证据，对财务报表整体发表审计意见，它提供的是一种高水平但非百分之百的保证。

注册会计师按照审计准则的规定执行审计工作，能够对财务报表整体不存在重大错报（无论该错报是由错误引起，还是由舞弊引起的）获取合理保证。合理保证与整个审计过程相关。

5.2 具体审计目标

5.2.1 管理层认定

认定是指管理层对财务报表组成要素的确认、计量、列报作出的明确或隐含的表达。认定的重要意义在于以下几点。

（1）认定反映了财务报表中数据完整的经济含义。

（2）认定反映了管理层所承担的全面的财务报告责任。

（3）认定是确定具体审计目标的基础，不同报表项目的具体审计目标都是根据管理层认定推导而来的。

（4）认定决定了错报的性质和类型，财务报表错报都是因为违反了管理层的一项或多项认定而造成的。

认定与审计目标密切相关，注册会计师的基本职责就是确定被审计单位管理层对其财务报表的认定是否恰当。准则将管理层认定划分为三种类型，即与各类交易和事项相关的认定；与期末账户余额相关的认定；与列报相关的认定。

1. 与各类交易和事项相关的认定

注册会计师对所审计期间的各类交易和事项运用的认定通常分为下列类别：

（1）发生：记录的交易和事项已发生，且与被审计单位有关。

（2）完整性：所有应当记录的交易和事项均已记录。

（3）准确性：与交易和事项有关的金额及其他数据已恰当记录。

（4）截止：交易和事项已记录于正确的会计期间。

（5）分类：交易和事项已记录于恰当的账户。

2. 与期末账户余额相关的认定

注册会计师对期末账户余额运用的认定通常分为下列几个类别。

（1）存在：记录的资产、负债和所有者权益是存在的。

（2）权利和义务：记录的资产由被审计单位拥有或控制，记录的负债是被审计单位应当履行的偿还义务。

（3）完整性：所有应当记录的资产、负债和所有者权益均已记录。

（4）计价和分摊：资产、负债和所有者权益以恰当的金额包括在财务报表中，与之相关的计价或分摊调整已恰当记录。

3. 与列报相关的认定

注册会计师对列报运用的认定通常分为下列几个类别。

（1）发生以及权利和义务：披露的交易、事项和其他情况已发生，且与被审计单位有关。

（2）完整性：所有应当包括在财务报表中的披露均已包括。

（3）分类和可理解性：财务信息已被恰当地列报和描述，且披露内容表述清楚。

（4）准确性和计价：财务信息和其他信息已公允披露，且金额恰当。

5.2.2　具体审计目标

注册会计师了解了认定，就很容易确定每个项目的具体审计目标，并以此作为评估重大错报风险以及设计和实施进一步审计程序的基础。

1. 与各类交易和事项相关的审计目标

（1）发生：由发生认定推导的审计目标是已记录的交易是真实的。

发生认定所要解决的问题是管理层是否把那些不曾发生的项目记入财务报表，它主要与财务报表组成要素的高估有关。

（2）完整性：由完整性认定推导的审计目标是已发生的交易确实已经记录。

发生和完整性两者强调的是相反的关注点。发生目标针对潜在的高估，而完整性目标则针对漏记交易。

（3）准确性：由准确性认定推导出的审计目标是已记录的交易是按正确金额反映的。

（4）截止：由截止认定推导出的审计目标是确认接近于资产负债表日的交易记录于恰当的期间。

（5）分类：由分类认定推导出的审计目标是被审计单位记录的交易经过适当分类。

2. 与期末账户余额相关的审计目标

（1）存在：由存在认定推导的审计目标是记录的金额确实存在。

（2）权利和义务：由权利和义务认定推导的审计目标是资产归属于被审计单位，负债属于被审计单位的义务。

（3）完整性：由完整性认定推导的审计目标是已存在的金额均已记录。

（4）计价和分摊：资产、负债和所有者权益以恰当的金额包括在财务报表中，与之相关的计价或分摊调整已恰当记录。

3. 与列报相关的审计目标

（1）发生及权利和义务：将没有发生的交易、事项或与被审计单位无关的交易和事项包括在财务报表中，则违反该目标。

（2）完整性：如果应当披露的事项没有包括在财务报表中，则违反该目标。

（3）分类和可理解性：财务信息已被恰当地列报和描述，且披露内容表述清楚。

（4）准确性和计价：财务信息和其他信息已公允披露，且金额恰当。

通过上面介绍可知，管理层认定是确定具体审计目标的基础。注册会计师通常将管理层认定转化为能够通过审计程序予以实现的审计目标。针对财务报表每一项目所表现出的各项认定，注册会计师相应地确定一项或多项审计目标，然后通过执行一系列审计程序获取充分、适当的审计证据以实现审计目标。

管理层认定、审计目标和审计程序之间的关系举例如表5－1所示。

表5－1 管理层认定、审计目标和审计程序之间的关系

管理层认定	审计目标	审计程序
存在性	资产负债表列示的存货存在	实施存货监盘程序
完整性	销售收入包括了所有已发货的交易	检查发货单和销售发票的编号以及销售明细账
准确性	应收账款反映的销售业务是否基于正确的价格和数量，计算是否准确	比较价格清单与发票上的价格、发货单与销售订购单上的数量是否一致，重新计算发票上的金额
截止	销售业务记录在恰当的期间	比较上一年度最后几天和下一年度最初几天的发货单日期与记账日期
权利和义务	资产负债表中的固定资产确实为公司拥有	查阅所有权证书、购货合同、结算单和保险单
计价和分摊	以净值记录应收款项	检查应收账款账龄分析表、评估计提的坏账准备是否充足

5.3 审计程序认知

审计工作程序的简称是审计程序，其有广义和狭义之分。

5.3.1 认识审计程序

1. 审计程序的含义

广义的审计程序是指注册会计师审计组从接受委托到向委托人提供审计报告为止的全部过程，包括准备、实施和报告三个阶段；狭义的审计程序是指为了获取审计证据所采取的审计方法与审计内容的结合，主要是指审计的实施阶段。

2. 审计程序的意义

审计程序具有以下意义：

（1）可以提高审计工作效率。

（2）能够保证审计工作质量。

（3）审计人员必须掌握的基本技能。

5.3.2 审计程序的准备阶段

审计方法从早期的账项基础审计演变到今天的风险导向审计。风险导向审计模式要求注册会计师在审计过程中，以重大错报风险的识别、评估和应对作为工作主线。相应地，审计过程大致可分为三个阶段来展开。

1. 接受业务委托

会计师事务所应当按照执业准则的规定，谨慎决策是否接受或保持某客户关系和具体审计业务。在接受新客户的业务前，或决定是否保持现有业务或考虑接受现有客户的新业务时，会计师事务所应当执行一些客户接受与保持的程序以获取如下信息：

① 考虑客户的诚信，没有信息表明客户缺乏诚信；

② 具有执行业务必要的素质、专业胜任能力、时间和资源；

③ 能够遵守职业道德规范。

会计师事务所执行客户接受与保持的程序的目的，旨在识别和评估会计师事务所面临的风险。例如，如果注册会计师发现潜在客户正面临财务困难，或者发现现有客户在之前的业务中作出虚假陈述，那么可以认为接受或保持该客户的风险非常高，甚至是不可接受的。会计师事务所除考虑客户施加的风险外，还需要复核执行业务的能力，如当工作需要时能否获得合适的具有相应资格的员工，能否获得专业化协助；是否存在任何利益冲突；能否对客户保持独立性等。

注册会计师需要作出的最重要的决策之一就是接受和保持客户。一项低质量的决策会导致不能准确确定计酬的时间或未被支付的费用，增加项目负责人和员工的额外压力，使会计师事务所声誉遭受损失，或者涉及潜在的诉讼。

一旦决定接受业务委托，注册会计师应当与客户就审计约定条款达成一致意见。对于连续审计，注册会计师应当就是否需要根据具体情况修改业务约定条款以及是否需要提醒客户注意现有的业务约定书与客户协商一致。

2. 计划审计工作

计划审计工作十分重要，计划不周不仅会导致盲目实施审计程序，无法获取充分、适当的审计证据以将审计风险降至可接受的低水平，影响审计目标的实现，而且还会浪费有限的审计资源，增加不必要的审计成本，影响审计工作的效率。因此，对于任何一项审计业务，注册会计师在执行具体审计程序之前，都必须根据具体情况制订科学、合理的计划，使审计业务以有效的方式得以执行。一般来说，计划审计工作主要包括：在本期审计业务开始时开展的初步业务活动；制定总体审计策略；制订具体审计计划等。

小贴士

> 计划审计工作不是审计业务的一个孤立阶段，而是一个持续的、不断修正的过程，贯穿于整个审计过程的始终。

5.3.3 审计程序的实施阶段

1. 实施风险评估程序

审计准则规定，注册会计师必须实施风险评估程序，以此作为评估财务报表层次和认定层次重大错报风险的基础。所谓风险评估程序，是指注册会计师实施的了解被审计单位及其环境并识别和评估财务报表重大错报风险的程序。风险评估程序是必要程序，为了解被审计单位及其环境，特别是为注册会计师在许多关键环节作出职业判断，提供了重要基础。了解被审计单位及其环境实际上是一个连续和动态地收集、更新与分析信息的过程。贯穿于整个审计过程的始终。注册会计师应当运用职业判断确定需要了解被审计单位及其环境的程度。一般来说，实施风险评估程序的主要工作包括：

（1）了解被审计单位及其环境。

（2）识别和评估财务报表层次以及各类交易、账户余额、列报认定层次的重大错报风险，包括确定需要特别考虑的重大错报风险（即特别风险）以及仅通过实施实质性程序无法应对的重大错报风险等。

2. 实施控制测试和实质性程序

注册会计师实施风险评估程序本身并不足以为发表审计意见提供充分、适当的审计证据，注册会计师还应当实施进一步审计程序，包括实施控制测试（必要时或决定测试时）和实质性程序。因此，注册会计师评估财务报表重大错报风险后，应当运用职业判断，针对评估的财务报表层次重大错报风险确定总体应对措施，并针对评估的认定层次重大错报风险设计和实施进一步审计程序，以将审计风险降至可接受的低水平。

5.3.4 审计程序的报告阶段

注册会计师在完成财务报表所有循环的进一步审计程序后，还应当按照有关审计准则的规定做好审计完成阶段的工作，并根据所获取的各种证据，合理运用专业判断，形成适当的审计意见。本阶段主要工作有：审计期初余额、比较数据、期后事项和或有事项；考虑持续经营问题和获取管理层声明；汇总审计差异，并提请被审计单位调整或披露；复核审计工作底稿和财务报表；与管理层和治理层沟通；评价所有审计证据，形成审计意见；编制审计报告等。

本章精要

本章核心内容是依据管理当局对财务报表的认定确定审计具体目标。本章从注册会计师审计目标和被审计单位管理当局的认定入手，引出了注册会计师运用被审计单位管理当局的认定确定审计具体目标，介绍了审计工作过程。本章内容也是理解对财务报表进行控制测试和实质性程序的理论基础。

相关知识

注册会计师的专业判断程序

“财务报表认定与审计总目标→审计具体目标→审计程序→审计证据→审计工作底稿→审计意见”的专业判断程序，如图5-1所示。注册会计师要想对被审计单位财务报表发表审计意见，就必须以充分、适当的审计证据作基础，而审计证据是通过注册会计师实施审计程序取得的。至于采取何种审计程序则取决于审计的具体目标，而具体目标的确定受制于被审计单位管理当局对财务报表的认定及审计总目标的双重制约。

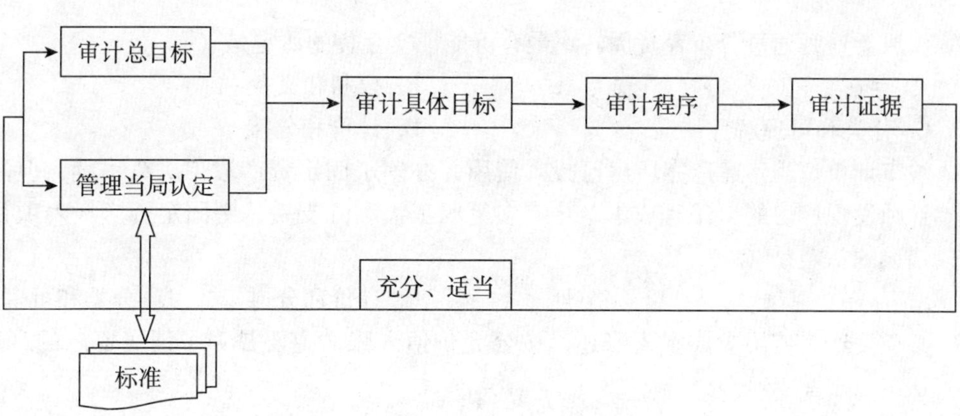

图 5－1　注册会计师的专业判断程序

自我测试

一、单项选择题

1. 注册会计师实施的下列审计程序中，能够证明固定资产存在认定的审计程序是（　　）。
   A. 结合固定资产清理科目，抽查固定资产账面转销额是否正确
   B. 实地检查固定资产
   C. 获取已提足折旧继续使用固定资产的相关证明文件，并作相应记录
   D. 检查借款费用资本化的计算方法和资本化金额以及会计处理是否正确
2. 注册会计师对财务报表的责任不包括（　　）。
   A. 相信已获取的审计证据是充分、适当的，为其发表审计意见提供了基础
   B. 评价管理层选用会计政策的恰当性和会计估计的合理性
   C. 计划和实施审计工作以对财务报表是否不存在重大错报获取有限保证
   D. 对出具的审计报告负责
3. 注册会计师发现被审计单位将 2013 年 12 月 31 日已经发生的一笔赊销业务，记入 2014 年 1 月 3 日的营业收入的确凿审计证据，则与这笔业务有关的认定，注册会计师最关注的是（　　）。
   A. 分类　　B. 准确性　　C. 截止　　D. 计价和分摊
4. 注册会计师在对上市公司的年报审计时，一般会将“发生”认定作为重点证明的认定项目是（　　）。
   A. 应付账款　　B. 营业收入　　C. 预收账款　　D. 预付款项
5. 下列事项中属于被审计单位“计价和分摊”认定错误的是（　　）。
   A. 将应付账款 100 万元记为 1 000 万元　　B. 将营业收入 100 万元计入营业外收入
   C. 将销售费用 200 万元计入管理费用　　D. 将营业成本 30 万元记为营业外支出
6. 在财务报表审计中，管理层对财务报表责任的陈述不恰当的是（　　）。
   A. 选择适用的会计准则和相关会计制度
   B. 选择和运用恰当的会计政策
   C. 根据企业的具体情况，作出合理的会计估计
   D. 保证财务报表不存在重大错报以减轻注册会计师的责任

7. 注册会计师通过分析存货周转率最有可能证实存货的认定是（　　）。

A. 存在　　B. 权利和义务

C. 分类和可理解性　　D. 计价和分摊

8. 被审计单位当年建造完厂房已投入使用并办理了固定资产竣工决算手续，但注册会计师发现厂房的“工程成本”中有多笔职工福利开支费，则固定资产报表项目存在错误的认定是（　　）。

A. 存在　　B. 完整性　　C. 计价和分摊　　D. 分类和可理解性

9. 某项资产是按历史成本入账还是按公允价值入账，主要是为了证实资产的（　　）认定。

A. 存在　　B. 完整性　　C. 计价和分摊　　D. 准确性

10. “存在或发生”认定与“完整性”认定，分别与（　　）有关。

A. 财务报表数据的低估和高估　　B. 财务报表数据的高估和低估

C. 财务报表数据的分类错误和计算错误　　D. 财务报表数据的舞弊和违法行为

二、多项选择题

1. 下列具体审计目标中仅仅与各类交易和事项相关的有（　　）。

A. 发生　　B. 计价和分摊　　C. 准确性　　D. 截止

2. 注册会计师对财务报表审计是对财务报表的下列内容发表意见（　　）。

A. 财务报表是否不存在重大错报

B. 财务报表是否按照适用的会计准则和相关会计制度的规定编制

C. 财务报表是否反映了管理层的判断和决策

D. 财务报表是否在所有重大方面公允反映被审计单位的财务状况、经营成果和现金流量

3. 注册会计师对上市公司进行审计时，将“完整性”作为重点证明认定的有（　　）。

A. 预付账款　　B. 短期借款　　C. 应付账款　　D. 应收账款

4. 下列各项中，属于注册会计师需要确认的应收账款“计价和分摊”认定的审计程序有（　　）。

A. 应收账款确实被审计单位拥有

B. 计提和冲销的坏账准备金额是正确的

C. 应收账款总账与明细账是一致性的

D. 应收账款均已记录

5. 注册会计师所确定的以下具体审计目标中，（　　）是根据管理层关于完整性认定推论得出的。

A. 主营业务收入明细账余额合计是否与总账余额相符

B. 存货是否已适当地计提跌价损失准备

C. 存放在其他企业的存货是否包括在存货项目内

D. 有关短期借款的入账是否及时

三、判断题

1. 管理层和治理层对编制财务报表承担完全责任，注册会计师对财务报表的编制不承担责任。（　　）

2. 注册会计师审计意见的公允性是指被审计单位的财务报表经注册会计师审计后，能真实准确地反映被审计单位的财务状况、经营成果和现金流量。(　　)

3. 财务报表审计目标的导向作用决定了注册会计师是否能够承接该被审计单位的年报审计。(　　)

4. 按照适用的会计准则和相关会计制度的规定编制财务报表是被审计单位管理层的责任，与治理层无关。(　　)

5. 注册会计师在确定审计程序的性质、时间和范围，评价审计证据，得出审计结论和形成审计意见时，都离不开职业判断。(　　)

6. 职业怀疑态度首先要求注册会计师假设管理层是不诚信的，否则容易忽略重大错报风险。(　　)

7. 注册会计师从固定资产明细账追查到固定资产的实物，能够得出被审计单位固定资产均已入账的结论。(　　)

8. 一般来说，审计具体目标只是根据被审计单位管理当局对财务报表的认定来确定。(　　)

9. 凡与被审计单位财务报表及注册会计师审计意见有关的资料，均应属于财务报表的审计范围。(　　)

10. “完整性”认定所要解决问题是，管理当局是否把应包括的项目给遗漏了。

四、简单题

1. 简述在财务报表审计中，管理层对财务报表的责任。

2. 简述财务报表审计目标的实现过程。

3. 管理层认定分为哪几类，具体内容是什么?

五、案例分析题

基本情况　A公司是一家专营商品零售的股份公司。B会计师事务所在接受其审计委托后，委派L注册会计师担任外勤负责人，并将签署审计报告。经过审计预备调查，L注册会计师确定存货项目为重点审计领域，同时决定根据财务报表认定确定存货项目的具体审计目标，并选择相应的具体审计程序以保证审计目标的实现。

要求　假定表格5－2中的具体审计目标已经被L注册会计师选定，L注册会计师应当确定的与各具体审计目标最相关的财务报表认定的最恰当的审计程序分别是什么?（根据表后列示的财务报表认定及审计程序，分别选择一项。并将选择结果的编号填入下面给定的表格中。对每项财务报表认定和审计程序，可以选择一次、多次或不选。）

表5－2　审计目标

财务报表认定	具体审计目标	审计程序
	公司对存货均拥有所有权	
	记录的存货数量包括了公司所有的在库存货	
	已按成本与可变净现值孰低法调整期末存货的价值	
	存货是否在库	
	存货的主要类别和计价基础已在财务报表恰当披露	

财务报表认定：

① 完整性；

② 存在；
③ 分类和可理解性；
④ 权利和义务；
⑤ 计价和分摊审计程序；
⑥ 检查现行销售价目表；
⑦ 检查财务报表；
⑧ 在键盘存货时，选择一定样本，确定其是否包括在盘点表内；
⑨ 选择一定样本量的存货会计记录，检查支持记录的购货合同和发票；
⑩ 在监盘存货时，选择盘点表内一定样本量的存货记录，确定存货是否在库；
⑪ 测试直接人工费用的合理性。

第6章

获取审计证据与编制审计工作底稿

地位与作用

本章属于审计基本原理与基本方法，是审计基本理论中的重要内容。本章内容涉及了“第1301号的审计证据、第1313号的分析程序和第1131号的审计工作底稿”三个审计准则及对应的审计准则指南。

技能要求

*掌握审计证据的特性，审计工作底稿的形成；理解审计证据获取和审计工作底稿的复核。

6.1 获取审计证据

审计工作的过程主要就是审计证据的收集、整理和评价过程。收集和评价审计证据是注册会计师得出审计结论、支撑审计意见的基础。因此，审计证据是审计理论中的一个核心概念，各国发布的审计准则都强调审计证据对审计意见的重要性。

6.1.1 审计证据认知

审计工作的过程主要就是审计证据的收集、整理和评价过程。审计证据是支持审计意见的客观基础，也是控制审计质量的工具。

审计证据是指注册会计师为了得出审计结论、形成审计意见而使用的所有信息，包括财务报表依据的会计记录中含有的信息和其他信息。

1. 会计记录中含有的信息

会计记录中含有的信息主要包括原始凭证、记账凭证、总分类账和明细分类账、未在记账凭证中反映的对财务报表的其他调整以及支持成本分配、计算、调节和披露的手工计算表和电子数据表。上述会计记录是编制财务报表的基础，构成注册会计师执行财务报表审计业务所需获取的审计证据的重要部分。

小贴士

> 有些会计记录通常是电子数据。电子形式的会计记录可能只能在特定时间获取，如果不存在备份文件，特定期间之后有可能无法再获取这些记录，因而要求注册会计师对内部控制予以充分关注，以获取这些记录的真实性、准确性和完整性。

依据会计记录编制财务报表是被审计单位管理层的责任，注册会计师应当测试会计记录以获取审计证据。如果会计记录中含有的信息本身并不足以提供充分的审计证据作为对财务报表发表审计意见的基础，注册会计师还应当获取用做审计证据的其他信息。

2. 其他信息

其他信息的内容比较广泛，可用做审计证据的其他信息包括：

（1）注册会计师从被审计单位内部或外部获取的会计记录以外的信息，如被审计单位会议记录、内部控制手册、询证函的回函、分析师的报告、与竞争者的比较数据等。

（2）注册会计师通过询问、观察和检查等审计程序获取的信息，如通过检查存货获取存在性的证据等。

（3）注册会计师自身编制或获取的可以通过合理推断得出结论的信息，如注册会计师编制的各种计算表、分析表等。

财务报表依据的会计记录中包含的信息和其他信息共同构成了审计证据，两者缺一不可。如果没有前者，审计工作将无法进行；如果没有后者，可能无法识别重大错报风险。只有将两者结合在一起。才能将审计风险降至可接受的低水平，为注册会计师发表审计意见提供合理基础。

6.1.2 审计证据的种类

在审计实务中，审计证据的获取通常是针对每项财务报表认定来进行的。不同程序可提供不同的审计证据，而不同的审计证据可用来证实不同的报表认定。因此，对审计证据进行科学分类，使多样、复杂、证明力各不相同的审计证据系统化、条理化，以便注册会计师在审计实务中，针对不同性质的认定，正确地收集、整理和评价审计证据，客观公正地作出审计结论。

一般而言，注册会计师所获取的审计证据可以按其外形特征分为实物证据、书面证据、口头证据和环境证据四大类。

1. 实物证据

实物证据是指注册会计师通过实际观察或盘点所获取的、用以确定某些实物资产是否确实存在的证据。最好的实物证据是注册会计师进行的实物资产检查，属于基本证据。实物证据是证明力最强的证据，但实物证据只能证明实物的存在，不能完全证实资产的所有权及资产计价的正确性。

小思考

> 实物证据一定都是具体的实物吗？各类实物的盘点表是否为实物证据？

2. 书面证据

书面证据是指注册会计师获取的各种以文件记录为形式的证据。书面证据是审计证据的主要组成部分，也可称之为基本证据，包括与审计有关的书面文件，如各种原始凭证、会计记录（记账凭证、会计账簿和各种明细表）、会计记录和文件、合同、通知书、报告书及函件等。书面证据是适用范围最广的审计证据，并具有比较强的证明力，但比实物证据差。

书面证据按其来源可以分为外部证据和内部证据两类。

1）外部证据

外部证据是由被审计单位以外的机构或人士编制的书面证据，它一般具有较强的证明力。

外部证据包括以下几类：

（1）未经过被审计单位的外部证据，指由被审计单位以外的机构或人士编制，并由其直接交给注册会计师的外部证据。

小贴士

审计实务中应收账款的函证回函，被审计单位的律师或其他独立专家出具的关于被审计单位或有资产，或有负债所有权等的证明函件等，都属于未经过被审计单位的外部证据。

（2）经过被审计单位的外部证据，指由被审计单位以外的机构或人士编制，但为被审计单位持有并提交注册会计师的书面证据，如银行对账单、购货发票、应收票据、顾客订购单、有关的契约、合同等。

（3）注册会计师为证明某个事项而自己动手编制的各种计算表、分析表等，也称亲历证据。

在一般情况下，外部证据仍是较被审计单位的内部证据更具证明力的一种书面证据。

2）内部证据

内部证据是由被审计单位内部机构或职员编制和提供的书面证据，包括被审计单位的会计记录、被审计单位管理当局声明书以及其他各种由被审计单位编制和提供的有关书面文件。

一般而言，内部证据不如外部证据可靠。但如果内部证据在外部流转，并获得其他单位或个人的承认（如销货发票、付款支票等），则具有较强的可靠性。即使只在被审计单位内部流转的书面证据，其可靠程度也因被审计单位内部控制的好坏而异。

（1）会计记录。会计记录包括各种自制的原始凭证、记账凭证、账簿记录等，它是注册会计师取自被审计单位内部的一类非常重要的审计证据。会计记录的可靠性，主要取决于被审计单位在填制时内部控制的完善程度。

（2）被审计单位管理当局声明书。被审计单位管理当局声明书是注册会计师从被审计单位管理当局所获取的书面声明，其主要内容是以书面的形式确认被审计单位在审计过程中所作的各种重要的陈述或保证。被审计单位管理当局声明书属于可靠性较低的内部证据。

（3）其他书面文件。其他书面文件是指被审计单位提供的其他有助于注册会计师形成审计结论和意见的书面文件，如被审计单位董事会及股东大会会议记录，重要的计划、合同资料，关联方交易等。

3. 口头证据

口头证据是被审计单位职员或其他有关人员对注册会计师的提问进行口头答复形成的一类证据。一般而言，口头证据证明力较弱，但可以帮助发掘一些重要线索。口头证据不属于基本证据。

小贴士

> 在审计过程中，注册会计师应把各种重要的口头证据尽快做成记录，并注明是何人、何时、在何种情况下所作的口头陈述，必要时还应获得被询问者的签名确认。

4. 环境证据

环境证据也称状况证据，是指对被审计单位产生影响的各种环境事实。环境证据也不属于基本证据。具体而言，它又包括以下几种：

（1）被审计单位的内部状况，包括被审计单位的内部控制情况、被审计单位管理人员的素质、各种管理条件和管理水平。

（2）被审计单位面临的外部环境，如有关行业和宏观经济的运行情况等。

环境证据不是基本证据，但有助于了解被审计单位的状况。它的证明力最弱。

上述各种证据可用来实现各种不同的审计目标，但是对每一具体账户及其相关的认定来说，注册会计师应选择能以最低成本实现全部审计目标的证据，力求做到证据收集既有效又经济。

6.1.3 审计证据的特性

注册会计师应当保持职业怀疑态度，运用职业判断，评价审计证据的充分性和适当性。

1. 审计证据的充分性

审计证据的充分性是对审计证据数量的衡量，主要与注册会计师确定的样本量有关。审计证据受以下因素的影响。

1）可接受的审计风险和重要性水平

可接受的审计风险越高，需要的审计证据越少；重要性水平越高，需要的审计证据就越少。注册会计师需要获取的审计证据的数量受错报风险的影响，错报风险越大，需要的审计证据可能越多。若可接受的审计风险水平为5%，则说明可信赖程度为95%。

2）项目的重要程度

被审计单位项目越重要，需要的审计证据就越多。

3）注册会计师的经验

注册会计师经验越丰富，需要的审计证据就越少。

4）是否存在舞弊行为

如果被审计单位存在舞弊行为，就需要取得比较多的审计证据。

5）审计证据的类型与取得途径

来源于被审计单位之外的审计证据越多，需要的审计证据就可能越少。

2. 审计证据的适当性

审计证据的适当性是对审计证据质量的衡量，即审计证据在支持各类交易、账户余额、列报的相关认定，或发现其中存在错报方面具有相关性和可靠性。相关性和可靠性是审计证据适当性的核心内容，只有相关且可靠的审计证据才是高质量的。

1）审计证据的相关性

审计证据的相关性是指审计证据应当与注册会计师的审计目标相关。在确定审计证据的相关性时，注册会计师应当考虑以下几项内容。

（1）特定的审计程序可能只为某些认定提供相关的审计证据，而与其他认定无关。

（2）针对同一项认定可以从不同来源获取审计证据或获取不同性质的审计证据。

（3）只与特定认定相关的审计证据并不能替代与其他认定相关的审计证据。

2）审计证据的可靠性

审计证据的可靠性是指审计证据的可信程度。审计证据的可靠性受其来源和性质的影响，并取决于获取审计证据的具体环境。

注册会计师在判断审计证据的可靠性时，通常会考虑下列原则。

（1）从外部独立来源获取的审计证据比从其他来源获取的审计证据更可靠。

（2）内部控制有效时内部生成的审计证据比内部控制薄弱时内部生成的审计证据更可靠。

（3）直接获取的审计证据比间接获取或推论得出的审计证据更可靠。

（4）以文件、记录形式（无论是纸质、电子或其他介质）存在的审计证据比口头形式的审计证据更可靠。

（5）从原件获取的审计证据比从传真件或复印件获取的审计证据更可靠。

3）充分性和适当性之间的关系

充分性和适当性是审计证据的两个重要特征，两者缺一不可，只有充分且适当的审计证据才是有证明力的。

注册会计师需要获取的审计证据的数量也受审计证据质量的影响。审计证据质量越高，需要的审计证据数量可能越少。也就是说，审计证据的适当性会影响审计证据的充分性。

小思考

> 尽管审计证据的充分性和适当性密切相关，但如果审计证据的质量存在缺陷，那么注册会计师仅靠获取更多的审计证据能否弥补其质量上的缺陷？

3. 审计证据的综合评价

注册会计师获取审计证据时，主要考虑以下两方面因素。

1）综合考虑审计证据的影响因素

在评价已取得的审计证据的证明力时，必须综合考虑审计证据的可靠性、相关性、准确性、完整性和及时性。

2）考虑获取审计证据时的成本

注册会计师获取审计证据时，还有考虑遵循成本—效益原则，即以最小的成本获得具有一定证明力的审计证据。在获取充分、适当的审计证据的前提下，实现成本最小化也是会计师事务所增强竞争能力和获利能力所必需的。但对于重要的审计项目，注册会计师不应以获取审计证据的成本高低和难易程度作为减少不可替代的审计程序的理由。

6.1.4 获取审计证据的审计程序

审计程序是指注册会计师在审计过程中的某个时间，对将要获取的某类审计证据如何进行收集的详细指令。在审计过程中，注册会计师可根据需要单独或综合运用以下审计程序，以获取充分、适当的审计证据。

1. 检查记录或文件

检查记录或文件是指注册会计师对被审计单位内部或外部生成的，以纸质、电子或其他介质形式存在的记录或文件进行审查。检查记录或文件的目的是对财务报表所包含或应包含的信息进行验证。检查记录或文件可提供可靠程度不同的审计证据，审计证据的可靠性取决于记录或文件的来源和性质。

审查的范围包括原始凭证、记账凭证、会计账簿、财务报表、其他书面文件。

审查的重点是各种会计记录和其他书面文件的真实性和合法性。如原始凭证有无涂改或伪造现象；账簿有关内容与原始凭证的记载是否一致；会计分录的编制或账户的运用是否恰当；财务报表的附注是否对应予揭示的重大问题作了充分的披露。

复核的重点是各种会计记录和其他书面文件中各种数据的正确性和一致性。如原始凭证上记载的数量、单价、金额及其合计数是否正确；总分类账的账户余额是否与所属明细账的账户余额合计数相符；总分类账各账户的余额与财务报表中相应的项目的余额是否相同。

2. 检查有形资产

检查有形资产也称监盘，是指注册会计师对资产实物，如存货、现金、有价证券、应收票据和固定资产等进行审查。

有形资产的检查一般应由被审计单位进行，注册会计师只进行现场监督；对于贵重的物质，注册会计师还可抽查复点。

检查有形资产可为其存在性提供可靠的审计证据，但不一定能够为权利和义务或计价认定提供可靠的审计证据。在某些情况下，它还是评价资产状况和质量的一种有用方法。但是，要验证存在的资产确实为客户所拥有，仅靠检查实物证据是不够的，并且在许多情况下，注册会计师也没有能力准确判断资产的质量状况。

3. 观察

观察是指注册会计师察看相关人员正在从事的活动或执行的程序，例如，对客户执行的存货盘点或控制活动进行观察。

观察提供的审计证据仅限于观察发生的时点，并且在相关人员已知被观察时，相关人员从事活动或执行程序可能与日常的做法不同，从而会影响注册会计师对真实情况的了解。因此，注册会计师有必要获取其他类型的佐证证据。

4. 询问

询问是指注册会计师以书面或口头方式，向被审计单位内部或外部的知情人员获取财务信息和非财务信息，并对答复进行评价的过程。

知情人员对询问的答复可能为注册会计师提供尚未获悉的信息或佐证证据，也可能提供与已获悉信息存在重大差异的信息，注册会计师应当根据询问结果考虑修改审计程序或实施追加的审计程序。询问本身不足以发现认定层次存在的重大错报，也不足以测试内部控制运行的有效性，注册会计师还应当实施其他审计程序以获取充分、适当的审计证据。

5. 函证

函证是指注册会计师为了获取影响财务报表或相关披露认定的项目的信息，通过直接来自第三方的对有关信息和现存状况的声明，获取和评价审计证据的过程。

函证包括两种方式：肯定式函证和否定式函证。函证适用于应收账款、银行存款、应收票据、应付账款等。通过函证获取的证据可靠性较高，因此，函证是受到高度重视并经常被使用的一种重要程序。对于无法取得函证证据的情况下，注册会计师应实施替代性审计程序。

6. 重新计算

重新计算是指注册会计师以人工方式或使用计算机辅助审计技术，对记录或文件中的数据计算的准确性进行核对。注册会计师计算并一定按照被审计单位原先的计算形式和顺序进行。在计算过程中，注册会计师不仅要注意计算结果是否正确，而且还要对某些其他可能的差错（如计算结果的过账和转账有误等）予以关注。

一般来说，计算不仅包括对被审计单位的凭证、账簿和报表中有关数字的验算，而且包括对会计资料有关项目的加总和其他运算，其中，加总又分为横向加总和纵向加总。在财务报表审计中，注册会计师往往需要运用大量的加总技术来获取必要的审计证据。

注册会计师通过计算只能验证计算结果本身是否正确，但不能说明据以计算的基础数据本身是否正确，注册会计师需要采用其他审计方法来验证这些基础数据的真实性。

7. 重新执行

重新执行是指注册会计师以人工方式或使用计算机辅助审计技术，重新独立执行作为被审计单位内部控制组成部分的程序或控制。例如，注册会计师利用被审计单位的银行存款日记账和银行对账单，重新编制银行存款余额调节表，并与被审计单位编制的银行存款余额调节表进行比较。

8. 分析程序

1）分析程序的概念

分析程序是指注册会计师通过研究不同财务数据之间以及财务数据与非财务数据之间的内在关系，对财务信息作出评价。分析程序还包括调查识别出的、与其他相关信息不一致或与预期数据严重偏离的波动和关系。

2）分析程序的方法

一般而言，在整个审计过程中，注册会计师都将运用分析程序。分析程序常用的方法有比较分析法、比率分析法和趋势分析法。

比较分析法是通过某一财务报表项目与其既定标准的比较，以获取审计证据的一种技术方法。它包括本期实际数与计划数、预算数或注册会计师计算结果之间的比较、本期实际数与同业标准之间的比较等。

比率分析法是通过对财务报表中的某一项目同与其相关的另一项目相比所得的值进行分析，以获取审计证据的一种技术方法。

趋势分析法是通过对连续若干期某一财务报表项目的变动金额及其百分比的计算，分析该项目的增减变动方向和幅度，以获取有关审计证据的一种技术方法。

3）分析程序的目的

（1）用做风险评估程序，以了解被审计单位及其环境。

注册会计师实施风险评估程序的目的在于了解被审计单位及其环境并评估财务报表层次和认定层次的重大错报风险。在风险评估过程中使用分析程序也服务于这一目的。分析程序可以帮助注册会计师发现财务报表中的异常变化，或者预期发生而未发生的变化，识别存在潜在重大错报风险的领域。分析程序还可以帮助注册会计师发现财务状况或盈利能力发生变化的信息和征兆，识别那些表明被审计单位持续经营能力问题的事项。在这个阶段运用分析程序是强制要求。

（2）当使用分析程序比细节测试能更有效地将认定层次的检查风险降至可接受的水平时，分析程序可以用做实质性程序。

在针对评估的重大错报风险实施进一步审计程序时，注册会计师可以将分析程序作为实质性程序的一种，单独或结合其他细节测试，收集充分、适当的审计证据。用做实质性程序的分析程序称为实质性分析程序。此时运用分析程序可以减少细节测试的工作量，节约审计成本，降低审计风险，使审计工作更有效率和效果。尽管分析程序有特定的作用，但注册会计师在实施实质性程序时使用分析程序不是必需的。

实质性分析程序的运用包括以下几个步骤：

① 识别需要运用分析程序的账户余额或交易；

② 确定期望值；

③ 确定可接受的差异额；

④ 识别需要进一步调查的差异；

⑤ 调查异常数据关系；

⑥ 评估分析程序的结果。

小贴士

> 相对于细节测试而言，实质性分析程序能够达到的精确度可能受到种种限制，所提供的证据在很大程度上是间接证据，证明力相对较弱。从审计过程整体来看，注册会计师不能仅依赖实质性分析程序，而忽略对细节测试的运用。

（3）在审计结束或临近结束时对财务报表进行总体复核。

在审计结束或临近结束时，注册会计师应当运用分析程序，在已收集的审计证据的基础上，对财务报表整体的合理性做最终把握，评价财务报表仍然存在重大错报风险而未被发现的可能性，考虑是否需要追加审计程序，以便为发表审计意见提供合理基础。注册会计师在这个阶段应当运用分析程序，这时运用分析程序是强制要求。

上述审计程序单独或组合起来，可用做风险评估程序、控制测试和实质性程序。

6.1.5 审计证据的整理与分析

注册会计师为了使所收集到的分散的、个别的审计证据变成充分、适当的证据，以正确评价被审计单位财务报表是否在所有重大方面公允地反映了其财务状况、经营成果及现金流量，就必须按照一定的方法对审计证据进行整理和分析，使之条理化、系统化。只有这样，注册会计师才能对各种审计证据合理地进行审计小结，并在此基础上恰当地对财务报表形成整体的审计意见。审计证据整理、分析没有一个固定的模式，审计的目的不同，审计证据的种类不同，其整理、分析的方法也不相同。

6.2　编制审计工作底稿

6.2.1　审计工作底稿认知

1. 审计工作底稿的概念

审计工作底稿，是指注册会计师对制订的审计计划、实施的审计程序、获取的相关审计证据以及得出的审计结论作出的记录。审计工作底稿是审计证据的载体，是注册会计师在审计过程中形成的审计证据和获取的资料。它形成于审计过程，也反映整个审计过程。

2. 编制审计工作底稿的目的

注册会计师应当及时编制审计工作底稿，以实现下列目的。

1）提供充分、适当的记录，作为审计报告的基础

审计工作底稿是注册会计师形成审计结论、发表审计意见的直接依据。及时编制审计工作底稿有助于提高审计工作的质量，便于在出具审计报告之前，对取得的审计证据和得出的审计结论进行有效复核与评价。

2）提供证据，证明其按照中国注册会计师审计准则的规定执行了审计工作

在会计师事务所因执业质量而涉及诉讼或有关监管机构进行执业质量检查时，审计工作底稿能够提供证据，证明会计师事务所是否按照审计准则的规定执行了审计工作。

3）审计工作底稿是联结整个审计工作的纽带

审计项目小组一般由多人组成，项目小组内要进行合理分工，不同的审计程序、不同会计账项的审计往往由不同人员执行。最终需借助于审计工作底稿，把不同人员的审计工作有机地联结起来，对被审计单位的财务报表发表审计意见。

4）审计工作底稿是明确注册会计师的审计责任、评价或考核注册会计师专业能力与工作业绩的依据

注册会计师依照中国注册会计师审计准则实施了必要的审计程序，方可解脱或减轻其审计责任，注册会计师专业能力的大小、工作业绩的好坏，主要体现在对审计程序的选择、执行和有关的专业判断上，而注册会计师是否实施了必要的审计程序、审计程序的选择是否合理、专业判断是否准确，都必须通过审计工作底稿来体现和衡量。

5）审计工作底稿对未来的审计业务具有参考备查价值

审计业务有一定的连续性，同一被审计单位前后年度的审计业务具有众多联系或共同点。因此，当年度的审计工作底稿对以后年度审计业务具有很大的参考或备查作用。

3. 编制审计工作底稿使用的文字

编制审计工作底稿的文字应当使用中文。少数民族自治地区可以同时使用少数民族文

字。中国境内的中外合作会计师事务所、国际会计公司成员所和联系所可以同时使用某种外国文字。会计师事务所执行涉外业务时可以同时使用某种外国文字。

4. 审计工作底稿存在的形式

审计工作底稿可以以纸质、电子或其他介质形式存在。

6.2.2 审计工作底稿的形成与复核

1. 审计工作底稿的形成

1）总体要求

注册会计师编制的审计工作底稿，应当使得未曾接触该项审计工作的有经验的专业人士清楚了解以下各项目的内容。

（1）按照审计准则的规定实施的审计程序的性质、时间和范围。

（2）实施审计程序的结果和获取的审计证据。

（3）就重大事项得出的结论。

有经验的专业人士，是指对下列方面有合理了解的人士。

（1）审计过程。

（2）相关法律法规和审计准则的规定。

（3）被审计单位所处的经营环境。

（4）与被审计单位所处行业相关的会计和审计问题。

2）基本要素

审计工作底稿的基本要素：被审计单位名称；审计项目名称；审计项目的时点或期间；审计过程及其结果的记录；审计标识及其说明；索引号及页次；编制者姓名及编制日期；复核者姓名及复核日期；其他应说明事项。

3）审计工作底稿的基本结构

注册会计师编制审计工作底稿的基本目的是揭示有关审计事项的未审情况、注册会计师的审计过程和经过审计后有关审计事项的审定情况。基本结构如下：

（1）被审计单位的未审计情况。

（2）审计过程的记录。

（3）注册会计师的审计结论。

2. 审计工作底稿复核

审计工作底稿复核制度，是指审计组织对有关复核人员级别、复核程序与要点、复核人员职责等所做出的明确规定。

会计师事务所应当建立完善的审计工作底稿分级复核制度。对审计工作底稿的复核可分为两个层次：项目组成员实施的复核和项目质量控制复核。

1）项目组成员实施的复核

《中国注册会计师审计准则第1121号——历史财务信息审计的质量控制》规定，由项目组内经验较多的人员（包括项目负责人）复核经验较少人员的工作时，复核人员应当考虑内容：

（1）审计工作是否已按照法律法规、职业道德规范和业务准则的规定执行。

(2) 重大事项是否已提请进一步考虑。

(3) 相关事项是否已进行适当咨询，由此形成的结论是否得到记录和执行。

(4) 是否需要修改已执行审计工作的性质、时间和范围。

(5) 已执行的审计工作是否支持形成的结论，并得以适当记录。

(6) 获取的审计证据是否充分、适当，足以支持审计报告。

(7) 审计程序的目标是否已经实现。

为了监督审计业务的进程，并考虑助理人员是否具备足够的专业技能和胜任能力来执行分派的审计工作，了解审计指令及按照总体审计计划和具体审计计划执行工作，有必要对执行业务的助理人员进行适当的督导和复核。

对工作底稿的复核必须留下证据，一般由复核者在相关审计工作底稿上签名并署明日期。

2) 项目质量控制复核

项目质量控制复核是指在出具报告前，对项目组作出的重大判断和在准备报告时形成的结论作出客观评价的过程。项目质量控制复核也称独立复核，应由事务所委派未参加该业务的有经验的人员实施。《会计师事务所质量控制准则第 5101 号——业务质量控制》，要求对包括上市公司财务报表审计在内的特定业务实施项目质量控制复核，并在出具报告前完成。

实施质量控制复核，是对审计工作结果的最后质量控制，确认审计工作是否已达到会计师事务所的工作标准，消除妨碍注册会计师判断的偏见。

6.2.3　审计工作底稿的归档管理

《会计师事务所质量控制准则第 5101 号——业务质量控制》和《中国注册会计师审计准则第 1131 号——审计工作底稿》对审计工作底稿作出了具体规定，涉及归档工作的性质和期限、审计工作底稿保管期限等方面。

1. 审计工作底稿归档的分类

在出具审计报告前，注册会计师应完成所有必要的审计程序，取得充分、适当的审计证据并得出适当的审计结论。由此，在审计报告日后将审计工作底稿归整为最终审计档案是一项事务性的工作，不涉及实施新的审计程序或得出新的结论。

对每项具体审计业务，注册会计师应当将审计工作底稿归整为审计档案。归整审计档案时，有些会计师事务所基于具体实务中对审计档案使用的时间，将审计档案分为永久性档案和当期档案（表 6－1）。

表 6－1　永久性档案和当期档案

种　类	定　义	档案清单
永久性档案	永久性档案是指那些记录内容相对稳定，具有长期使用价值，并对以后审计工作具有重要影响和直接作用的审计档案	被审计单位的组织结构、批准证书、营业执照、章程、重要资产的所有权或使用权的证明文件复印件等
当期档案	当期档案是指那些记录内容经常变化，主要供当期和下期审计使用的审计档案	总体审计策略和具体审计计划；被审计单位提交资料清单；前期审计报告和经审计的财务报表；预备会会议纪要

如果在归档期间对审计工作底稿作出的变动属于事务性的，注册会计师可以作出变动。

（1）删除或废弃被取代的审计工作底稿。

（2）对审计工作底稿进行分类、整理和交叉索引。

（3）对审计档案归整工作的完成核对表签字认可。

（4）记录在审计报告日前获取的、与审计项目组相关成员进行讨论并取得一致意见的审计证据。

2. 审计工作底稿归档的期限

注册会计师应当按照会计师事务所质量控制政策和程序的规定，及时将审计工作底稿归整为最终审计档案。审计工作底稿的归档期限为审计报告日后60天内。如果注册会计师未能完成审计业务，审计工作底稿的归档期限为审计业务中止后的60天内。

如果针对客户的同一财务信息执行不同的委托业务，出具两个或多个不同的报告，会计师事务所应当将其视为不同的业务，根据会计师事务所内部制定的政策和程序，在规定的归档期限内分别将审计工作底稿归整为最终审计档案。

3. 审计工作底稿归档后的变动

1）需要变动审计工作底稿的情形

一般情况下，在审计报告归档之后不需要对审计工作底稿进行修改或增加。注册会计师发现有必要修改现有审计工作底稿或增加新的审计工作底稿的情形主要有以下两种：

（1）注册会计师已实施了必要审计程序，取得了充分、适当的审计证据并得出了恰当的审计结论，但审计工作底稿的记录不够充分。

（2）审计报告日后，发现例外情况要求注册会计师实施新的或追加审计程序，或导致注册会计师得出新的结论。

例外情况主要是指审计报告日后发现与已审计财务信息相关，且在审计报告日已经存在的事实，该事实如果被注册会计师在审计报告日前获知，可能影响审计报告。例如，注册会计师在审计报告日后才获知法院在审计报告日前已对被审计单位的诉讼、索赔事项作出最终判决结果。

例外情况可能在审计报告日后发现，也可能在财务报表报出日后发现，注册会计师应当按照《中国注册会计师审计准则第1332号——期后事项》中“财务报表报出后发现的事实”的相关规定，对例外事项实施新的或追加的审计程序。

2）变动审计工作底稿时记录要求

在完成最终审计档案的归整工作后，如果发现有必要修改现有审计工作底稿或增加新的审计工作底稿，无论修改或增加的性质如何，注册会计师均应当记录下列事项：

（1）修改或增加审计工作底稿的时间和人员以及复核的时间和人员。

（2）修改或增加审计工作底稿的具体理由。

（3）修改或增加审计工作底稿对审计结论产生的影响。

修改现有审计工作底稿主要是指在保持原审计工作底稿中所记录的信息，即对原记录信息不予删除（包括涂改、覆盖等方式）的前提下，采用增加新信息的方式予以修改。

4. 审计工作底稿的保存期限

会计师事务所应当自审计报告日起，对审计工作底稿至少保存10年。如果注册会计师未能完成审计业务，会计师事务所应当自审计业务中止日起对审计工作底稿至少保存10年。

在完成最终审计档案的归整工作后，注册会计师不得在规定的保存期届满前删除或废弃审计工作底稿。

删除审计工作底稿主要是指删除整张原审计工作底稿，或以涂改、覆盖等方式删减原审计工作底稿中全部或部分记录内容。

废弃审计工作底稿主要是指将原审计工作底稿从审计档案中抽取出来，使审计档案中不再包含原来的底稿。

5. 审计工作底稿的所有权与保管

审计工作底稿是注册会计师对其执行的审计工作所作的完整记录。从一般意义上讲，审计档案的所有权应属于执行该项业务的注册会计师。但是，我国注册会计师不能独立于会计师事务所之外承揽审计业务，审计业务必须以会计师事务所的名义承接。因此，我国现行审计准则规定，审计档案的所有权属于承接该项业务的会计师事务所。

6. 审计工作底稿的保密与调阅

会计师事务所应建立严格的审计工作底稿保密制度，并落实专人管理。除下列情况外，会计师事务所不得对外泄露审计档案中涉及的商业秘密及有关内容。

（1）法院、检察院及其他部门因工作需要，在按规定办理了手续后，可依法查阅审计档案中的有关审计工作底稿。

（2）注册会计师协会对执业情况进行检查时，可查阅审计档案。

（3）不同会计师事务所的注册会计师，因审计工作的需要，并经委托人同意，在下列情况下办理了有关手续后，可以要求查阅审计档案：

① 被审计单位更换了会计师事务所，后任注册会计师可以调阅前任注册会计师的审计档案；

② 基于合并财务报表审计业务的需要，母公司所聘的注册会计师可以调阅子公司所聘注册会计师的审计档案；

③ 联合审计；

④ 会计师事务所认为合理的其他情况。

拥有审计工作底稿的会计师事务所应当对要求查阅者提供适当的协助，并根据有关审计工作底稿的性质和内容，决定是否允许要求查阅者阅览其底稿及复印或摘录其中的有关内容。审计工作底稿中的内容被查阅者引用后，因为查阅者的误用而造成的后果，与拥有审计工作底稿的会计师事务所无关。

本章精要

注册会计师执行审计业务的过程，实质上就是收集审计证据，将审计证据记录于审计工作底稿，形成审计意见的过程。本章从审计证据的概念入手，引出了审计证据的分类，揭示了审计证据的特性以及如何运用证据理论对审计证据证明力的强弱进行判断。审计证据的获取方法时本章的核心内容。最后，通过对审计工作底稿概念和分类的介绍，进一步理解审计工作底稿的内容、格式和编制的原则等。

相关知识

审计工作底稿的性质

（一）审计工作底稿的内容

审计工作底稿包括总体审计策略、具体审计计划、分析表、问题备忘录、重大事项概要、询证函回函、管理层声明书、核对表、有关重大事项的往来信件（包括电子邮件）以及对被审计单位文件记录的摘要或复印件等。还包括业务约定书、管理建议书、项目组内部或项目组与被审计单位举行的会议记录、与其他人士（如其他注册会计师、律师、专家等）的沟通文件及错报汇总表等。审计工作底稿并不能代替被审计单位的会计记录。

审计工作底稿不包括已被取代的审计工作底稿的草稿或财务报表的草稿、不全面或初步思考的记录、存在印刷错误或其他错误而作废的文本以及重复的文件记录等。

（二）审计工作底稿中常用审计标识（表6－2）

表6－2　审计工作底稿中常用审计标识

标　识	含　义	标　识	含　义
Λ	纵加核对	?	有问题待查
<	横加核对	N/A	无此情况
B	与上年结转数核对一致	C	已发询证函
T	与原始凭证核对一致	C\	已收回询证函
G	与总账核对一致	√	已经核对
S	与明细分类账核对一致	T\B	与试算平衡表核对相符

自我测试

一、单项选择题

1. 下列关于审计程序的说法中，不正确的是（　　）。
   A. 检查有形资产可提供权利和义务的全部审计证据
   B. 观察提供的审计证据仅限于观察发生的时点
   C. 对于询问的答复，注册会计师应当通过获取其他证据予以佐证
   D. 分析程序包括调查识别出的、与其他相关信息不一致或与其数据严重偏离的波动和关系
2. 在确定审计证据相关性时，下列事项中不属于注册会计师应当考虑的是（　　）。
   A. 特定的审计程序可能只为某些认定提供相关的审计证据，而与其他认定无关
   B. 针对同一项认定可以从不同来源获取审计证据或获取不同性质的审计证据
   C. 从外部独立来源获取的审计证据比其他来源获取的审计证据更可靠
   D. 只与特定认定相关的审计证据并不能替代与其他认定相关的审计证据
3. 注册会计师评估的重大错报风险与所需审计证据的数量呈（　　）变动关系。
   A. 同向　　B. 反向　　C. 比例　　D. 不存在关系

4. 注册会计师执行财务报表审计业务获取的下列审计证据中，可靠性最强的是（　　）。
   A. 购货发票　　B. 销货发票
   C. 采购订货单副本　　D. 应收账款函证回函
5. 作为内部证据的会计记录在（　　）情况下可靠性较强。
   A. 在外部流转　　B. 经注册会计师验证
   C. 有健全有效的内部控制制度　　D. 被审计单位管理当局声明
6. 充分性和适当性是审计证据的两个重要特征，下列关于审计证据的充分性和适当性表述不正确的是（　　）。
   A. 充分性和适当性两者缺一不可，只有充分且适当的审计证据才是有证明力的
   B. 审计证据质量越高，需要的审计证据数量可能越少
   C. 如果审计证据的质量存在缺陷，仅靠获取更多的审计证据可能无法弥补其质量上的缺陷
   D. 如果审计证据的质量存在缺陷，注册会计师必须收集更多数量的审计证据，否则无法形成审计意见
7. 以下关于审计工作底稿的存在形式表述的正确的是（　　）。
   A. 只能以纸质形式存在
   B. 只能以纸质或电子形式存在
   C. 可以以纸质、电子或其他介质形式存在
   D. 一份工作底稿，只能以同一种形式存在
8. 审计工作底稿的归档期限是（　　）。
   A. 审计报告日后 30 天　　B. 审计报告日后 60 天
   C. 审计业务约定书后 60 天　　D. 审计业务中止后 90 天
9. 一般情况下、实物证据不能证实的有（　　）。
   A. 实物资产的数量　　B. 实物资产的质量
   C. 有价证券的数量　　D. 现金的数量
10. 注册会计师获取的下列审计证据中，证明力最弱的是（　　）。
    A. 银行存款对账单　　B. 支票
    C. 领料单　　D. 律师声明书

二、多项选择题

1. 在对短期借款实施相关审计程序后，需对所取得的审计证据进行评价。以下有关短期借款审计证据可靠性的论述中，正确的有（　　）。
   A. 从第三方获取的有关短期借款证据比直接从被审计单位获得的相关证据更可靠
   B. 短期借款的控制风险为低水平时产生的会计数据比控制风险为高水平时产生的会计数据更为可靠
   C. 短期借款的控制风险为高水平时产生的会计数据比控制风险为低水平时产生的会计数据更为可靠
   D. 被审计单位提供的短期借款合同尽管有借贷双方的签章，但如果没有其他证据佐证，也不可靠
2. 注册会计师应当及时编制审计工作底稿，其主要目的体现在（　　）。

A. 提供充分、适当的记录作为审计报告的基础

B. 提高审计工作的质量

C. 提供证据证明其按照中国注册会计师审计准则的规定执行了审计工作

D. 审计结论进行有效复核和评价

3. 注册会计师编制的审计工作底稿应当使得未曾接触该项审计工作的有经验的专业人士清楚地了解下列方面的内容（　　）。

A. 按照审计准则的规定实施的审计程序的性质、时间和范围

B. 实施审计程序的结果和获取的审计证据

C. 审计证据是否充分和适当

D. 就重大的事项得出的结论

4. 审计证据的充分性是对审计证据数量的衡量，主要与以下（　　）有关。

A. 样本量有关　　B. 重大错报风险

C. 具体审计程序　　D. 审计证据的质量

5. 注册会计师在评价审计证据的充分性和适当性时特别要考虑（　　）方面。

A. 对文件记录可靠性的考虑　　B. 使用被审计单位生成信息时的考虑

C. 证据相互矛盾时的考虑　　D. 获取审计证据时对成本的考虑

三、判断题

1. 注册会计师不仅要了解被审计单位的会计政策还要了解被审计单位行业状况、法律环境及监管环境，因此注册会计师如果仅依赖会计记录中含有的信息本身已不足以提供充分的审计证据。（　　）

2. 审计证据充分性与适当性相互影响，越适当的证据，需要的证据数量越少；多获取证据，可以增进审计证据的适当性。（　　）

3. 在完成最终审计档案的工作后，注册会计师不得修改或增加审计工作底稿。（　　）

4. 注册会计师对某一问题如果从不同来源获取的审计证据不一致时，应当追加审计程序予以解决。（　　）

5. 如果在审计过程中识别出的情况其认为文件记录可能是伪造的，或文件记录中的某些条款已发生变动，注册会计师应将其作为错报。（　　）

6. 当期档案是指那些所记录内容经常变化，只供当期审计使用的审计档案。（　　）

7. 审计过程中，如果发现被审计单位存在错误或舞弊行为，则注册会计师一般应增加审计证据的数量。（　　）

8. 当被审计单位面临财务困境时，被审计单位财务报表存在舞弊的可能性增加。（　　）

9. 注册会计师获取审计证据时，对于重要的审计项目不应将审计成本的高低或获取审计证据的难易程度作为减少必要审计程序的理由。（　　）

10. 注册会计师应对各种重要的口头证据做成记录，必要时还应获得被询问者的签名确认，从而形成书面证据。（　　）

四、简答题

1. 何谓审计证据？审计证据如何分类？

2. 审计证据可靠性的判断标准有哪些？

3. 审计档案有哪几类？其保管要求如何？

五、案例分析题

基本情况　L注册会计师在对F公司2013年度财务报表进行审计时，收集到以下六组审计数据：

(1) 收料单与购货发票；　　(2) 销货发票副本与产品出库单；

(3) 领料单与材料成本计算表；　　(4) 工资计算单与工资发放单；

(5) 存货盘点表与存货监盘记录；　　(6) 银行询证函回函与银行对账单。

要求　请分别说明每组审计证据中哪项审计证据较为可靠，并简要说明理由。

第 7 章

防范审计风险

地位与作用

本章属于审计基本理论中非常重要的章，其中审计重要性和审计风险是注册会计师审计理论的基石，它们贯穿于注册会计师审计的全过程。

技能要求

* 掌握计划审计工作的内容、重要性以及如何分配重要性水平和审计风险等知识。

计划审计工作是注册会计师审计工作的第一步，也是后续审计工作的基础和依据。审计计划是指审计人员为了完成各项审计业务，达到预期的审计目标，在具体执行审计程序之前编制的工作计划。合理的审计计划有助于注册会计师关注重点审计领域、及时发现和解决潜在的问题及恰当地组织和管理审计工作，以使审计工作更加有效。同时，充分的审计计划还可以帮助注册会计师对项目组成员进行恰当分工和指导监督，并复核其工作，还有助于协调其他注册会计师和专家的工作。计划审计工作是一项持续的过程，在此过程中，需要作出很多关键决策，包括确定可接受的审计风险水平和重要性、配置项目人员等。

7.1 制定审计策略和计划

7.1.1 初步业务活动认知

1. 初步业务活动的目的和内容

1）初步业务活动的目的

注册会计师在计划审计工作前，需要开展初步业务活动，以实现以下三个主要目的：① 确保注册会计师已具备执行业务所需要的独立性和专业胜任能力；② 确定不存在因管理层诚信问题而影响注册会计师保持该项业务意愿的情况；③ 确保与被审计单位不存在对业务约定条款的误解。

2）初步业务活动的内容

根据《中国注册会计师审计准则第1201号——计划审计工作》的规定，注册会计师应当在本期审计业务开始时开展下列初步业务活动：

（1）针对保持客户关系和具体审计业务实施相应的质量控制程序。

（2）评价遵守职业道德规范的情况。

（3）及时签订或修改审计业务约定书。在作出接受或保持客户关系及具体审计业务的决策后，注册会计师应当按照《中国注册会计师审计准则第1111号——审计业务约定书》的规定，在审计业务开始前，与被审计单位就审计业务约定条款达成一致意见，签订或修改审计业务约定书，以避免双方对审计业务的理解产生分歧。

2. 审计业务约定书

审计业务约定书是指会计师事务所与被审计单位签订的，用以记录和确认审计业务的委托与受托关系、审计目标和范围、双方的责任以及报告的格式等事项的书面协议。

审计业务约定书具有经济合同的性质，一经约定各方签字认可，即成为法律上生效的契约，对各方均具有法定约束力。签署审计业务约定书的目的是为了明确约定各方的权利和责任义务，促使各方遵守约定事项并加强合作，保护签约各方的正当利益。

会计师事务所在签订审计业务约定书之前，应指派注册会计师对被审计单位基本情况进行了解，并就审计业务约定相关条款特别是委托目的、审计的性质和范围、审计收费、被审计单位应提供的资料和信息以及必要工作条件与协助等进行充分沟通，并达成一致意见。

1）审计业务约定书的基本内容

审计业务约定书的具体内容和格式可能因被审计单位的不同而不同，但应当包括以下主要内容。

（1）财务报表审计的目标。

（2）管理层对财务报表的责任。

（3）管理层编制财务报表采用的会计准则和相关会计制度。

（4）审计范围，包括指明在执行财务报表审计业务时遵守的中国注册会计师审计准则。

（5）执行审计工作的安排，包括出具审计报告的时间要求。

（6）审计报告格式和对审计结果的其他沟通形式。

（7）由于测试的性质和审计的其他固定限制以及内部控制的固有局限性，不可避免地存在着某些重大错报可能仍然未被发现的风险。

（8）管理层为注册会计师提供必要的工作条件和协助。

（9）注册会计师不受限制地接触任何与审计有关的记录、文件和所需要的其他信息。

（10）管理层对其作出的与审计有关的声明予以书面确认。

（11）注册会计师对执行过程中获知的信息保密。

（12）审计收费，包括收费的计算基础和收费安排。

（13）违约责任。

（14）解决争议的方法。

（15）签约双方法定代表人或其授权代表的签字盖章以及签约双方加盖的公章。

2）审计业务约定书的特殊考虑

（1）考虑特定需要。如果情况需要，注册会计师还应当考虑在审计业务约定书中列明下列内容：

① 在某些方面对利用其他注册会计师和专家工作的安排；

② 与审计涉及的内部审计人员和被审计单位其他员工工作的协调；

③ 预期向被审计单位提交的其他函件或报告；

④ 与治理层整体直接沟通；

⑤ 在首次接受审计委托时，对与前任注册会计师沟通的安排；⑥ 注册会计师与被审计单位之间需要达成进一步协议的事项。

（2）集团审计。如果负责集团财务报表审计的注册会计师同时负责组成部分财务报表的审计，注册会计师应当考虑下列因素，决定是否与各个组成部分单独签订审计业务约定书：

① 组成部分注册会计师的委托人；

② 是否对组成部分单独出具审计报告；

③ 法律法规的规定；

④ 母公司、总公司或总部拥有组成部分的所有权份额；

⑤ 组成部分管理层的独立程度。

（3）连续审计。对于连续审计，注册会计师应当考虑是否需要根据具体情况修改业务约定的条款以及是否需要提醒被审计单位注意现有的业务约定条款。

注册会计师可以与被审计单位签订长期审计业务约定书，但如果出现下列情况，应当考虑重新签订审计业务约定书：

① 有迹象表明被审计单位误解审计目标和范围；

② 需要修改约定条款或增加特别条款；

③ 高级管理人员、董事会或所有权结构近期发生变动；

④ 被审计单位业务的性质或规模发生重大变化；

⑤ 法律法规的规定；

⑥ 管理层编制财务报表采用的会计准则和相关会计制度发生变化。

（4）审计业务的变更。在完成审计业务前，如果被审计单位要求注册会计师将审计业务变更为保证程度较低的签证业务或相关服务，注册会计师应当考虑变更业务的适当性。

下列原因可能导致被审计单位要求变更业务：

① 情况变化对审计服务的需求产生影响；

② 对原来要求的审计业务的性质存在误解；

③ 审计范围存在限制。

上述第① 和第② 项通常被认为是变更业务的合理理由，但如果有迹象表明该变更要求与错误的、不完整的或者不能令人满意的信息有关，注册会计师不应认为该变更是合理的。

如果没有合理的理由，注册会计师不应同意变更业务。如果不同意变更业务，被审计单位又不允许继续执行原审计业务，注册会计师应当解除业务约定，并考虑是否有义务向被审计单位董事会或股东会等方面说明解除业务约定的理由。

7.1.2 总体审计策略和具体审计计划

根据《中国注册会计师审计准则第1201号——计划审计工作》的规定，注册会计师应当计划审计工作，使审计业务以有效的方式得到执行。计划审计工作包括针对审计业务制定的总体审计策略和具体审计计划两个层次。

1. 总体审计策略

注册会计师应当为审计工作制定总体审计策略。总体审计策略用以确定审计范围、时间和方向，并指导制订具体审计计划。

1）确定审计范围

在确定审计范围时，注册会计师需要考虑下列事项。

（1）编制财务报表适用的会计准则和相关会计制度。

（2）特定行业的报告要求，如某些行业的监管部门要求提交的报告。

（3）预期的审计工作涵盖范围，包括需要审计的集团内组成部分的数量及所在地点。

（4）母公司和集团内其他组成部分之间存在的控制关系的性质，以确定如何编制合并财务报表。

（5）其他注册会计师参与审计集团内组成部分的范围。

（6）需审计部分业务的性质，包括是否需要具备专门的知识。

（7）外币业务的核算方法及外币财务报表折算和合并方法。

（8）除对合并财务报表审计之外，是否需要对组成部分的财务报表单独进行法定审计。

（9）内部审计工作的可利用性及对内部审计工作的拟依赖程度。

（10）被审计单位使用服务机构的情况，及注册会计师如何取得有关服务机构内部控制设计、执行和运行有效性的证据。

（11）预期利用在以前期间审计工作中获取的审计证据的程度，如获取的与风险评估程序和控制测试相关的审计证据。

（12）信息技术对审计程序的影响，包括数据的可获得性和预期使用计算机辅助审计技术的情况。

（13）根据中期财务信息审阅及在审阅中所获信息对审计的影响，相应调整审计涵盖范围和时间安排。

（14）与为被审计单位提供其他服务的会计师事务所人员讨论可能影响审计的事项。

（15）被审计单位的人员和相关数据可利用性。

2）报告目标、时间安排及所需沟通

为计划报告目标、时间安排和所需沟通，注册会计师需要考虑下列事项：

（1）被审计单位的财务报告时间表。

（2）与管理层和治理层就审计工作的性质、范围和时间所举行的会议的组织工作。

（3）与管理层和治理层讨论预期签发报告和其他沟通文件的类型及提交时间。报告和其他沟通文件，既包括书面的，也包括口头的，如审计报告、管理建议书和与治理层沟通函等。

（4）就组成部分的报告及其他沟通文件的类型及提交时间与组成部分的注册会计师沟通。

（5）项目组成员之间预期沟通的性质和时间的安排，包括项目组会议的性质和时间安排及复核工作的时间安排。

（6）是否需要跟第三方沟通，包括与审计相关的法律、法规规定和业务约定书约定的报告责任。

（7）与管理层讨论在整个审计过程中通报审计工作进展及审计结果的预期方式。

3）审计方向

总体审计策略的制定应当包括考虑影响审计业务的重要因素，以确定项目组工作方向，包括确定适当的重要性水平，初步识别可能存在较高的重大错报风险领域，初步识别重要的组成部分和账户余额，评价是否需要针对内部控制的有效性获取审计证据，识别被审计单位、所处行业、财务报告要求及其他相关方面最近发生的重大变化等。

在确定审计方向时，注册会计师需要考虑下列事项：

（1）重要性方面。具体包括：为计划目的确定重要性；为组成部分确定重要性且与组成部分的注册会计师沟通；在审计过程中重新考虑重要性；识别重要的组成部分和账户余额。

（2）重大错报风险较高的审计领域。

（3）评估的财务报表层次的重大错报风险对指导、监督及复核的影响。

（4）项目组成员的选择（在必要时包括项目质量控制复核人员）和工作分工，包括向重大错报风险较高的审计领域分派具备适当经验的人员。

（5）项目预算，包括考虑为重大错报风险可能较高的审计领域分派适当的工作时间。

（6）如何向项目组成员强调在收集和评价审计证据过程中保持职业怀疑必要性的方式。

（7）以往审计中对内部控制运行有效性评价的结果，包括所识别的控制缺陷的性质及应对措施。

（8）管理层重视设计和实施健全的内部控制的相关证据，包括这些内部控制得以适当记录的证据。

（9）业务交易量规模，以基于审计效率的考虑确定是否依赖内部控制。

（10）对内部控制重要性的重视程度。

（11）影响被审计单位经营的重大发展变化，包括信息技术和业务流程的变化，关键管理人员变化以及收购、兼并和分立。

（12）重大的行业发展情况，如行业法规变化很新的报告规定。

（13）会计准则及会计制度的变化。

（14）其他重大变化，如影响被审计单位的法律环境的变化。

4）审计资源

注册会计师应当在总体审计策略中清楚地说明审计资源的规划和调配，包括确定执行审计业务所必需的审计资源的性质、时间和范围。

（1）向具体审计领域调配的资源，包括向高风险领域分派有适当经验的项目组成员，就复杂的问题利用专家工作等。

（2）向具体审计领域分配资源的数量，包括安排到重要存货存放地观察存货盘点的项目组成员的数量，对其他注册会计师工作的复核范围确定，对高风险领域安排的审计时间预算等。

（3）何时调配这些资源，包括是在期中审计阶段还是在关键的截止日期调配资源等。

（4）如何管理、指导、监督这些资源的利用，包括预期何时召开项目组预备会和总结会，预期项目负责人和经理如何进行复核，是否需要实施项目质量控制复核等。

总体审计策略一经制定，注册会计师应当针对总体审计策略中所识别的不同事项，制订具体审计计划，并考虑通过有效利用审计资源以实现审计目标。

小思考

> 总体审计策略的详细程度是否会随着被审计单位的规模及该项审计业务的复杂程度的不同而变化呢？如对于小型被审计单位审计中，全部审计工作可能由一个很小的审计项目组执行，总体审计策略是否可以相对简单呢？

2. 具体审计计划

1）总体审计策略和具体审计计划之间的关系

制定总体审计策略和具体审计计划的过程紧密联系，并且两者的内容也紧密相关。注册会计师应当针对总体审计策略中所识别的不同事项，制订具体审计计划，并考虑通过有效利用审计资源以实现审计目标，值得注意的是，虽然编制总体审计策略的过程通常在具体审计计划之前，但是两项计划活动并不是孤立、不连续的过程，而是内在紧密联系的，对其中一项的决定可能会影响甚至改变对另一项的决定。例如，注册会计师在了解被审计单位及其环境的过程中，注意到被审计单位对主要业务的处理依赖复杂的自动化信息系统，因此计算机信息系统的可靠性及有效性对其经营、管理、决策以及编制可靠的财务报告具有重大影响。对此，注册会计师可能会在具体审计计划中制定相应的审计程序，并相应调整总体审计策略的内容，作出利用信息风险管理专家的工作的决定。

因此，注册会计师应当根据实施风险评估程序的结果，对总体审计策略的内容予以调整。在实务中，注册会计师将制定总体审计策略和具体审计计划相结合进行，可能会使计划审计工作更有效率及效果，并且注册会计师也可以采用将总体审计策略和具体审计计划合并为一份审计计划文件的方式，以提高编制及复核工作的效率，增强其效果。

2）具体审计计划包括的内容

注册会计师应当为审计工作制订具体审计计划。具体审计计划比总体审计策略更加详细。为获取充分、适当的审计证据，而确定审计程序的性质、时间和范围的决策是具体审计计划的核心。具体审计计划应当包括风险评估程序、计划实施的进一步审计程序和其他审计程序。

（1）风险评估程序。具体审计计划应当包括按照《中国注册会计师审计准则第1211号——了解被审计单位及其环境并评估重大错报风险》的规定，为了足够识别和评估财务报表重大错报风险，注册会计师计划实施的风险评估程序的性质、时间和范围。

（2）计划实施的进一步审计程序。具体审计计划应当包括按照《中国注册会计师审计准则第1231号——针对评估的重大错报风险实施的程序》的规定，针对评估的认定层次的重大错报风险，注册会计师计划实施的进一步审计程序的性质、时间和范围。

小贴士

随着审计工作的推进，审计程序的计划会一步步深入，并贯穿整个审计过程。例如，计划风险评估程序通常在审计开始阶段进行，计划进一步审计程序则需要依据风险评估程序的结果进行。因此，为达到编制具体审计计划的要求，注册会计师需要完成风险评估程序，识别和评估重大错报风险，并针对评估的认定层次的重大错报风险，计划实施进一步审计程序的性质、时间和范围。

通常，注册会计师计划的进一步审计程序可以分为进一步审计程序的总体方案和拟实施的具体审计程序（包括进一步审计程序的具体性质、时间和范围）两个层次。进一步审计程序的总体方案主要是指注册会计师针对各类交易、账户余额和列报决定采用的总体方案（包括实质性方案或综合性方案）。具体审计程序则是对进一步审计程序的总体方案的延伸和细化，它通常包括控制测试和实质性程序的性质、时间和范围。在实务中，注册会计师通常单独编制一套包括这些具体程序的“进一步审计程序表”，待具体实施审计程序时，注册会计师将基于所计划的具体审计程序，进一步记录所实施的审计程序及结果，并最终形成有关进一步审计工作底稿。

3）计划其他审计程序

具体审计计划应当包括根据审计准则的规定，注册会计师对审计业务需要实施的其他审计程序。计划的其他审计程序可以包括上述进一步程序的计划中没有涵盖的、根据其他审计准则的要求注册会计师应当执行的既定程序。

在审计计划阶段，除了按照《中国注册会计师审计准则第 1211 号——了解被审计单位及其环境并评估重大错报风险》进行计划工作，注册会计师还需要兼顾其他准则中规定的、针对特定项目在审计计划阶段应执行的程序及记录要求。例如，《中国注册会计师审计准则第 1141 号——财务报表审计中对舞弊的考虑》《中国注册会计师审计准则第 1324 号——持续经营》《中国注册会计师审计准则第 1142 号——财务报表审计中对法律法规的考虑》及《中国注册会计师审计准则第 1323 号——关联方》等准则中对注册会计师针对这些特定项目在审计计划阶段应当执行的程序及其记录作出了规定。当然，由于被审计单位所处行业、环境各不相同，特别项目可能也有所不同。例如，有些企业可能涉及环境事项、电子商务等，在实务中注册会计师应根据被审计单位的具体情况确定特定项目并执行相应的审计程序。

7.1.3 审计过程中对计划的更改

计划审计工作并非审计业务的一个孤立阶段，而是一个持续的、不断修正的过程，贯穿于整个审计业务始终。审计计划仅是对审计工作的一种预先规划。审计计划在执行过程中，由于未预期事项、条件的变化或在实施审计程序中获取的审计证据等原因，常常会产生预期计划与实际不一致的情况，注册会计师在必要时应当对总体审计策略和具体审计计划作出更新和修改。

审计过程可以分为不同阶段，通常前面阶段的工作结果会对后面阶段的工作计划产生一定的影响，而后面阶段的工作过程中又可能发现需要对已制订的相关计划进行相应的更新和修改。通常来讲，这些更新和修改涉及比较重要的事项。例如，对重要性水平的修改，对某类交易、账户余额和列报的重大错报风险的评估和进一步审计程序（包括总体方案和拟实施的具体审计程序）的更新和修改等。一旦计划被更新和修改，审计工作也就应当进行相应修正。

例如，如果在制订审计计划时，注册会计师基于对材料采购交易的相关控制的设计和执行获取的审计证据，认为相关控制设计合理并得以执行，因此未将其评价为高风险领域并且计划执行控制测试。但是在执行控制测试时获得的审计证据与审计计划阶段获得的审计证据相矛盾，注册会计师认为该类交易的控制没有得到有效执行，此时，注册会计师可能需要修正对该类交易的风险评估，并基于修正的评估风险修改计划的审计方案，如采用实质性方案。

7.1.4　指导、监督与复核

注册会计师应当就项目组成员工作的指导、监督与复核的性质、时间和范围制订计划。对项目组成员工作的指导、监督与复核的性质、时间和范围主要取决于下列因素：① 被审计单位的规模和复杂程度；② 审计领域；③ 重大错报风险；④ 支持审计工作的项目组成员的素质和专业胜任能力。

注册会计师应在评估重大错报风险的基础上，计划对项目组成员工作的指导、监督与复核的性质、时间和范围。当评估的重大错报风险增加时，注册会计师通常会扩大指导与监督的范围，增强指导与监督的及时性，执行更详细的复核工作。在计划复核的性质、时间和范围时，注册会计师还应考虑单个项目组成员的素质和专业胜任能力。

7.1.5　计划审计工作的记录

注册会计师应当记录总体审计策略和具体审计计划，包括在审计工作过程中作出的任何重大更改。

1. 对总体审计策略的记录

注册会计师对总体审计策略的记录，应当包括为恰当计划审计工作和向项目组传达重大项目而作出的关键决策。

2. 对具体审计计划的记录

注册会计师对具体审计计划的记录，应当能够反映计划实施的风险评估程序的性质、时间和范围以及针对评估的重大错报风险计划实施的进一步审计程序的性质、时间和范围。

小贴士

> 注册会计师可以使用标准的审计程序表或审计工作完成核对表，但应当根据具体审计业务的情况作出适当修改。
>
> 注册会计师应当记录对总体审计策略和具体审计计划作出的重大更改及其理由以及对导致此类更改的事项、条件或审计程序结果采取的应对措施。
>
> 注册会计师对计划审计工作记录的形式和范围，取决于被审计单位的规模和复杂程度、重要性、具体审计业务的情况以及对其他审计工作记录的范围等事项。

7.2　审计重要性认知

审计重要性是审计学的一个基本概念。审计重要性概念的运用贯穿于整个审计过程。在计划审计工作时，注册会计师应当考虑导致财务报表发生重大错报的原因，并应当在了解被审计单位及其环境的基础上，确定一个可接受的重要性水平。在确定审计意见类型时，注册会计师也需要考虑重要性水平。

7.2.1　认识审计重要性

重要性取决于在具体环境下对错报金额和性质的判断。如果一项错报单独或连同其他错报可能影响财务报表使用者依据财务报表作出的经济决策，则该项错报是重大的。

为了更清楚地理解重要性的概念，需要注意把握以下几点。

（1）判断一项错报重要与否，应视其对财务报表使用者依据财务报表作出经济决策的影响程度而定。

（2）重要性受到数量或性质的影响，或者受到两者共同的影响。

（3）判断一个事项对财务报表使用者是否重大，是将使用者作为一个群体对共同性的财务信息的需求来考虑的。没有考虑错报对个别特定使用者可能产生的影响。

（4）重要性的确定离不开具体环境。由于不同的被审计单位面临不同的环境，不同的报表使用者有着不同的信息需求，因此注册会计师确定的重要性也不相同。

（5）对重要性的评估需要运用职业判断。影响重要性的因素很多，注册会计师应当根据被审计单位面临的环境，并综合考虑其他因素，合理确定重要性水平。

需要注意的是，仅从数量角度考虑，只是给重要性水平提供了一个门槛或临界点。在该门槛或临界点之上的错报就是重要的；反之，该错报则不重要。重要性并不是财务信息的主要质量特征。

7.2.2　重要性的运用

1. 运用重要性原则的一般要求

（1）对重要性的评估需要运用专业判断。

（2）为了提高审计效率、保证审计质量，注册会计师在审计过程中应当运用重要性原则。

（3）在审计过程中，需要运用重要性原则的情形有二：一是在确定审计程序的性质、时间和范围时；二是评价审计结果时。重要性被看作是某一错报或汇总的错报是否影响到财务报表使用者判断和决策的标志。

2. 两个特征重要性的考虑

重要性具有数量和质量两个方面的特征。一般来说，金额大的错报比金额小的错报更重要。但在许多情况下，某项错报从量的方面看并不重要，从其性质方面考虑，却可能是重要的。

（1）舞弊或违法行为导致的错报。

（2）有可能引起合同上义务的错报。

（3）影响收益趋势的错报。

（4）不期望出现的错报。

（5）涉及是否盈利的错报。

3. 两个层次重要性的考虑

1）财务报表层次的重要性

财务报表层次的重要性是指总体的重要性。它是确定财务报表所有的重大方面公允的基本界限。审计的目的是对财务报表的合法性、公允性发表审计意见，因此，注册会计师必须考虑财务报表层次的重要性。

2）各类交易、账户余额或列报认定层次的重要性

各类交易、账户余额或列报认定层次的重要性是指形成财务报表的各账户和交易及列报的重要性。它是根据总体重要性分配得来的。各类交易、账户余额或列报认定层次的重要性就是“可容忍误差”。财务报表所提供的信息来源于各类账户或交易，只有单个账户和交易的错报不超过其重要性，财务报表总体的错报才不会超过总体重要性，才能得出财务报表合法、公允的整体性结论。

4. 运用重要性的两种方法

1）财务报表层次重要性水平的计算方法

确定多大错报会影响到财务报表使用者所作的决策，是注册会计师运用职业判断的结果。很多注册会计师根据所在会计师事务所的惯例及自己的经验，考虑重要性水平。对于财务报表层次的重要性水平，既可以采用固定比率法，也可以采用变动比率法。

（1）固定比率法，即在选定判断基础后，乘以一个固定百分比，求出财务报表层次的重要性水平。

在实务中，有许多汇总性财务数据可以用做确定财务报表层次重要性水平的基准，例如，总资产、净资产、销售收入、费用总额、毛利、净利润等。

注册会计师对基准的选择有赖于被审计单位的性质和环境。例如，对于以营利为目的的被审计单位而言，来自经常性业务的税前利润或税后净利润可能是一个适当的基准，而对于收益不稳定的被审计单位或非营利性组织来说，选择税前利润或税后净利润作为判断重要性水平的基准就不合适。对于资产管理公司来说，净资产可能是一个适当的基准。注册会计师通常选择一个相对稳定、可预测且能够反映被审计单位正常规模的基准。由于销售收入和总资产具有相对稳定性，注册会计师经常将其用做确定计划重要性水平的基准。

在确定恰当的基准之后，注册会计师通常运用职业判断合理选择百分比，据以确定重要性水平。例如，对于以营利为目的的企业，来自经常性业务的税前利润或税后净利润的5%，或总收入的0.5%；对于非营利性组织，费用总额或总收入的0.5%；对于共同基金公司，净资产的0.5%。注册会计师执行具体审计业务时，也可能认为比采用上述百分比更高或更低的比例是适当的。

小思考

注册会计师应当先对每张财务报表确定一个重要性水平。如果同一期间各财务报表的重要性水平不同，注册会计师应当取哪个作为财务报表层次的重要性水平？

（2）变动比率法的基本原理是：规模越大的企业，允许错报金额的比率就越小，一般是根据资产总额或营业收入两者中较大的一项确定一个变动百分比。

2）各类交易、账户余额、列报认定层次重要性水平的计算方法

由于财务报表提供的信息由各类交易、账户余额、列报认定层次的信息汇集加工而成，注册会计师只有通过对各类交易、账户余额、列报认定实施审计，才能得出财务报表是否公允反映的结论。因此，注册会计师还应当考虑各类交易、账户余额、列报认定层次的重要性。

各类交易、账户余额、列报认定层次的重要性水平称为“可容忍错报”。可容忍错报的确定以注册会计师对财务报表层次重要性水平的初步评估为基础。它是在不导致财务报表存在重大错报的情况下，注册会计师对各类交易、账户余额、列报确定的可接受的最大错报。

在确定各类交易、账户余额、列报认定层次的重要性水平时，注册会计师应当考虑以下主要因素：

① 各类交易、账户余额、列报的性质及错报的可能性；

② 各类交易、账户余额、列报的重要性水平与财务报表层次重要性水平的关系。由于为各类交易、账户余额、列报确定的重要性水平，即可容忍错报对审计证据数量有直接的影响，因此，注册会计师应当合理确定可容忍错报。

需要强调的是，在制定总体审计策略时，注册会计师应当对那些金额本身就低于所确定的财务报表层次重要性水平的特定项目做额外的考虑。注册会计师应当根据被审计单位的具体情况，运用职业判断，考虑是否能够合理地预计这些项目的错报将影响使用者依据财务报表作出的经济决策（如有这种情况的话）。注册会计师在作出这一判断时，应当考虑以下主要因素。

（1）会计准则、法律法规是否影响财务报表使用者对特定项目计量和披露的预期（如关联方交易、管理层及治理层的报酬）。

（2）与被审计单位所处的行业及其环境相关的关键性披露（如制药业的研究与开发成本）。

（3）财务报表使用者是否特别关注财务报表中单独披露的特定业务分部（如新近购买的业务）的财务业绩。

了解治理层和管理层对上述问题的看法和预期，可能有助于注册会计师根据被审计单位的具体情况作出这一判断。

对于账户或交易层次的重要性水平，既可以采用分配的方法，也可以不采用分配的方法。在实务中，很多注册会计师选择资产负债表账户作为分配的基础。

小贴士

> 不分配的方法是按照总体重要性水平的一定比例确定重要性水平。如把各账户的重要性水平确定为总体重要性水平的20%～50%，审计时只要发现该账户或交易的错报超过这一水平，就建议被审计单位进行调整。

5. 运用重要性的三个阶段

1）计划审计工作对重要性的考虑

在计划审计工作时，注册会计师应当确定一个可接受的重要性水平，以发现在金额上重

大的错报。注册会计师在确定计划的重要性水平时，需要考虑以下主要因素。

（1）对被审计单位及其环境的了解。

（2）审计目标，包括特定报告要求。

（3）财务报表各项目的性质及其相互关系。

（4）财务报表项目的金额及其波动幅度。

总之，凡是影响预期财务报表使用者决策的因素，都可能对重要性水平产生影响。注册会计师应当在计划阶段充分考虑这些因素，并采用合理的方法，确定重要性水平。

2）对计划阶段确定的重要性水平的调整

在审计执行阶段，随着审计过程的推进，注册会计师应当及时评价计划阶段确定的重要性水平是否仍然合理，并根据具体环境的变化或在审计执行过程中进一步获取的信息，修正计划的重要性水平，进而修改进一步审计程序的性质、时间和范围。在确定审计程序后，如果注册会计师决定接受更低的重要性水平，审计风险将增加。注册会计师应当选用下列方法将审计风险降至可接受的低水平：

（1）如有可能，通过扩大控制测试范围或实施追加的控制测试，降低评估的重大错报风险，并支持降低后的重大错报风险水平。

（2）通过修改计划实施的实质性程序的性质、时间和范围，降低检查风险。

3）评价错报的影响

（1）尚未更正错报的汇总数。尚未更正错报的汇总数包括已经识别的具体错报和推断误差。

① 已经识别的具体错报。已经识别的具体错报是指注册会计师在审计过程中发现的，能够准确计量的错报，包括两类：对事实的错报，这类错报产生于被审计单位收集和处理数据的错误、对事实的忽略或误解，或故意舞弊行为；涉及主观决策的错报，这类错报产生于两种情况——管理层和注册会计师对会计价值的判断差异；管理层和注册会计师对选择和运用会计政策的判断差异。

② 推断误差，也称“可能误差”，是注册会计师对不能明确、具体识别的其他错报的最佳估计数。推断误差通常包括：通过测试样本估计出的总体的错报减去在测试中发现的已经识别的具体错报；通过实质性分析程序推断出的估计错报。

（2）评价尚未更正错报的汇总数的影响。注册会计师应当评估在审计过程中已识别但尚未更正错报的汇总数是否重大。

注册会计师需要在出具审计报告之前，评估尚未更正错报单独或累计的影响是否重大。在评估时，注册会计师应当从特定的某类交易、账户余额及列报认定层次和财务报表层次考虑这些错报的金额和性质以及这些错报发生的特定环境。

注册会计师应当分别考虑每项错报对相关交易、账户余额及列报的影响，包括错报是否超过之前为特定交易、账户余额及列报所设定的较之财务报表层次重要性水平更低的可容忍错报。此外，如果某项错报是（或可能是）由舞弊造成的，无论其金额大小，注册会计师均应当按照《中国注册会计师审计准则第 1141 号——财务报表审计中对舞弊的考虑》的规定，考虑其对整个财务报表审计的影响。考虑到某些错报发生的环境，即使其金额低于计划的重要性水平，注册会计师仍可能认为其单独或连同其他错报从性质上看是重大的。

注册会计师在评估更正错报是否重大时，不仅需要考虑每项错报对财务报表的单独影响，而且需要考虑所有错报对财务报表的累积影响及其形成原因，尤其是一些金额较小的错报，虽然单个看起来并不重大，但是其累计数却可能对财务报表产生重大的影响。为全面地评价错报的影响，注册会计师应将审计过程中已识别的具体错报和推断误差进行汇总。

尚未更正错报与财务报表层次重要性水平相比，可能出现以下两种情况。

① 尚未更正错报的汇总数低于重要性水平（并且特定项目的尚未更正错报也低于考虑其性质所设定的更低的重要性水平，下同）。如果尚未更正错报汇总数低于重要性水平，对财务报表的影响不重大，注册会计师可以发表无保留意见的审计报告。

② 尚未更正错报的汇总数超过或接近重要性水平。如果尚未更正错报汇总数超过了重要性水平，对财务报表的影响可能是重大的，注册会计师应当考虑通过扩大审计程序的范围或要求管理层调整财务报表降低审计风险。在任何情况下，注册会计师都应当要求管理层就已识别的错报调整财务报表。如果管理层拒绝调整财务报表，并且扩大审计程序范围的结果不能使注册会计师认为尚未更正错报的汇总数不重大，注册会计师应当考虑出具非无保留意见的审计报告。

如果已识别但尚未更正错报的汇总数接近重要性水平，注册会计师应当考虑该汇总数连同尚未发现的错报是否可能超过重要性水平，并考虑通过实施追加的审计程序或要求管理层调整财务报表降低审计风险。

在评价审计程序结果时，注册会计师确定的重要性和审计风险，可能与计划审计工作时评估的重要性和审计风险存在差异。在这种情况下，注册会计师应当考虑实施的审计程序是否充分。

7.3 审计风险认知

审计业务是一种保证程度高的鉴证业务，可接受的审计风险应当足够低，以使注册会计师能够合理保证所审计财务报表不含有重大错报。在执行审计业务时，注册会计师应当考虑重要性及重要性与审计风险的关系。

7.3.1 认识审计风险

1. 审计风险的含义

审计风险是指财务报表存在重大错报而注册会计师发表不恰当审计意见的可能性。

2. 审计风险的特征

1）审计风险的普遍性

审计风险存在于每次审计和每个审计环节之中。

2）审计风险的复杂性

审计风险的复杂性主要是由于审计风险成因比较复杂。例如，很难判断是由于工作责任心不足，还是由于经验和能力不足造成某项重大错报没有查出。

3）审计风险的可控性

注册会计师可以通过实施主观努力对审计风险进行适当的管理，将其控制在一定的范围之内。

4）后果的严重性

审计风险一旦转化为责任，注册会计师就不可避免地遭受经济损失。

小贴士

> 审计对象的复杂性和审计内容的广泛性、审计人员经验和能力的有限性、审计人员的责任心和职业关注的不足以及现代审计方法本身的缺陷导致了审计风险的形成。

7.3.2　审计风险的构成要素及其关系

审计风险由重大错报风险和检查风险构成。

1. 重大错报风险

重大错报风险是指财务报表在审计前存在重大错报的可能性。

1）两个层次的重大错报风险

（1）财务报表层次重大错报风险。此类风险通常与控制环境有关，可能是因控制环境薄弱而带来的风险。例如，被审计单位治理层、管理层对内部控制的重要性缺乏认识，没有建立必要的制度和程序，从而可能产生多项认定的重大错报风险，因而与财务报表整体存在广泛的重大错报风险相联系，但也可能与其他因素有关，如经济萧条。此类风险难以限于某类交易、账户余额、列报，注册会计师应当采取总体应对措施。

注册会计师评估财务报表层次重大错报风险的措施包括：考虑审计项目组承担重要责任的人员的学识、技术和能力，是否需要专家介入；考虑给予业务助理人员适当程度的监督指导；考虑是否存在导致注册会计师怀疑被审计单位持续经营假设合理性的事项或情况。

（2）认定层次重大错报风险。由于财务报表所提供的信息来源于各账户或各交易，因此，注册会计师还应当考虑各类交易账户余额、列报认定层次的重大错报风险，考虑的结果直接影响注册会计师确定认定层次实施进一步审计程序的性质、时间和范围。

注册会计师设计和实施进一步审计程序的性质、时间和范围，应当与评估的认定层次重大错报风险有明确的对应关系。在应对评估的风险时，合理确定审计程序的性质是最重要的。

2）固有风险和控制风险

认定层次的重大错报风险又可以进一步细分为固有风险和控制风险。

（1）固有风险，是指假设不存在相关的内部控制，某一认定发生重大错报的可能性，无论该错报单独考虑，还是连同其他错报构成重大错报的可能性。固有风险只与被审计单位所处的环境、行业的性质、科目和交易的性质有关，与审计人员无关。

（2）控制风险，是指某项认定发生了重大错报，无论该错报单独考虑，还是连同其他错报构成重大错报，而该错报没有被企业的内部控制及时防止、发现和纠正的可能性。控制风险取决于与财务报表编制有关的内部控制的设计和运行的有效性。由于控制的固有局限性，某种程序的控制风险始终存在。

不同观点

由于固有风险和控制风险不可分割地交织在一起，有时无法单独进行评估，审计准则通常不再单独提到固有风险和控制风险，而只是将这两者合并称为“重大错报风险”。但这并不意味着，注册会计师不可以单独对固有风险和控制风险进行评估。相反，注册会计师可以对两者进行单独评估，也可以对两者进行合并评估。具体采用的评估方法取决于会计师事务所偏好的审计技术和方法及实务上的考虑。

2. 检查风险

检查风险是指某一认定存在错报，该错报单独或连同其他错报是重大的，但注册会计师未能发现这种错报的可能性。检查风险与选用审计程序不当、执行偏差，错误解读了审计结论、采用抽样审计等有关。检查风险取决于审计程序设计的合理性和执行的有效性。这些其他因素可以通过适当计划、在项目组成员之间进行恰当的职责分配、保持职业怀疑态度以及监督、指导和复核助理人员所执行的审计工作得以解决。

小思考

检查风险能否降至为零？

3. 审计风险构成要素之间的关系

审计风险构成要素之间的关系一般通过审计风险模型来表示。

审计风险 = 重大错报风险 × 检查风险

或　　审计风险 = 固有风险 × 控制风险 × 检查风险

在既定的审计风险水平下，可接受的检查风险水平与认定层次重大错报风险的评估结果成反向关系。评估的重大错报风险越高，可接受的检查风险越低；评估的重大错报风险越低，可接受的检查风险越高。

例如，注册会计师评估某项认定的固有风险为60%，控制风险为20%，他们认为所执行的审计程序不能发现该项认定重大错报的检查风险为30%，则该项认定的审计风险为：

审计风险 = 60% × 20% × 30% = 3.6%

此结果表明，被审计单位存在重大错报而内部控制和审计程序未能发现的风险为3.6%。

7.3.3 重要性、审计风险与审计证据的关系

重要性与审计风险之间存在反向关系。重要性水平越高，审计风险越低；重要性水平越低，审计风险越高。这里所说的重要性水平高低指的是金额的大小。通常30 000元的重要性水平比20 000元的重要性水平高。在理解两者之间的关系时，必须注意，重要性水平是注册会计师从财务报表使用者的角度进行判断的结果。

预计发生的审计风险越高，越要求注册会计师收集更多、更有效的审计证据，以将审计

风险降至可接受的低水平。因此，可接受的审计风险与审计证据之间是反向关系，重要性和审计证据之间也是反向变动关系。由于重要性和审计风险存在反向关系，而且这种关系对注册会计师将要执行的审计程序、时间和范围有直接的影响，因此，注册会计师应当综合考虑各种因素，合理确定重要性水平。

本章精要

本章讲述了初步业务活动、计划审计工作、审计重要性及审计风险等审计基本知识。其中，重要性和审计风险属于贯穿于全书的知识。

财务报表审计的重要性和公允性是相辅相成的：重要性是公允性的数量与质量界限，公允性则是重要性的定性表达。重要性不仅是注册会计师审计理论的核心，而且是审计实务操作的尺度。

审计风险是最能代表现代审计发展方向和趋势的概念，它是与审计抽样、内部控制紧密相关的现代审计方法，也是风险导向审计的基础。

相关知识

定性评估固有风险应考虑的因素

审计人员评估被审计单位的固有风险时，应当考虑的因素可分为两类：第一类因素与财务报表的层次有关；第二类因素与账户余额或交易类别层次有关。

评估与财务报表层次有关的固有风险时，审计人员应着重考虑以下因素。

（1）管理人员的品行和能力。

（2）管理人员，特别是财务人员的变动情况。

（3）管理人员遭受的异常压力。

（4）业务性质。

（5）影响被审计单位所在行业的环境因素。

评估与账户余额或交易类别层次有关的固有风险时，被审计人员应着重考虑以下因素。

（1）容易产生错报的财务报表项目。

（2）需要利用专家工作结果予以佐证的重要交易或事项。

（3）确定账户金额时，需要运用估计和判断的程序。

（4）容易遭受损失或被挪用的资产。

（5）会计期间，尤其是临近会计期末发生的异常及复杂交易。

（6）在正常的会计处理程序中容易被漏记的交易和事项。

自我测试

一、单项选择题

1. 下列有关审计重要性的表述中，错误的是（　　）。

A. 在考虑一项错报是否重要时，既要考虑错报的金额，又要考虑错报的性质

B. 如果一项错报单独或连同其他错报可能影响财务报表使用者依据财务报表作出的

经济决策，则该项错报是重要的

C. 重要性水平一旦确定就不能修改

D. 重要性的确定离不开职业判断

2. 下列关于审计风险模型各要素的说法中，不正确的是（　　）。

A. 审计风险是预先设定的

B. 重大错报风险是评估的

C. 审计风险是注册会计师审计前面临的

D. 检查风险是注册会计师通过实施实质性程序控制的

3. 注册会计师需要获取的审计证据的数量受错报风险的影响。下列表述正确的是（　　）。

A. 评估的错报风险越高，则可接受的检查风险越低，需要的审计证据可能越多

B. 评估的错报风险越高，则可接受的检查风险越高，需要的审计证据可能越少

C. 评估的错报风险越低，则可接受的检查风险越低，需要的审计证据可能越少

D. 评估的错报风险越低，则可接受的检查风险越高，需要的审计证据可能越多

4. 下列审计风险模型涉及的各风险因素中，决定注册会计师将要实施的审计程序的性质、时间和范围的是（　　）。

A. 审计风险　　B. 可接受的检查风险

C. 抽样风险　　D. 重大错报风险

5. 下列有关计划审计工作的描述不正确的是（　　）。

A. 计划审计工作是一个持续的、不断修正的过程，贯穿于整个审计业务的始终

B. 注册会计师应该针对评估的认定层次的重大错报风险设计进一步审计程序

C. 注册会计师应当记录总体审计策略和具体审计计划及其重大更改

D. 制定总体审计策略和具体审计计划是注册会计师和被审计单位共同的责任

6. 下列不属于会计师事务所和被审计单位签订业务约定书之前，在计时收费方式下确定收费时应当考虑的主要因素是（　　）。

A. 专业服务的难度以及所需的知识和技能

B. 所需专业人员的水平和经验

C. 每一专业人员提供服务所需的工时以及提供专业服务所需承担的责任

D. 出具审计报告的意见类型

7. 总体审计策略的详略程度取决于（　　）。

A. 初步业务活动的结果

B. 审计业务的特征

C. 为被审计单位提供其他服务时所获得的经验

D. 被审计单位规模及该项审计业务的复杂程度

8. 注册会计师应汇总的错报不包括（　　）。

A. 对事实的错报　　B. 推断误差

C. 涉及主管决策的错报　　D. 已调整错报

9. 重要性取决于在具体环境下对错报金额和性质的判断。以下关于重要性的理解不正确的是（　　）。

A. 重要性的确定离不开具体环境。

B. 重要性包括对数量和性质两个方面的考虑

C. 重要性概念是针对管理层决策的信息需求而言的

D. 对重要性的评估需要运用职业判断

10. 在审计计划阶段，注册会计师张华正在考虑制订审计重要性水平，如果被审计单位属于劳动密集型企业时，审计人员可以选用的财务报表层次的重要性水平的判断基础是（　　）。

A. 资产总额　　B. 净资产　　C. 营业收入　　D. 职工人数

二、多项选择题

1. 注册会计师应当在下列（　　）环节展开初步业务活动。

A. 针对保持客户关系和具体审计业务实施相应的质量控制程序

B. 了解被审计单位及其环境，评估重大错报风险

C. 评价遵守职业道德规范的情况

D. 及时签订或修改审计业务约定书

2. 具体审计计划包括下列（　　）内容。

A. 注册会计师计划实施的风险评估程序的性质、时间和范围

B. 注册会计师计划实施的进一步审计程序的性质、时间和范围

C. 注册会计师需要实施的其他审计程序

D. 导致注册会计师难以实施必要审计程序的情形

3. U公司的销售和收款循环全部采用复杂的计算机信息系统进行会计核算，在以下各项备选的审计策略中，M注册会计师应当采取的措施有（　　）。

A. 考虑选派具有计算机信息系统方面专长的审计助理

B. 考虑在计算机信息系统环境下改变审计目的

C. 在尚未充分了解计算机信息系统以前不进行交易或余额的细节测试

D. 考虑在计算机信息系统的环境下改变审计范围

4. 注册会计师对项目组成员工作的指导、监督与复核的性质、时间和范围主要取决于下列（　　）因素。

A. 重大错报风险

B. 审计风险

C. 被审计单位的规模和复杂程度

D. 执行审计工作的项目组成员的素质和专业胜任能力

5. 注册会计师在确定计划的重要性水平时，需要考虑的主要因素有（　　）。

A. 审计单位及其环境的了解

B. 审计的目标

C. 财务报表各项目的性质及其相互关系

D. 财务报表项目的金额及其波动幅度

三、判断题

1. 计划审计工作并非是审计业务的一个孤立阶段，而是一个持续的、不断修正的过程，贯穿于整个审计业务的始终。（　　）

2. 只要已识别但尚未更正错报的汇总数小于重要性水平，注册会计师均应发表无保留

意见的审计报告。(　　)

3. 注册会计师在计划审计工作后，需要开展初步业务活动。(　　)

4. 总体审计策略用以确定审计范围、时间和方向，并指导制订具体审计计划。(　　)

5. 注册会计师需要不断在审计执行过程中修正计划的重要性水平。(　　)

6. 审计业务是一种高保证程度的鉴证业务，可接受的审计风险应当足够低，以使注册会计师能够合理保证已审财务报表不存在重大错报。(　　)

7. 在既定的审计风险水平下，可接受的检查风险水平与认定层次重大错报风险的评估结果成同向关系。(　　)

8. 对重要性进行判断应该站在被审计管理层的视角去判断。(　　)

9. 为保证审计的连续性和审计结果的可比性，注册会计师在对同一客户所进行的多次年度财务报表审计中应使用同样的重要性水平。(　　)

10. 注册会计师可以改变重大错报风险的评估水平，但无法改变重大错报风险的实际水平。(　　)

四、简答题

1. 何谓重要性？注册会计师运用重要性概念的目的是什么？

2. 简要说明重要性水平与审计风险、审计证据之间的关系。

3. 简述审计证据的含义及其获取审计证据的方法。

五、案例分析题

基本情况　注册会计师张华在评估被审计单位的审计风险时，分别设计了以下四种情况（表7－1），以帮助决定可接受的检查风险水平。

表7－1　评估被审计单位的审计风险

风险类别	情况一	情况二	情况三	情况四
可接受的审计风险/%	4	4	2	2
固有风险/%	100	80	100	80
控制风险/%	100	50	100	50

要求　（1）上述四种情况下的检查风险水平分别是多少？

（2）哪种情况需要注册会计师获取最多的审计证据，为什么？

第8章

运用审计方法查账

地位与作用

本章属于审计基本方法问题，主要介绍审计抽样在控制测试和细节测试中的运用。审计抽样不是审计的业务知识，而是在审计中广泛应用的一种技术工具，几乎适用于所有的财务报表项目。因此，抽样知识不会影响对以后各章专业知识的学习，但可以与任何一个财务报表项目结合运用。

技能要求

* 理解审计抽样的概念、设计样本时应考虑的因素；掌握基本的选样方法、抽样结果的评价。

审计方法是注册会计师为了达到审计目的、完成审计任务所采用的各种具体方法的总称。审计方法是从长期的审计实践中总结和积累起来的，并随着审计实践的不断发展和审计理论的丰富而逐步完善和提高，正确地运用审计方法，可以提高审计工作的质量、审计效益和审计效果。

8.1 审计方法认知

在设计审计程序时，注册会计师应当确定选取测试项目的适当方法。注册会计师可以使用的方法，包括选取全部项目、选取特定项目和审计抽样。审计抽样作为一种方法，需要运用抽查技术，但其更重要的工作内容是根据审计目的及环境的要求作出科学的抽样决策。审计抽样的基本目标是在有限的审计资源条件下，收集充分、适当的审计证据，以形成和支持审计结论。《中国注册会计师审计准则第 1314 号——审计抽样》为注册会计师在设计审计程序时合理使用审计抽样方法提供了操作规范。

8.1.1 认识审计抽样

1. 审计抽样的概念

审计抽样是指注册会计师对某类交易或账户余额中低于百分之百的项目实施审计程序，使所有抽样单元都有被选取的机会。在这里，抽样单元是指构成总体的个体项目，总体是指注册会计师从中抽取样本并据此得出结论的整套数据。总体可分为多个层次或子总体。

2. 特征及适用范围

1）审计抽样的特征

（1）对某类交易或账户余额中低于百分之百的项目实施审计程序。

（2）所有抽样单元都有被选取的机会。

（3）审计测试的目的是为了评价该账户余额或交易类型的某一特征。

2）审计抽样适用的范围

审计抽样并非在所有审计程序中都可以使用。注册会计师拟实施的审计程序将对运用审计抽样产生重大影响。在风险评估程序、控制测试和实质性程序中，有些审计程序可以使用审计抽样，有些审计程序则不宜使用审计抽样。

风险评估程序通常不涉及审计抽样。如果注册会计师在了解控制的设计和确定控制是否得到执行的同时计划和实施控制测试，则可能涉及审计抽样，但此时审计抽样仅适用于控制测试。

当控制的运行留下轨迹时，注册会计师可以考虑使用审计抽样实施控制测试。对于未留下运行轨迹的控制，注册会计师通常实施询问、观察等审计程序，以获取有关控制运行有效性的审计证据，此时不宜使用审计抽样。

实质性程序包括对各类交易、账户余额、列报的细节测试以及实质性分析程序。在实施细节测试时，注册会计师可以使用审计抽样获取审计证据，以验证有关财务报表金额的一项或多项认定，或对某些金额作出独立估计。在实施实质性分析程序时，注册会计师不宜使用审计抽样。

8.1.2 审计抽样的种类

审计抽样的种类很多，其常用的分类方法是：按抽样决策的依据不同，将审计抽样划分为统计抽样和非统计抽样；按审计抽样所了解的总体特征的不同，将审计抽样划分为属性抽样和变量抽样。

1. 统计抽样和非统计抽样

注册会计师在执行审计测试，既可以运用统计抽样技术，也可以运用非统计抽样技术，还可以结合使用这两种抽样技术。

注册会计师在统计抽样与非统计抽样方法之间进行选择时主要考虑成本－效益。统计抽样是指同时具备以下两个特征的抽样方法：

① 随机选取样本；

② 运用概率论评价样本结果，包括计量抽样风险。不同时具备上述两个特征的抽样方法为非统计抽样。

非统计抽样可能比统计抽样花费的成本要小，但统计抽样的效果则可能比非统计抽样要好得多。

小贴士

现代审计广泛采用统计抽样有其合理的理论依据：一是有充分的数学依据；二是有健全的内部控制制度；三是有合理的经济依据。

统计抽样的意义在于：

① 统计抽样能够科学地确定抽样规模；

② 采用统计抽样，总体各项目被抽中的机会是均等的，可以防止主观臆断；

③ 统计抽样能计算抽样误差在预先给定的范围内的概率有多大，并可以根据抽样推断的要求，把这种误差控制在预先给定的范围之内；

④ 统计抽样便于促使审计工作规范化。

尽管统计抽样有上述优点，并解决了非统计抽样难以解决的问题，但是统计抽样的产生并不意味着非统计抽样的消亡。非统计抽样只要设计得当，也可达到同统计抽样同样有效的结果。

小思考

非统计抽样和统计抽样的选用，是否影响运用于样本的审计程序的选择？

2. 属性抽样和变量抽样

在审计抽样中，根据样本的审查结果可以从两个不同的方面来对总体进行推断：一是根据样本的差错率推断总体的差错率；二是根据样本的差错推断总体的差错额。前者就是属性抽样，后者就是变量抽样。

属性抽样是指在精确度界限和可靠程度一定的条件下，旨在测定总体特征的发生频率而采用的一种方法；变量抽样是指用来估计总体金额而采用的一种方法。根据控制测试的目的和特点所采用的审计抽样通常称为属性抽样；根据实质性程序（细节测试）的目的特点所采用的审计抽样通常为变量抽样。在审计实务中，经常存在同时进行控制测试和细节测试的情况，这个时候所采取的审计抽样称为双重抽样。属性抽样和变量抽样的主要区别如表8－1所示。

表 8－1　属性抽样和变量抽样

抽样技术	测试种类	目　标
属性抽样	控制测试	估计总体既定控制的偏差（次数）
变量抽样	实质性测试	估计总体金额或者总体中的错误金额

8.1.3　抽样风险和非抽样风险

注册会计师在获取审计证据时，注册会计师应当运用职业判断，评估重大错报风险，并设计进一步审计程序，以确保将审计风险降至可接受的低水平。在使用抽样时，审计风险既可能受到抽样风险的影响，又可能受到非抽样风险的影响。抽样风险和非抽样风险通过影响重大错报风险的评估和检查风险的确定而影响审计风险。

1. 抽样风险

抽样风险是指注册会计师根据样本得出的结论和对总体全部项目实施与样本同样的审计程序得出的结论存在差异的可能性。

注册会计师在进行控制测试时，应关注以下抽样风险：

① 信赖不足风险，指在实施控制测试时，注册会计师推断的控制有效性低于其实际有效性的风险；

② 信赖过度风险，指在实施控制测试时，注册会计师推断的控制有效性高于其实际有效性的风险。

注册会计师在实施细节测试时，也要关注以下抽样风险：

① 误受风险，指在实施细节测试时，注册会计师推断某一重大错报不存在而实际上存在的风险；

② 误拒风险，是实施细节测试时，注册会计师推断某一重大错报存在而实际上不存在的风险。

也就是说，无论在控制测试还是细节测试中，抽样风险都可以分为两种类型：一类是影响审计效果的抽样风险；另一类是影响审计效率的抽样风险。但在控制测试和细节测试中，这两类抽样风险的表现形式有所不同，如表 8－2 所示。

表 8－2　抽样、非抽样风险对审计工作的影响

审计测试	抽样风险种类	对审计工作的影响
控制测试	信赖过度风险	效　果
	信赖不足风险	效　率
实质性测试	误受风险	效　果
	误据风险	效　率
注：两种测试中的非抽样风险对审计效率、效果都有影响。		

2. 非抽样风险

非抽样风险是指由于某些与样本规模无关的因素而导致注册会计师得出错误结论的可能性。非抽样风险包括审计风险中不是由抽样所导致的所有风险。注册会计师即使对某类交易或账户余额的所有项目实施某种审计程序，也可能仍未能发现重大错报或控制失效。

在审计过程中，可能导致非抽样风险的原因包括下列情况：

（1）注册会计师选择的总体不适合于测试目标。

（2）注册会计师未能适当地定义误差（包括控制偏差或错报），导致注册会计师未能发现样本中存在的偏差或错报。

（3）注册会计师选择了不适于实现特定目标的审计程序。

（4）注册会计师未能适当地评价审计发现的情况。

（5）其他原因。

非抽样风险是由人为错误造成的，因而可以降低、消除或防范。虽然在任何一种抽样方法中注册会计师都不能量化非抽样风险，但通过采取适当的质量控制政策和程序，对审计工作进行适当的指导、监督和复核以及对注册会计师实务的适当改进，可以将非抽样风险降至可以接受的水平。注册会计师也可以通过仔细设计其审计程序尽量降低非抽样风险。

8.1.4　审计抽样的样本设计

1. 样本选取的基本要求

注册会计师在选取样本时，应使审计对象总体内所有项目均有被选取的机会，以使样本能够代表总体。只有如此，才能保证由抽样结果推断出的总体特征具有合理性、可靠性。如果注册会计师有意识地选择总体中某些特殊的项目而对其他项目不予考虑，就无法保证其所选样本的代表性。

注册会计师可以采用统计抽样或非统计抽样的方法选取样本，只要运用得当，均可以取得充分、适当的审计证据。

2. 样本选取的方法

样本选取的方法有多种，注册会计师应根据审计的目的要求、被审计单位实际情况、审计资源条件的限制等因素来具体选择，以达到预期的审计质量与效率。常用的样本选取方法有随机选样、系统选样、随意选样等。

1）随机选样

随机选样，即使用随机数表或计算机辅助审计技术选样。审计中的随机选样是对审计对象总体或次级总体的所有项目，按随机规则选取样本。随机数表也称乱数表，是由随机生成的从 0 ~ 9 共 10 个数字组成的数表，每个数字在表中出现的次数是大致相同的，它们出现在表上的顺序是随机的。应用随机数表选样的步骤为：对总体项目进行编号，建立总体中的项目与表中数字的一一对应关系；确定使用几位随机数及哪几位随机数；确定随机路线和随机起点；按随机起点、随机路线、随机位数在随机数表中查找。随机数表（部分）如表 8 – 3 所示。

表 8 – 3　随机数表（部分）

随机数 / 行　号	列　号				
	（1）	（2）	（3）	（4）	（5）
1	10 480	15 011	01 536	02 011	81 647
2	22 368	46 573	25 595	85 313	30 995
3	24 130	48 360	22 527	97 265	76 393
4	42 167	93 093	06 243	61 680	07 856
5	37 570	39 975	81 837	16 656	06 121
6	77 921	06 907	11 008	42 751	27 756
7	99 562	72 905	56 420	69 994	98 872
8	96 301	91 977	05 463	07 972	18 876
9	89 759	14 342	63 661	10 281	17 453
10	85 475	36 857	53 342	53 988	53 060
11	28 018	69 578	88 231	33 276	70 997

续表

随机数 / 行号	列号				
	(1)	(2)	(3)	(4)	(5)
12	63 553	40 961	48 235	03 427	49 626
13	09 429	93 069	52 636	92 737	88 974
14	10 365	61 129	87 529	85 689	48 237
15	07 119	97 36	71 048	08 178	77 233

假定注册会计师对某公司连续编号为500～5 000的入库单进行随机选样，希望选取一组样本量为20的样本。首先，注册会计师确定只用随机数表所列数字的前4位数来与入库单号码一一对应。其次，确定第5列第1行为起点，选号路线为第5列、第4列、第3列、第2列、第1列，依次进行。最后，按照规定的一一对应关系和起点及选号路线，选出20个数码：3 099，785，612，2 775，1 887，1 745，4 962，4 823，1 665，4 275，797，1 028，3 327，817，2 559，2 252，624，1 100，546，4 823。凡前4位数在500以下或5 000以上的，因为支票号码没有一一对应关系，均不选入。选出20个数码后，按此数码选取号码与其对应的20张入库单作为选定样本进行审查。如果选取的数码出现重复，在不放回抽样的情况下，重新补选。

2）系统选样

系统选样也称等距选样，是指首先计算选样间隔，确定选样起点，然后再根据间隔顺序选取样本的一种选样方法。例如，注册会计师希望采用系统选样法从2 000张凭证中选出100张作为样本。首先计算出选样间隔为20（2 000÷100），假定注册会计师确定随机起点为542，则注册会计每隔20张凭证选取一张，共选取100张凭证作为样本即可。如542为第一张，则往下的顺序为522，502…；往上的顺序为562，582…

系统选样方法使用方便，比其他选样方法节省时间，并可用于无限总体。此外，使用这种方法时，对总体中的项目不需要编号，注册会计师只要简单数出每一个间距即可。但是，使用系统选样方法要求总体必须是随机排列的，否则容易发生较大的偏差，造成非随机的、不具代表性的样本。系统选样可以在非统计抽样中使用，在总体随机分布时也可适用于统计抽样。

3）随意选样

随意选样也叫任意选样，是在不考虑金额大小、资料取得的难易程度及个人偏好等因素的情况下，以随意的方式选取样本。随意选样的缺点在于很难完全、无偏见地选取样本项目。

三种基本方法均可选出代表性样本。但随机选样和系统选样属于随机基础选样方法，即对总体的所有项目按随机规则选取样本，因而可以在统计抽样、非统计抽样中使用。而随意选样虽然也可以选出代表性样本，但它属于非随机基础选样方法，因而不能在统计抽样中使用，只能在非统计抽样中使用。

8.1.5 评价样本结果

注册会计师应当针对选取的每个项目，实施适合于具体审计目标的审计程序，如果选取的项目不适合实施审计程序，注册会计师通常使用替代项目。对选取的样本项目实施审计程序旨在发现并记录样本中存在的误差。

注册会计师在对样本实施必要的审计后，需要对抽样结果进行评价。其具体程序和内容是：分析样本误差；推断总体误差；评价样本结果，形成审计结论。

1. 分析样本误差

在控制测试时，误差指控制偏差；在实施细节测试时，误差指错报。注册会计师应当考虑样本结果、已识别的所有误差的性质和原因及其对具体审计目标和审计的其他方面可能产生的影响。

无论是统计抽样还是非统计抽样，对样本结果的定性评价和定量评估一样重要。即使样本的统计评价结果在可以接受的范围内，注册会计师也应对样本中的所有误差（包括控制测试中的控制偏差和细节测试中的金额错报）进行定性分析。

2. 推断总体误差

分析样本误差后，注册会计师应根据抽样中发现的误差采用适当的方法，推断审计对象总体误差。当总体划分为几个层次时，应先对每一个层次作个别的推断，然后将推断结果加以汇总。

在实施控制测试时，注册会计师将样本中发现的偏差数量除以样本规模，就计算出样本偏差率。由于样本的误差率就是整个总体的推断误差率，注册会计师无须推断总体误差率。

在控制测试中，无论使用统计抽样或非统计抽样方法，样本偏差率都是注册会计师对总体偏差率的最佳估计，但注册会计师必须考虑抽样风险。

在细节测试中，注册会计师应当根据样本中发现的误差金额推断总体误差金额，并考虑推断误差对特定审计目标及审计的其他方面的影响。

3. 评价样本结果，形成审计结论

注册会计师应当评价样本结果，以确定对总体相关特征的评估是否得到证实或需要修正。

在控制测试中，注册会计师应当将总体偏差率与可容忍偏差率比较，但必须考虑抽样风险。

如果估计的总体偏差率上限低于可容忍偏差率，则总体可以接受。这时注册会计师对总体作出结论，样本结果支持计划评估的控制有效性，从而支持计划的重大错报风险评估水平。

如果估计的总体偏差率上限大于或等于可容忍偏差率，则总体不能接受。这时注册会计师对总体作出结论，样本结果不支持计划评估的控制有效性，从而不支持计划的重大错报风险评估水平。此时注册会计师应当修正重大错报风险评估水平，并增加实质性程序的数量。注册会计师也可以对影响重大错报风险评估水平的其他控制进行测试，以支持计划的重大错报风险评估水平。

如果估计的总体偏差率上限低于但接近可容忍偏差率，注册会计师应当结合其他审计程序的结果，考虑是否接受总体，并考虑是否需要扩大测试范围，以进一步证实计划评估的控制有效性和重大错报风险水平。

在细节测试中，注册会计师必须首先根据样本中发现的实际错报要求被审计单位调整账面记录金额。将被审计单位已更正的错报从推断的总体错报金额中减掉后，注册会计师应当将调整后的推断总体错报与该类交易或账户余额的可容忍错报相比较，但必须考虑抽样风险。

如果计算的总体错报上限低于可容忍错报，则总体可以接受。这时注册会计师对总体作出结论，所测试的交易或账户余额不存在重大错报。

如果计算的总体错报上限大于或等于可容忍错报，则总体不能接受。这时注册会计师对总体作出结论，所测试的交易或账户余额存在重大错报。在评价财务报表整体是否存在重大错报时，注册会计师应将该类交易或账户余额的错报与其他审计证据一起考虑。通常，注册会计师会建议被审计单位对错报进行调查，且在必要时调整账面记录。

如果调整后的总体错报虽然小于可容忍错报，但两者之间的差距很接近（既不很小又不很大），注册会计师必须特别仔细地考虑，总体实际错报超过可容忍错报的风险是否能够接受，并考虑是否需要扩大细节测试的范围，以获取进一步的证据。

小贴士

> 非统计抽样中，注册会计师运用其经验和职业判断评价抽样结果。如果调整后的总体错报大于可容忍错报，或虽小于可容忍错报但两者很接近（既不很小又不很大），注册会计师通常作出总体实际错报大于可容忍错报的结论。

8.2 控制测试中抽样技术的运用

在控制测试中应用审计抽样有两种方法。一种是发现抽样，在注册会计师预计控制高度有效时可以使用，以证实控制的有效性。在发现抽样中，注册会计师使用的预期总体偏差率是0。在检查样本时，一旦发现一个偏差就立即停止抽样。如果在样本中没有发现偏差，则可以得出总体偏差率可以接受的结论。另一种是属性估计抽样，用以估计被测试控制程序中的偏差发生率，或控制程序未有效运行的频率。在控制测试中运用的抽样技术，一般是属性抽样审计方法。所谓属性，是指审计对象总体的质量特征，即被审计业务或被审计内部控制是否遵循了既定的标准以及其存在的误差水平。属性抽样中，抽样结果只有两种：“对”与“错”或“是”与“不是”。总体的特征通常为反映遵循制度规定或要求的相应水平。本节以属性抽样审计方法为主。

8.2.1 基本概念认知

1. 误差

一般地讲，在属性抽样中，误差是指注册会计师认为使控制程序失去效能的所有控制无效事件。注册会计师应根据实际情况恰当地定义误差。例如，可将“误差”定义为会计记录中的虚假账户、经济业务的记录未进行复核、审批手续不全等各类差错。

2. 审计对象总体

属性抽样时，注册会计师应使总体所有的项目被选取的概率是相同的，也就是说，总体所有项目的特征应是相同的。例如，某公司有国内和国外两个分公司，其国内、国外的销售业务是以两种不同的方式进行的。注册会计师在评价两个公司会计控制时，则必须把它们分为两个不同的总体，即国内、国外两个总体。

3. 风险与可信赖程度

可信赖程度是指样本特征能够代表总体特征的可靠性程度。风险与可信赖程度是互补的，换句话说，100% 减去可信赖程度就是风险。例如，注册会计师选择一个 95% 的可信赖程度，它就有 5% 风险去接受，抽样结果表示的内部控制是有效的结论，而实际上内部控制是无效的。

在控制测试中，一般将最小可信赖程度定为 90%，如果其属性对于其他项目是重要的，则用 95% 的可信赖程度。

4. 可容忍误差

可容忍误差是注册会计师认为抽样结果可以达到审计目标的而愿意接受的审计对象总体的最大误差。注册会计师应当在审计计划阶段，根据审计重要性原则，合理确定可容忍误差。可容忍误差越小，需选取的样本量就应越大。

在进行控制测试时，可容忍误差是注册会计师在不改变对内部控制的可信赖程度的条件下所愿意接受的最大误差。在进行实质性程序时，可容忍误差是注册会计师在能够对某一账户余额或某类经济业务总体特征作出合理评价的条件下所愿意接受的最大金额误差，如表 8 – 4所示。

表 8 – 4　可容忍误差的确定

可容忍误差（率）	内部控制的可信赖程度
20%（或小于）考虑忽略抽样测试，进行详细测试	可信赖程度差，在信赖内部控制方面的细节测试工作不能有大或中等的减少
10%（或小于）	中等可信赖程度，基于审计结论，在信赖内部控制方面细节测试工作将减少
5%（或小于）	内部控制实际可靠，基于审计结论，在信赖内部控制方面实质工作将减少一半到三分之二

5. 预期总体误差

注册会计师应根据前期审计所发现的误差、被审计单位经营业务和经营环境的变化、内部控制的评价及分析性程序的结果等，来确定审计对象总体的预期误差。如果存在预期误差，则应当选取较大的样本量。

6. 分层

分层是将某一审计对象总体划分为若干具有相似特征的次级总体的过程。注册会计师可以利用分层着重审计可能存在较大错误的项目，并减少样本量。

8. 2. 2　属性抽样的具体方法

属性抽样主要有固定样本量抽样、停—走抽样、发现抽样三种方法。

1. 固定样本量抽样

固定样本量抽样是一种使用最为广泛的属性抽样，常用于估计审计对象总体中某种误差发生的比例，用“多大比例”来回答问题。

一般情况下，固定样本量抽样的基本步骤如下：

1）确定审计目的

确定审计目的决定了“属性”的含义，审查某一内部控制程序的执行情况与审查某个账户余额的准确性的“属性”含义是不同的。

2）定义“误差”

在控制测试中，误差是指注册会计师认为使控制程序失去效能的所有控制无效的事件。

3）定义审计对象总体

4）确定样本选取方法

5）确定样本量

6）选取样本并进行审计

注册会计师按照选取的样本，并按所定义的“误差”审查每张凭单及附件。

7）评价抽样结果

注册会计师对选取的样本进行审查之后，应将查出的误差加以汇总，并评价抽样结果。注册会计师在评价抽样结果时，不仅需要考虑误差次数，而且也需要考虑误差的性质。

如注册会计师根据已制定出的控制测试统计样本量表，确定可容忍误差为4%，预期总体误差率为1%时，应选取的样本量为156项，样本中的预期误差数为1，若在样本中发现两个以上误差，就说明抽样结果不能支持注册会计师对内部控制的预期信赖程度。

若注册会计师通过抽样查出误差数为1，且没有发现有欺诈舞弊或逃避内部控制的情况，由于发现的误差不超过预期误差，所以，注册会计师可以得出结论。

若注册会计师通过抽样查出误差数为3，且没有发现有欺诈舞弊或逃避内部控制的情况，由于发现的误差数超过预期误差数1，因此，注册会计师不能以95%的可信赖程度保证总体误差率不超过4%，这时，注册会计师应减少对这一内部控制的可信赖程度，实施其他审计程序，如扩大实质性程序范围，增加样本量或不再进行抽样审计，代之以详细审计等。

若注册会计师在审查样本时发现有欺诈、舞弊或逃避内部控制的情形发生，无论其误差率是高还是低，均应采用其他审计程序。这种误差的性质比较严重，注册会计师应评价所发现的这类事件对财务报表的影响，采用有利于彻底揭露这类误差的审计程序。同时应及时通知被审计单位治理层或管理层，以使被审计单位能够及时制止这类误差的再次发生。

8）书面说明抽样程序

注册会计师应在其审计工作底稿上，以书面形式说明前7个步骤，作为审计抽样的整体结论的基础。

2. 停—走抽样

停—走抽样是固定样本量抽样的一种特殊形式。采用固定样本量抽样时，若预期总体误差大大高于实际误差，其结果将是选取了过多的样本，降低了审计工作的效率。停—走抽样从预计总体误差为0开始，通过边抽样边评价来完成抽样审计工作，注册会计师先抽取一定量的样本进行审查，如果结果可以接受，就停止抽样得出结论，如果结果不能接受，就扩大样本量继续审查直至得出结论。

3. 发现抽样

发现抽样是在既定的可信赖程度下，在假定误差以既定误差率存在于总体之中的情况下，至少查出一个误差的抽样方法。

使用发现抽样时，注册会计师需确定可信赖程度及可容忍误差，在预期总体误差为 0 的假设下，参阅适当的属性抽样表即可得出所需的样本量。在对选出的样本进行审查时，一旦发现一个误差就立即停止抽样。如果在样本中没有发现误差，则可以得出总体可以接受的结论。发现抽样适合于查找重大非法事件。

8.3　实质性程序中抽样技术的运用

属性抽样虽然对控制测试极为有用，但它并不能提供被审计项目货币价值量的资料，因此，不适用于变量总体。在审计工作中存在大量的变量总体，因此，变量抽样在实践中被广泛运用。

变量抽样法是用来估计总体金额而采取的一种抽样方法。变量抽样法可用于确定账户金额是多是少，是否存在重大误差等。变量抽样法通常用于：

① 审查应收账户的金额；

② 审查存货的数量和金额；

③ 审查工资费用；

④ 审查交易活动的有效性等。变量抽样法主要在实质性程序中运用。

在实施细节测试时，一般可采用均值估计抽样、差额估计抽样、比率估计抽样等变量抽样方法，这些方法可通过分层来实现。一般情况下，变量抽样的步骤与固定样本量抽样的步骤基本相同。

1. 均值估计抽样

均值估计抽样是指通过抽样审查确定样本的平均值，再根据样本平均值推断总体的平均值和总值的一种变量抽样方法。这种方法的适用范围十分广泛，无论被审计单位提供的数据是否完整可靠，甚至在被审计单位缺乏基本的经济业务账面记录的情况下，均可使用此方法。

使用这种方法时，注册会计师先计算样本中所有项目审定金额的平均值，然后用这个样本平均值乘以总体规模，得出总体金额的估计值。总体估计金额和总体账面金额之间的差额就是推断的总体错报。例如，注册会计师从总体规模为 1 000、账面金额为 1 000 000 元的存货项目中选择了 200 个项目作为样本。在确定了正确的采购价格并重新计算了价格与数量的乘积之后，注册会计师将 200 个样本项目的审定金额加总后除以 200，确定样本项目的平均审定金额为 980 元。然后计算估计的存货余额为 980 000 元（980 × 1 000）。推断的总体错报就是 20 000 元（1 000 000 − 980 000）。

2. 差额估计抽样

差额估计抽样是以样本实际价值与账面价值的平均差额来估计总体实际价值与账面价值的平均差额，然后再以这个平均差额乘以总体项目个数，从而求出总体的实际价值与账面价值差额（即总体错报）的一种抽样方法。当误差与账面价值不成比例时，通常运用差额估计抽样。

差额估计抽样的计算公式如下：

$$平均差额 = \frac{样本实际价值与账面价值的差额}{样本量}$$

$$估计的总体差额 = 平均差额 \times 总体项目个数$$

假设注册会计师从总体规模为1 000个的存货项目中选取了200个项目进行检查。账面总价值为1 040 000元。注册会计师逐一比较200个样本项目的审定价值和账面价值，并用账面价值（208 00元）和审定后认定的价值（196 0000元）之间的差额12 000元除以样本项目个数200，得到样本平均差额60元，然后用这个平均差额乘以总体项目个数，计算出总体差额60 000元（60×1 000），因此，估计的总体价值为980 000元（1 040 000－60 000）。

3. 比率估计抽样

比率估计抽样是指以样本的实际金额与账面金额之间的比率关系来估计总体实际金额与账面金额之间的比率关系，然后再以这个比率去乘以总体的账面金额，从而求出估计的总体实际金额的一种抽样方法。当误差与账面价值成比例关系时，通常运用比率估计抽样。

比率估计抽样法的计算公式如下：

$$比率 = \frac{样本实际价值之和}{样本账面价值之和}$$

$$估计的总体价值 = 总体账面价值 \times 比率$$

假设续上例，注册会计师使用比率估计抽样时，确定的样本实际价值之和与样本账面价值之和的比例为0.94（196 000÷208 000），因此，估计的存货总体价值为977 600元（1 040 000×0.94）。推断的总体差额则为62 400（1 040 000－977 600）。

如果未对总体进行分层，注册会计师通常不使用均值估计抽样，因为此时所需的样本规模可能太大，以至于对一般的审计而言不符合成本—效益原则。比率估计抽样和差额估计抽样都要求样本存在错报。如果样本项目的审定金额和账面金额之间没有差异，这两种方法使用的公式所隐含的机理就会导致错误的结论。如果注册会计师觉得使用统计抽样，且预计只发现少量差异，就不应使用比率估计抽样和差额估计抽样，而考虑使用其他的替代方法，如均值估计抽样等。

本章精要

抽样审计是现代审计的基本方法，无论是控制测试，还是实质性程序都可以用抽样审计的方法，但是即便运用抽样审计，也离不开注册会计师的专业判断。本章主要阐述了审计测试中的抽样技术：选取样本的随机选样与系统选样等方法；对控制测试中运用的固定样本量抽样、停－走抽样以及实质性程序中运用的变量抽样方法。

相关知识

分　层

对审计对象总体进行分层时，可以按经济业务的重要性分层，也可按经济业务的类型分层。分层时必须注意以下几点：第一，总体中的每一抽样单位必须属于一个层次，并且只属于这一层次；第二，必须有事先能够确定的、有形的、具体的差别来明确区分不同的层次；

第三，必须能够事先确定每一层次中抽样单位的准确数字。

分层主要适用于内部各组成部分具有不同特征的总体。分层除了可提高抽样效率外，也可使注册会计师能按项目的重要性、变化频率或其他特征而选取不同的样本数，且可对不同层次使用不同的审计程序。通常，注册会计师应对包含最重要项目的层次实施全部审查。

自我测试

一、单项选择题

1. 下列各项风险中，对审计工作的效率和效果都产生影响的是（　　）。

   A. 信赖过度风险　　B. 信赖不足风险

   C. 误受风险　　D. 非抽样风险

2. 注册会计师运用分层抽样方法的主要目的是（　　）。

   A. 减少样本的非抽样风险

   B. 决定审计对象总体特征的正确发生率

   C. 重点审计比较重大的项目，并减少样本量

   D. 无偏见地选取样本项目

3. 注册会计师希望从 2 000 张编号为 0001～2 000 的支票中抽取 100 张进行审计，随机确定的抽样起点为 1 955，采用系统抽样法下，抽取到的第 4 个样本号为（　　）。

   A. 2 015　　B. 0 015　　C. 2 005　　D. 1 995

4. 下列属于信赖不足风险的是（　　）。

   A. 根据抽样结果对实际存在重大错报的账户余额得出不存在重大错报的结论

   B. 根据抽样结果对实际不存在重大错报的账户余额得出存在重大错报的结论

   C. 根据抽样结果对内控制度的信赖程度高于其实际应信赖的程度

   D. 根据抽样结果对内控制度的信赖程度低于其实际应信赖的程度

5. 在控制测试中，信赖过度风险与样本数量之间是（　　）变动关系。

   A. 同向　　B. 反向　　C. 比例变动关系　　D. 不变

6. 下列关于注册会计师对审计抽样方法运用中，不恰当的是（　　）。

   A. 风险评估程序通常不涉及审计抽样，但如果注册会计师在了解内部控制的同时对内部控制运行有效性进行测试可以运用审计抽样

   B. 当控制的运行留下轨迹时可以将审计抽样用于控制测试

   C. 控制测试过程中注册会计师采用审计抽样

   D. 审计抽样适用于细节测试，不适用于实质性分析程序

7. 注册会计师李琳负责对丁公司 2010 年度财务报表进行审计。在未对总体进行分层的情况下，注册会计师不宜使用的抽样方法是（　　）。

   A. 均值估计抽样　　B. 比率估计抽样

   C. 差额估计抽样　　D. 概率比例规模抽样

8. 注册会计师李琳从总体规模为 1 000 个、账面价值为 300 000 元的存货项目中选取 200 个项目（账面价值 50 000 元）进行检查，确定其审定金额为 50 500 元。如果采用比率估计抽样，注册会计师推断的存货总体错报为（　　）。

   A. 500 元　　B. 2 500 元　　C. 3 000 元　　D. 47 500 元

9. 下列有关概率比例规模抽样的表述中，正确的是（　　）。
A. 抽样分布应当近似于正态分布
B. 与低估的账户相比，高估的账户被抽取的可能性更小
C. 每个账户被选中的机会相同
D. 余额为零的账户没有被选中的机会

10. 注册会计师由于专业判断的失误造成审计结论与客户客观事实不符，这种可能性属于（　　）。
A. 非抽样风险　　B. 误受风险
C. 抽样风险　　D. 信赖过度风险

二、多项选择题

1. 审计抽样应当具备以下特征（　　）。
A. 对某类交易或账户余额中低于百分之百的项目实施审计程序
B. 审计测试的目的是为了评价该账户余额或交易类型的某一特征
C. 抽样风险应控制在可接受的低水平
D. 所有抽样单元都有被选取的机会

2. 注册会计师在定义抽样单元时，下列表述恰当的有（　　）。
A. 在控制测试中，抽样单元通常指控制活动流程
B. 抽样单元可能是一个账户余额、一笔交易或交易中的一项记录
C. 抽样单元可能为每个货币单元
D. 在细节测试中，抽样单元就是指认定层次的错报金额单位

3. 在抽样风险中，导致注册会计师执行额外的审计程序，降低审计效率的风险有（　　）。
A. 信赖不足风险　　B. 信赖过度风险
C. 误受风险　　D. 误拒风险

4. 在进行控制测试时，注册会计师如认为抽样结果无法达到其对所测试的内部控制的预期信赖程度时，应当考虑（　　）。
A. 增加样本量　　B. 执行替代审计程序
C. 修改实质性测试程序　　D. 发表保留意见或否定意见

5. 注册会计师必须事先准确定义构成误差的条件，下列对误差的描述正确的有（　　）。
A. 在控制测试中，误差是指控制偏差
B. 在控制测试中，误差是指内部控制的缺陷
C. 在细节测试中，误差就是可容忍错报
D. 在细节测试中，误差是指错报

三、判断题

1. 可接受的抽样风险水平越低，样本量就应越少。(　　)

2. 对变量抽样而言，在同样的样本数量下，其可靠程度和可容忍误差之间成同向变动关系，即当降低可容忍误差时，如不增加证据的数量，将降低抽样结果的可信赖程度(　　)

3. 因审计风险等于抽样风险与非抽样风险之和，而抽样风险是随着审计抽样的产生而产生的，所以，审计抽样方法的运用扩大了导致审计风险的因素。(　　)

4. 注册会计师增加样本可以直接提高抽样的可信赖程度，但并不能直接降低抽样的可容忍误差。(　　)

5. 若按原值大小将被审计单位的固定资产分为高值、中值和低值三大类，则依重要性原则，对原值越高的类，使用的抽样比率也越大。(　　)

6. 在样本量不变的条件下，由于可容忍误差与可信赖程度成同向变动关系，与抽样风险成反向变动关系，因此，可信赖程度与抽样风险之间成反向变动关系，即要求的可信赖程度越高，相应的抽样风险就越低。(　　)

7. 实施抽样审计时，如果注册会计师对总体进行了分层，则应在不同的层中使用不同的抽样比率。(　　)

8. 采用随机选样方法时，不仅所选的号码是随机的，而且号码之间的距离也是随机的，但采用系统选样仅能保证所选号码的随机性，不能保证号码间距的随机性。这表明，系统选样不如随机选样随机性强。(　　)

9. 抽查是指注册会计师在实施审计程序时，从审计对象总体中选取一定数量的样本进行测试，并根据测试结果，推断总体特征的一种方法。(　　)

10. 在进行实质性测试时，如果推断的总体误差超过可容忍误差，经重估的抽样风险不能接受，注册会计师应增加样本量或修改控制测试程序。(　　)

四、简答题

1. 在控制测试和细节测试中，影响样本规模的因素有哪些内容？

2. 选取样本的方法有哪些？

3. 审计人员最关注的抽样风险是什么，为什么？

4. 在属性抽样中，影响样本量的因素是什么，它们和审计证据的关系是什么？

五、计算分析题

基本情况　假定审计人员欲估计被审计单位的材料价值。已知材料总账所属 4 000 个明细分类账户，其账面价值为 5 000 000 元。随机选取样本 200 个，其账面价值为 250 000 元，经审核后的价值为 257 500 元。

要求　请利用比率估计抽样和差额估计抽样计算估计的材料总价值。

第 9 章

审计测试流程

地位与作用

本章占据了审计理论的核心位置。审计风险评估方法与审计风险应对措施不仅共同构成了风险导向审计的两大理论基石，而且为实务操作部分针对具体问题设计审计程序提供了思路。

技能要求

*掌握风险评估的总体要求及风险评估程序；掌握风险应对措施的运用；初步建立风险导向审计的思路。

随着审计环境的变化，审计模式已从最初的账项基础审计发展到现在的风险导向审计。风险导向审计的基本理念，就是审计的实施要以评估风险为切入点，将审计风险的识别、评估和应对贯穿于整个审计过程，将审计风险降低至可接受的水平，为经审计的财务报表不存在重大错报提供合理保证。本章主要介绍注册会计师审计体系中风险导向审计的基本思路和方法。

9.1 风险评估认知

注册会计师为了解被审计单位及其环境而实施的程序称为风险评估程序。注册会计师了解被审计单位及其环境，目的是为了识别和评估被审计单位财务报表重大错报风险。注册会计师通过询问被审计单位管理层和内部其他相关人员、分析程序、观察和检查等风险评估程序，了解被审计单位及其环境。

小贴士

注册会计师通过询问管理层和财务负责人可获取大部分信息，但是询问被审计单位内部的其他人士可能为注册会计师提供不同的信息，有助于识别重大错报风险。因此，注册会计师除了询问管理层和对财务报告负有责任的人员外，还应当考虑询问内部审计人员、采购人员、生产人员、销售人员等其他人员，并考虑询问不同级别的员工，以便从不同的视角获取对识别重大错报风险有用的信息。

9.1.1 了解被审计单位及其环境

按照《中国注册会计师审计准则第1211号——了解被审计单位及其环境并评估重大错报风险》的要求，注册会计师应当了解被审计单位本身及其内部和外部环境，具体来说包括五个方面的内容。

1. 被审计单位的行业状况、法律环境与监管环境以及其他外部因素

1）行业状况

了解行业状况有助于注册会计师识别与被审计单位所处行业有关的重大错报风险。注册会计师要了解的被审计单位行业状况的主要内容包括：所处行业的市场供求与竞争；生产经营的季节性和周期性；产品生产技术的变化；能源供应与成本；行业的关键指标和统计数据等。另外，还有该行业的总体发展趋势、企业所处的发展阶段等。

2）法律环境及监管环境

注册会计师要了解的被审计单位所处的法律环境及监管环境的主要内容包括：适用的会计准则、会计制度和行业特定惯例；对经营活动产生重大影响的法律、法规及监管活动；对开展业务产生重大影响的政策，包括货币、财政、税收和贸易等政策；与被审计单位所处行业和所从事经营活动相关的环保要求等。

3）其他外部因素

注册会计师要了解的影响被审计单位经营的其他外部因素主要包括：宏观经济的景气度；利率和资金供求状况；通货膨胀水平及币值变动；国际经济环境和汇率变动等。

2. 被审计单位的性质

了解被审计单位的性质有助于注册会计师理解预期在财务报表中反映的各类交易、账户余额和列报。注册会计师主要从被审计单位的所有权结构、治理结构、经营活动、组织结构、投资活动和筹资活动六个方面了解被审计单位的性质。

1）所有权结构

对被审计单位所有权结构的了解有助于识别关联方关系并了解被审计单位的决策过程。为此，注册会计师应当了解所有权结构以及所有者与其他人员或单位之间的关系，考虑关联方关系是否已经得到识别以及关联方交易是否得到恰当核算，如被审计单位是属于国有企业、外商投资企业、民营企业，还是属于其他类型的企业。

2）治理结构

良好的治理结构可以对被审计单位的经营和财务运作实施有效的监督，从而降低财务报

表发生重大错报的风险。注册会计师应当了解被审计单位的治理结构，考虑治理层是否能够在独立于管理层的情况下对被审计单位事务（包括财务报告）作出客观判断。如董事会的构成和运作情况、董事会内部是否有独立董事、独立董事的人员构成、治理结构中是否设有审计委员会或监事会及其运作情况等。

3）组织结构

注册会计师应当了解被审计单位的组织结构，考虑复杂组织结构可能导致的重大错报风险，包括财务报表合并、商誉摊销和减值、长期股权投资核算以及特殊项目的实体核算等问题。

4）经营活动

了解被审计单位经营活动有助于注册会计师识别预期在财务报表中反映的主要交易类别、重要账户余额和列报。注册会计师应当了解的被审计单位的经营活动主要包括：主营业务的性质；与生产产品或提供劳务相关的市场信息；业务的开展情况；联盟、合营与外包情况；从事电子商务的情况；地区与行业分布；生产设施、仓库的地理位置及办公地点；关键客户；重要供应商；劳动用工情况；研究与开发活动及其支出；关联方交易。

5）投资活动

了解被审计单位投资活动有助于注册会计师关注被审计单位在经营策略和方向上的重大变化。注册会计师应当了解的被审计单位的投资活动主要包括：近期拟实施或已实施的并购活动与资产处置情况，包括业务重组或某些业务的终止；证券投资、委托贷款的发生与处置；资本性投资活动，包括固定资产和无形资产投资、近期或计划发生的变动以及重大的资本承诺等；不纳入合并范围的投资。

6）筹资活动

了解被审计单位筹资活动有助于注册会计师评估被审计单位在融资方面的压力，并进一步考虑被审计单位在可预见未来的持续经营能力。注册会计师应当了解的被审计单位的筹资活动主要包括：债务结构和相关条款，包括担保情况及表外融资；固定资产的租赁，包括通过融资租赁方式进行的筹资活动；关联方融资；实际受益股东；衍生金融工具的运用。

3. 被审计单位对会计政策的选择和运用

注册会计师应当了解被审计单位对会计政策的选择和运用是否符合适用的会计准则和相关会计制度，是否符合被审计单位的具体情况。

在了解被审计单位对会计政策的选择和运用是否适当时，注册会计师应当关注下列事项。

1）重要项目的会计政策和行业惯例

重要项目的会计政策包括收入确认方法、存货的计价方法、投资的核算、固定资产的折旧方法、坏账准备、存货跌价准备和其他资产减值准备的确定、借款费用资本化方法、合并财务报表的编制方法等。除会计政策以外，某些行业可能还存在一些行业惯例，注册会计师应当熟悉这些行业惯例。当被审计单位采用与行业惯例不同的会计处理方法时，注册会计师应当了解其原因，并考虑采用与行业惯例不同的会计处理方法是否适当。

2）重大和异常交易的会计处理方法

某些被审计单位可能存在与其所处行业相关的重大交易。例如，银行向客户发放贷款、证券公司对外投资、医药企业的研究与开发活动等，注册会计师应当考虑对重大的和不经常发生的交易的会计处理是否适当。

3）在新领域和缺乏权威性标准或共识的领域，采用重要会计政策产生的影响

在新领域和缺乏权威性标准或共识的领域，注册会计师应当关注被审计单位选用了哪些会计政策，为什么选用这些会计政策以及选用这些会计政策产生的影响。

4）会计政策的变更

如果被审计单位变更了重要的会计政策，注册会计师应当考虑变更的原因及其适当性：① 会计政策的变更是否是法律、行政法规或者适用的会计准则和相关会计制度要求的变更；② 会计政策变更是否能够提供更可靠、更相关的会计信息。除此之外，注册会计师还应当关注会计政策的变更是否得到充分披露。

5）被审计单位何时采用以及如何采用新颁布的会计准则和相关会计制度

例如，新的企业会计准则自2007年1月1日起在上市公司施行，并鼓励其他企业执行。注册会计师应考虑被审计的上市公司是否已按照新会计准则的要求，做好衔接调整工作，并收集执行新会计准则需要的信息资料。

除上述与会计政策的选择和运用相关的事项外，注册会计师还应对被审计单位下列与会计政策运用相关的情况予以关注：

① 是否采用激进的会计政策、方法、估计和判断；

② 财会人员是否拥有足够的运用会计准则的知识、经验和能力；

③ 是否拥有足够的资源支持会计政策的运用，如人力资源及培训、信息技术的采用、数据和信息的采集等。

注册会计师应当考虑，被审计单位是否按照适用的会计准则和相关会计制度的规定恰当地进行了列报，并披露了重要事项，还应当考虑被审计单位是否已对特定事项作了适当的列报。

4. 被审计单位的目标、战略以及相关经营风险

注册会计师应当了解被审计单位是否存在与下列方面有关的目标和战略，并考虑相应的经营风险。

（1）行业发展及由其可能导致的被审计单位不具备足以应对行业变化的人力资源和业务专长等风险。

（2）开发新产品或提供新服务及由其可能导致的被审计单位产品责任增加等风险。

（3）业务扩张及由其可能导致的被审计单位对市场需求的估计不准确等风险。

（4）新颁布的会计法规及由其可能导致的被审计单位执行法规不当或不完整，或会计处理成本增加等风险。

（5）监管要求及由其可能导致的被审计单位法律责任增加等风险。

（6）本期及未来的融资条件及由其可能导致的被审计单位由于无法满足融资条件而失去融资机会等风险。

（7）信息技术的运用及由其可能导致的被审计单位信息系统与业务流程难以融合等风险。

多数经营风险最终都会产生财务后果，从而影响财务报表，但并非所有经营风险都会导致重大错报风险。注册会计师应当根据被审计单位的具体情况考虑经营风险是否可能导致财务报表发生重大错报。

管理层通常会制定识别和应对经营风险的策略，注册会计师应当了解被审计单位的风险评估过程。这类风险评估过程是被审计单位内部控制的组成部分。

5. 被审计单位财务业绩的衡量和评价

被审计单位内部或外部对财务业绩的衡量和评价可能对被审计单位管理层产生压力，促使其采取行动改善财务业绩或歪曲财务报表，因此，注册会计师应当了解被审计单位财务业绩的衡量和评价情况，考虑这种压力是否可能导致管理层采取行动，以至于增加财务报表发生重大错报的风险。

在了解被审计单位财务业绩衡量和评价情况时，注册会计师应当关注关键业绩指标，业绩趋势，预测、预算和差异分析，管理层和员工业绩考核与激励性报酬政策，分部信息与不同层次部门的业绩报告，与竞争对手的业绩比较，外部机构提出的报告。

在了解的这些信息中，注册会计师应关注被审计单位内部财务业绩衡量所显示的未预期到的结果或趋势、管理层的调查结果和纠正措施以及相关信息是否显示财务报表可能存在重大错报。如果拟利用被审计单位内部信息系统生成的财务业绩衡量指标，注册会计师应当考虑相关信息是否可靠以及利用这些信息是否足以实现审计目标。

9.1.2 了解被审计单位的内部控制

1. 内部控制的含义

内部控制是被审计单位为了合理保证财务报告的可靠性、经营的效率和效果以及对法律法规的遵守，由治理层、管理层和其他人员设计与执行的政策及程序。

其包含三层含义：

① 内部控制的目标是合理保证财务报告的可靠性、经营的效率和效果以及在所有经营活动中遵守法律法规；

② 设计和实施内部控制的责任主体是治理层、管理层和其他人员；

③ 实现内部控制目标的手段是设计和执行控制政策和程序。

2. 内部控制的要素

内部控制要素是为了解内部控制提供的框架。内部控制的要素主要包括：控制环境、风险评估过程、信息系统与沟通、控制活动和对控制的监督五项内容。

1）控制环境

控制环境是指对建立、加强或削弱特定政策、程序及其效率产生影响的各种因素，包括治理职能和管理职能以及治理层和管理层对内部控制及其重要性的态度、认识和措施。

在评价控制环境的设计和实施情况时，注册会计师应当了解管理层在治理层的监督下，是否营造并保持了诚实守信和合乎道德的文化以及是否建立了防止或发现并纠正舞弊和错误的恰当控制。实际上，在审计业务承接阶段，注册会计师就需要对控制环境作出初步了解和评价。

在评价控制环境的设计时，注册会计师应当考虑构成控制环境的要素以及这些要素如何被纳入被审计单位的业务流程：

① 对诚信和道德价值观念的沟通与落实；

② 对胜任能力的重视；

③ 治理层的参与程度；

④ 管理层的理念和经营风格；

⑤ 组织结构；

⑥ 职权与责任的分配；

⑦ 人力资源政策与实务。

在确定构成控制环境的要素是否得到执行时，注册会计师应当考虑将询问与其他风险评估程序相结合以获取审计证据。通过询问管理层和员工，可能了解管理层如何就业务规程和道德价值观念与员工进行沟通。通过观察和检查，注册会计师可能了解管理层是否建立了正式的行为守则，在日常工作中行为守则是否得到遵守以及管理层如何处理违反行为守则的情形。

控制环境对重大错报风险的评估具有广泛影响。注册会计师应当考虑控制环境的总体优势是否为内部控制的其他要素提供了适当的基础，并且未被控制环境中存在的缺陷所削弱。

控制环境本身并不能防止或发现并纠正各类交易、账户余额、列报认定层次的重大错报，注册会计师在评估重大错报风险时应当将控制环境连同其他内部控制要素产生的影响合并考虑。

2）风险评估过程

风险评估过程是企业确认和分析与其目标实现相关的风险的过程，它形成了如何管理风险的基础。对财务报表审计来说，主要关注的风险评估过程包括识别与财务报告相关的经营风险以及针对这些风险采取的措施。在评价被审计单位风险评估过程的设计和执行时，应当确定管理层如何识别与财务报表相关的经营风险、如何估计该风险的重要性、如何评估风险发生的可能性以及如何采取措施管理这些风险。

注册会计师应当询问管理层识别出的经营风险，并考虑这些风险是否可能导致重大错报。在审计过程中，如果识别出管理层未能识别出的重大错报风险，注册会计师应当考虑被审计单位的风险评估过程为何没有识别出这些风险以及评估过程是否适合于具体环境。

3）信息系统与沟通

与财务报告相关的信息系统，包括用以生成、记录、处理和报告交易、事项和情况，对相关资产、负债和所有者权益履行经营管理责任的程序和记录。

与财务报告相关的信息系统应当与业务流程相适应。业务流程是指被审计单位开发、采购、生产、销售、发送产品和提供服务、保证遵守法律法规、记录信息等一系列活动。与财务报告相关的信息系统所生成信息的质量，对管理层能否作出恰当的经营管理决策以及编制可靠的财务报告具有重大影响。与财务报告相关的信息系统通常包括的职能有：识别与记录所有的有效交易；及时、详细地描述交易，以便在财务报告中对交易作出恰当分类；恰当计量交易，以便在财务报告中对交易的金额做出准确记录；恰当确定交易生成的会计期间和在财务报表中恰当列报交易等。

注册会计师为了解被审计单位的信息系统，应在被审计单位经营过程中，了解对财务报表具有重大影响的各类交易。在信息技术和人工系统中，了解交易生成、记录、处理和报告的程序，与交易生成、记录、处理和报告有关的会计记录，支持性信息和财务报表中的特定项目，信息系统如何获取除各类交易之外的对财务报表具有重大影响的事项和情况，被审计单位编制财务报告的过程，包括作出的重大会计估计和披露，管理层凌驾于账户记录控制之上的风险。

在了解与财务报告相关的信息系统时，注册会计师应当特别关注由于管理层凌驾于账户记录控制之上，或规避控制行为而产生的重大错报风险，并考虑被审计单位如何纠正不正确的交易处理。

注册会计师应当了解被审计单位内部如何对财务报告的岗位职责以及与财务报告相关的重大事项进行沟通，还应当了解管理层与治理层（特别是审计委员会）之间的沟通以及被审计单位与外部（包括与监管部门）的沟通。

4）控制活动

控制活动是指有助于确保管理层的指令得以执行的政策和程序，包括与授权、业绩评价、信息处理、实物控制和职责分离等相关的活动。

（1）授权。授权的目的在于保证交易在管理层授权范围内进行。授权包括一般授权和特别授权。一般授权是指管理层制定的要求组织内部遵守的普遍适用于某类交易或活动的政策。特别授权是指管理层针对特定类别的交易或活动逐一设置的授权，如重大资本支出和股票发行等。特别授权也可能用于超过一般授权限制的常规交易。例如，同意因某些特别原因，对某个不符合一般信用条件的客户赊购商品。

（2）业绩评价。业绩评价主要包括被审计单位分析评价实际业绩与预算（或预测、前期业绩）的差异，综合分析财务数据与经营数据的内在关系，将内部数据与外部信息来源相比较，评价职能部门、分支机构或项目活动的业绩（如银行客户信贷经理复核各分行、地区和各种贷款类型的审批和收回）以及对发现的异常差异或关系采取必要的调查与纠正措施。

（3）信息处理。注册会计师应当了解与信息处理有关的控制活动，包括信息技术的一般控制和应用控制。信息技术一般控制是指与多个应用系统有关的政策和程序，有助于保证信息系统持续恰当地运行（包括信息的完整性和数据的安全性），支持应用控制作用的有效发挥，通常包括数据中心和网络运行控制，系统软件的购置、修改及维护控制，接触或访问权限控制，应用系统的购置、开发及维护控制。

信息技术应用控制是指主要在业务流程层次运行的人工或自动化程序，与用于生成、记录、处理、报告交易或其他财务数据的程序相关，通常包括检查数据计算准确性，审核账户和试算平衡表，设置对输入数据和数字序号的自动检查，以及对例外报告进行人工干预。

（4）实物控制。注册会计师应当了解与实物控制相关的活动，主要包括了解对资产和记录采取适当的安全保护措施，对访问计算机程序和数据文件设置授权以及定期盘点并将盘点记录与会计记录相核对。实物控制的效果影响资产的安全，从而对财务报表的可靠性及审计产生影响。

（5）职责分离。注册会计师应当了解职责分离，主要包括了解被审计单位如何将交易授权、交易记录以及资产保管等职责分配给不同员工，以防范同一员工在履行多项职责时可能发生的舞弊或错误。当信息技术运用于信息系统时，职责分离可以通过设置安全控制来实现。

在了解控制活动时，注册会计师应当重点考虑一项控制活动单独或连同其他控制活动，是否能够以及如何防止或发现并纠正各类交易、账户余额、列报存在的重大错报。如果多项控制活动能够实现同一目标，则不必了解与该目标相关的每项控制活动。

5）对控制的监督

对控制的监督是指被审计单位评价内部控制在一段时间内运行有效性的过程，该过程包括及时评价控制的设计和运行以及根据情况的变化采取必要的纠正措施。

注册会计师应当了解被审计单位对控制的持续监督和专门评价活动。持续的监督活动通常贯穿于被审计单位的日常经营活动与常规管理工作中。被审计单位可能使用内部注册会计师或具有类似职能的人员对内部控制的设计和执行进行专门的评价，以找出内部控制的优点和不足，并提出改进建议。被审计单位也可能利用与外部有关各方沟通或交流所获取的信息监督相关的控制活动。

注册会计师应当了解与被审计单位监督活动相关的信息来源以及管理层认为信息具有可靠性的依据。如果拟利用被审计单位监督活动使用的信息（包括内部审计报告），注册会计师应当考虑该信息是否具有可靠的基础，是否足以实现审计目标。

在了解和评价内部控制时，采用的具体分析框架及控制要素的分类可能并不唯一，重要的是控制能否实现其目标。注册会计师可以使用不同的框架和术语描述内部控制的不同方面，但必须涵盖上述内部控制五个要素所涉及的各个方面。无论对内部控制如何分类，注册会计师都应当重点考虑被审计单位某项控制，是否能够以及如何防止或发现并纠正各类交易、账户余额、列报存在的重大错报。

3. 了解内部控制的基本方法

注册会计师在了解内部控制时，应当评价控制的设计，并确定其是否得到执行。评价控制的设计是指考虑一项控制单独或连同其他控制是否能够有效防止或发现并纠正重大错报。控制得到执行是指某项控制存在且被审计单位正在使用。设计不当的控制可能表明内部控制存在重大缺陷，注册会计师在确定是否考虑控制得到执行时，应当首先考虑控制的设计。如果控制设计不当，不需要再考虑控制是否得到执行。

注册会计师通常实施风险评估程序，以获取有关控制设计和执行的审计证据，如询问被审计单位的人员，观察特定控制的运用，检查文件和报告和追踪交易在财务报告信息系统中的处理过程（穿行测试）。

小贴士

> 询问本身并不足以评价控制的设计以及确定其是否得到执行，注册会计师应当将询问与其他风险评估程序结合使用。

注册会计师对被审计单位内部控制的调查结果，通常以书面形式记录或描述出来。常用的方法有文字表述法、调查表法和流程图法。

1）文字表述法

文字表述法是指将被审计单位内部控制的调查结果以简洁的文字加以叙述的方法。

文字表述法的优点：可以对调查对象作出比较深入和具体的描述；使用范围广泛，不受企业类型的限制。缺点是：难以用简明的语言描述内部控制系统的细节；对于规模较大，内部控制较为复杂的企业，用文字说明势必显得冗长、头绪繁多，不便从总体上对内部控制系统作出全面评价；如果对某项控制环节表述不清，则很容易引发对某些控制内容产生误解。因此，文字表述法一般适用于内部控制程序比较简单、比较容易描述的小企业。

2）调查表法

调查表法指注册会计师利用事先设计好的标准化格式的调查表来反映被审计单位内部控

制状况的方法。

调查表法优点是：调查范围明确，问题突出，容易发现被审计单位内部控制系统中存在的缺陷和薄弱环节；设计合理的调查表，可广泛适用于同类型企业，从而减少审计工作量；调查表可由若干人分别同时回答，有助于保证调查效果。缺点是：反映问题不全面，仅限于被调查事项的范围；调查表仅要求作出是或否的回答，难以反映被审计单位事项的具体情况和存在问题的程度；标准格式的调查表缺乏弹性，难以适用于各类型企业，尤其是小型企业或特殊行业的企业，标准调查表往往不太适用。

3）流程图法

流程图法是指用特定的符号和图形来描述某项业务的整个处理过程，将凭证和记录的产生、传递、检查、保存及其相互关系，用图解的形式直观地表达出来的方法。

优点是：可以将各项业务活动的职责分工、授权批准和复核验证等项控制措施与功能完整地显示出来，并且形象直观，能够突出现有的控制点，有助于审计人员全面了解内部控制系统的运行情况，及时识别系统中的不足之处；便于随时根据业务控制程序的变化对流程图作出修改。缺点是：由于缺少文字说明，较复杂的业务不易理解；绘制流程图需要一定的技术和花费较多的时间，尤其是较复杂的业务，绘制难度更大；又由于不同审计机构使用的流程图符号不同，可能引起理解混乱。另外，当被审计单位的业务量大、环节多、机构设置复杂时，流程图会变得过于复杂。

上述三种描述方法各有优缺点，也各有相应的适应性。注册会计师应当根据特定被审计单位及其经营业务与内部控制的繁简程度加以选择应用，前提是要能够清晰完整地反映实际情况。有时，同时并用几种方法则效果更好。

4. 与审计相关的控制

内部控制的目标旨在合理保证财务报告的可靠性、经营的效率和效果以及对法律法规的遵守。注册会计师审计的目标是对财务报表是否存在重大错报发表审计意见，尽管要求注册会计师在财务报表审计中考虑与财务报表编制相关的内部控制，但目的并非对被审计单位内部控制的有效性发表意见。注册会计师需要了解和评价的内部控制只是与财务报表审计相关的内部控制，并非被审计单位所有的内部控制。

与审计相关的控制，包括被审计单位为实现财务报告可靠性目标设计和实施的控制。注册会计师应当运用职业判断，考虑一项控制单独或连同其他控制是否与评估重大错报风险以及针对评估的风险设计和实施进一步审计程序有关。

5. 内部控制的局限性

内部控制渗透在单位管理环节的各个方面，寓于各项管理制度之中，因此，它具有非独立性的特点。内部控制又是各种控制方式和控制手段的组合，而且根据不同的控制目标有多种多样的组合方式，因此，内部控制又具有组合性的特点。内部控制旨在预防和查明差错，但它又不是万能的，它具有一定的局限性，无论如何设计和执行，只能对财务报告的可靠性提供合理的保证。其局限性主要表现在：

（1）在决策时人为判断可能出现错误和由于人为失误而导致内部控制失效。

（2）可能由于两个或更多的人员进行串通或管理层凌驾于内部控制之上而被规避。

（3）内部控制的设计与运行受制于成本—效益原则。

（4）内部控制一般都是针对经常而重复发生的业务而设置的，如果出现不经常发生或未预计到的业务，原有控制就可能不适用。

（5）内部控制可能因经营环境、业务性质的改变或人员的不适应而削弱或失效。

9.1.3　评估重大错报风险

1. 识别和评估财务报表层次和认定层次的重大错报风险

了解被审计单位及其环境的目的之一就是评估重大错报风险。注册会计师应当识别和评估财务报表层次和认定层次的重大错报风险。

1）对控制的初步评价

在识别和了解被审计单位内部控制后，根据执行审计程序和获取的审计证据，注册会计师需要评价控制设计的合理性并确定其是否得到执行。

注册会计师对控制的评价结论可能有如下几种情况。

（1）所设计的内部控制单独或连同其他控制能够防止或发现并纠正重大错报，并得到执行。

（2）控制本身的设计是合理的，但没有得到执行。

（3）控制本身的设计就是无效的或缺乏必要的控制。

对控制的了解和评价是在穿行测试完成后，但又是在测试控制运行有效性之前进行的，因此，上述评价结论只是初步结论，仍可能随控制测试后实施实质性程序的结果而发生变化。

2）识别和评估重大错报风险的审计程序

（1）注册会计师应当运用各项风险评估程序，在了解被审计单位及其环境的整个过程中识别风险，并将识别的风险与各类交易、账户余额和列报相联系。例如，被审计单位因相关环境法规的实施需要更新设备，可能面临原有设备闲置或贬值的风险；宏观经济的低迷可能预示应收账款的回收存在问题；竞争者开发的新产品上市，可能导致被审计单位的主要产品在短期内过时，预示将出现存货跌价和长期资产（如固定资产等）的减值。

（2）注册会计师应当将识别的风险与认定层次可能发生错报的领域相联系。例如，销售困难使产品的市场价格下降，可能导致年末存货成本高于其可变现净值而需要计提存货跌价准备，这将显示存货的计价认定可能发生错报。

（3）风险是否重大是指风险造成后果的严重程度。例如，在由于销售困难使产品的市场价格下降的情况下，除考虑产品市场价格下降因素外，注册会计师还应当考虑产品市场价格下降的幅度、该产品在被审计单位产品中的比重等，以确定识别的风险对财务报表的影响是否重大。假如产品市场价格大幅下降，导致产品销售收入不能补偿成本，毛利率为负，那么年末存货跌价问题严重，存货计价认定发生错报的风险重大；假如价格下降的产品在被审计单位销售收入中所占比例很小，被审计单位其他产品销售毛利率很高，尽管该产品的毛利率为负，但可能不会使年末存货发生重大跌价问题。

（4）注册会计师还需要考虑上述识别的风险是否会导致财务报表发生重大错报。例如，考虑存货的账面余额是否重大，是否已适当计提了存货跌价准备等。在某些情况下，尽管识别的风险重大，但仍不至于导致财务报表发生重大错报。例如，被审计单位对于存货跌价准备的计提实施了比较有效的内部控制，管理层已根据存货的可变现净值，计提了相应的跌价准备。在这种情况下，财务报表发生重大错报的可能性将相应降低。

注册会计师应当利用实施风险评估程序获取的信息，包括在评价控制设计和确定其是否得到执行时获取的审计证据，作为支持风险评估结果的审计证据。注册会计师应当根据风险评估结果，确定实施进一步审计程序的性质、时间和范围。

3）可能表明被审计单位存在重大错报风险的事项和情况

注册会计师应当关注下列可能表明被审计单位存在重大错报风险的事项和情况。

（1）在经济不稳定的国家或地区开展业务。

（2）在高度波动的市场开展业务。

（3）在严厉、复杂的监管环境中开展业务。

（4）持续经营和资产流动性出现问题，包括重要客户流失。

（5）融资能力受到限制。

（6）行业环境发生变化。

（7）供应链发生变化。

（8）开发新产品或提供新服务，或进入新的业务领域。

（9）开辟新的经营场所。

（10）发生重大收购、重组或其他非经常性事项。

（11）拟出售分支机构或业务分部。

（12）复杂的联营或合资。

（13）运用表外融资、特殊目的实体以及其他复杂的融资协议。

（14）重大的关联方交易。

（15）缺乏具备胜任能力的会计人员。

（16）关键人员变动。

（17）内部控制薄弱。

（18）信息技术战略与经营战略不协调。

（19）信息技术环境发生变化。

（20）安装新的与财务报告有关的重大信息技术系统。

（21）经营活动或财务报告受到监管机构的调查。

（22）以往存在重大错报或本期期末出现重大会计调整。

（23）发生重大的非常规交易。

（24）按照管理层特定意图记录的交易。

（25）应用新颁布的会计准则或相关会计制度。

（26）会计计量过程复杂。

（27）事项或交易在计量时存在重大不确定性。

（28）存在未决诉讼和或有负债。

注册会计师应当充分关注可能表明被审计单位存在重大错报风险的上述事项和情况，并考虑由于上述事项和情况导致的风险是否重大以及该风险导致财务报表发生重大错报的可能性。

4）考虑财务报表的可审计性

在对重大错报风险进行识别和评估后，注册会计师应当确定识别的重大错报风险是与特定的某类交易、账户余额、列报的认定相关还是与财务报表整体广泛相关，进而影响多项认定。

注册会计师应当考虑对识别的各类交易、账户余额和列报认定层次的重大错报风险予以汇总和评估，以确定进一步审计程序的性质、时间和范围。

注册会计师在了解被审计单位内部控制后，可能对被审计单位财务报表的可审计性产生怀疑。如管理层严重缺乏诚信，注册会计师认为管理层在财务报表作出虚假陈述的风险高到无法进行审计的程度。

因此，如果通过对内部控制的了解发现下列情况，并对财务报表局部或整体的可审计性产生疑问，注册会计师应当考虑出具保留意见或无法表示意见的审计报告。

（1）被审计单位会计记录的状况和可靠性存在重大问题，不能获取充分、适当的审计证据以发表无保留意见。

（2）对管理层的诚信存在严重疑虑。

必要时，注册会计师应当考虑解除业务约定。

2. 需要特别考虑的重大错报风险

作为风险评估的一部分，注册会计师应当运用职业判断，确定识别的风险哪些是需要特别考虑的重大错报风险（以下简称特别风险）。

1）确定特别风险时应考虑的事项

在确定风险的性质时，注册会计师应当考虑下列事项：风险是否属于舞弊风险；风险是否与近期经济环境、会计处理方法和其他方面的重大变化有关；交易的复杂程度；风险是否涉及重大的关联方交易；财务信息计量的主观程度，特别是对不确定事项的计量存在较大区间；风险是否涉及异常或超出正常经营过程的重大交易。

小贴士

特别风险通常与重大的非常规交易和判断事项有关，而日常的、简单的、常规处理的交易不大可能产生特别风险。非常规交易是指由于金额或性质异常而不经常发生的交易。判断事项通常包括作出的会计估计。

与重大非常规交易相关的特别风险可能导致更高的重大错报风险，这是因为在非常规交易中，管理层会更多地介入会计处理，数据收集和处理涉及更多的人工成分。业务处理还涉及复杂的计算或会计处理方法，而且非常规交易的性质可能使被审计单位难以对由此产生的特别风险实施有效控制。

同样，与重大判断事项相关的特别风险可能导致更高的重大错报风险，这是因为：

① 对涉及会计估计、收入确认等方面的会计原则存在不同的理解；

② 所要求的判断可能是主观和复杂的，或需要对未来事项作出假设。

2）考虑与特别风险相关的控制

了解与特别风险相关的控制，有助于注册会计师制定有效的审计方案并予以应对。由于与重大非常规交易或判断事项相关的风险很少受到日常控制的约束，所以，被审计单位应当针对特别风险设计和实施控制。注册会计师应当了解和评价被审计单位是否针对该特别风险设计和实施了控制。

如果管理层未能实施控制以恰当应对特别风险，注册会计师应当认为内部控制存在重大缺陷，并考虑其对风险评估的影响。在此情况下，注册会计师应当考虑就此类事项与治理层沟通。

3. 仅通过实质性程序无法应对的重大错报风险

作为风险评估的一部分，如果认为仅通过实质性程序获取的审计证据无法将认定层次的重大错报风险降至可接受的低水平，注册会计师应当评价被审计单位针对这些风险设计的控制，并确定其执行情况。

在被审计单位对日常交易采用高度自动化处理的情况下，审计证据可能仅以电子形式存在，其充分性和适当性通常取决于自动化信息系统相关控制的有效性，注册会计师应当考虑仅通过实施实质性程序不能获取充分、适当审计证据的可能性。

例如，某企业通过高度自动化的系统确定采购品种和数量，生成采购订单，并通过系统中设定的收货确认和付款条件进行付款。除了系统中的相关信息以外，该企业没有其他有关订单和收货的记录。在这种情况下，如果认为仅通过实施实质性程序不能获取充分、适当的审计证据，注册会计师应当考虑依赖的相关控制的有效性，并对其进行了解、评估和测试。

4. 对风险评估的修正

注册会计师对认定层次重大错报风险的评估应以获取的审计证据为基础，并可能随着不断获取审计证据而作出相应的变化。

例如，注册会计师对重大错报风险的评估可能基于预期控制运行有效这一判断，即相关控制可以防止或发现并纠正认定层次的重大错报。但在测试控制运行的有效性时，注册会计师获取的证据可能表明相关控制在被审计期间并未有效运行。同样，在实施实质性程序后，注册会计师可能发现错报的金额和频率比在风险评估时预计的金额和频率要高。因此，如果通过实施进一步审计程序获取的审计证据与初始评估获取的审计证据相矛盾，注册会计师应当修正风险评估结果，并相应修改原计划实施的进一步审计程序。因此，评估重大错报风险与了解被审计单位及其环境一样，也是一个连续和动态地收集、更新与分析信息的过程，贯穿于整个审计过程的始终。

9.1.4 与治理层和管理层的沟通

注册会计师应当及时将在了解和测试内部控制的过程中注意到的内部控制设计或执行方面存在的重大缺陷告知适当层次的管理层或治理层，将有助于管理层和治理层履行其在内部控制方面的职责。内部控制的重大缺陷是指内部控制设计或执行存在的严重不足，使被审计单位管理层或员工无法在正常行使职能的过程中，及时发现和纠正错误或舞弊引起的财务报表重大错报。

在了解和测试内部控制的过程中可能会发现偏差，偏差是否构成重大缺陷，取决于偏差的性质、频率和后果。在作出内部控制缺陷是否重大的职业判断时，注册会计师通常考虑以下问题。

（1）偏差的性质和原因是什么？

（2）偏差数量和控制执行频率的比例是多少？

（3）偏差涉及的账户、披露和认定的性质是怎样的？

（4）缺陷可能影响到哪些财务报表金额或交易事项？

（5）相关资产或负债是否容易遭受损失或产生舞弊？

（6）控制的目的是什么？

（7）该控制对数据可靠性的影响程度如何？

（8）控制的影响是否具有广泛性（例如，该控制属于控制五个要素中的哪项，影响力如何）？

（9）所测试的信息处理目标的重要程度如何？

（10）控制是预防性的还是检查性的？

（11）控制设计或控制运行的文件记录是否足够？

（12）是否存在行业性或法规所要求的控制实施标准？

（13）是否存在针对同一风险或认定的补偿性的控制或程序？

（14）谁完成控制程序？

（15）偏差是否导致财务报表的重大错报？

（16）如果存在因错误或舞弊导致的重大错报，是否可能尚未得到更正？

下列情况通常表明内部控制存在重大缺陷。

（1）注册会计师在审计工作中发现了重大错报，而被审计单位的内部控制没有发现这些重大错报。

（2）控制环境薄弱。

（3）存在高层管理人员舞弊迹象（无论涉及金额大小）。

如果识别出被审计单位未加控制或控制不当的重大错报风险，或认为被审计单位的风险评估过程存在重大缺陷，注册会计师应当就此类内部控制缺陷与治理层沟通。

9.1.5 审计工作记录

1. 记录的内容

注册会计师应就风险评估过程中的相关内容形成审计工作记录。

（1）项目组对由于舞弊或错误导致财务报表发生重大错报的可能性进行的讨论以及得出的重要结论。

（2）注册会计师对被审计单位及其环境各个方面的了解要点（包括对内部控制各项要素的了解要点）、信息来源以及实施的风险评估程序。

（3）注册会计师在财务报表层次和认定层次识别、评估出的重大错报风险。

（4）注册会计师识别出的特别风险和仅通过实质性程序无法应对的重大错报风险以及对相关控制的评估。

2. 记录的方式

注册会计师需要运用职业判断，确定对上述事项进行记录的方式。常见的记录方式包括文字叙述、问卷、核对表和流程图等。记录的方式和范围受被审计单位性质、规模、复杂程度、内部控制、被审计单位信息的可获得性以及审计过程中使用的具体审计方法和技术的影响。例如，被审计单位通过复杂的信息系统，生成、记录、处理和报告大量交易，注册会计师在了解该信息系统后，可能采用的记录方式包括流程图、问卷或决策表。对于很少使用或不使用信息技术的信息系统，或者只处理少量交易（如长期借款）的信息系统，注册会计师仅以备忘录的形式对其进行记录就已足够。通常，被审计单位经营活动越复杂，注册会计师实施审计程序的范围越广，审计工作记录也就越复杂。

9.2 风险应对认知

9.2.1 总体应对措施

在风险导向审计的理念下，实施审计的过程就是识别、评估和应对财务报表重大错报风险的过程。注册会计师在采取风险评估程序了解被审计单位及其环境，充分识别和评估财务报表层次重大错报风险确定总体应对措施以及针对评估的认定层次重大错报风险设计和实施进一步审计程序，以将审计风险降至可接受的低水平。

所谓财务报表层次重大错报风险，是指识别的与财务报表整体相关、涉及多项认定从而具有广泛影响性的重大错报风险。

1. 财务报表层次重大错报风险与总体应对措施

一般说来，注册会计师针对已评估的财务报表层次重大错报风险确定的总体应对措施包括以下方面。

（1）向项目组强调在收集和评价审计证据过程中保持职业怀疑态度的必要性。

（2）分派更有经验或具有特殊技能的审计人员，或利用专家的工作。由于来自不同行业的审计客户，在经营业务、经营风险、财务报告、法规和监管要求等方面可能各具特点，注册会计师的选派必须针对客户的特殊性，项目组成员中应有一定比例的人员曾经参与过被审计单位以前年度的审计，或具有被审单位所处特定行业的相关审计经验。必要时，要考虑利用信息技术、税务、评估、精算师等方面的专家的工作。

（3）提供更多的督导。对于财务报表层次重大错报风险较高的被审计单位，项目组的高级别成员，如项目负责人、项目经理等经验较丰富的人员，要对其他成员提供更详细、更经常、更及时的指导和监督并加强项目质量复核。

（4）在选择进一步审计程序时，应当注意使某些程序不被管理层预见或事先了解。这种考虑可以避免被审计单位管理层采取规避手段掩盖重大错报。

在实务中，注册会计师可以通过以下方式降低审计程序被管理层预见的可能性：

① 对某些未测试过的低于设定的重要性水平或风险较小的账户余额和认定实施实质性程序；

② 调整实施审计程序的时间，使被审计单位不可预期；

③ 采取不同的审计抽样方法，使当期抽取的测试样本与以前有所不同；

④ 选取不同的地点实施审计程序，或预先不告知被审计单位所选定的测试地点。

（5）对拟实施审计程序的性质、时间和范围作出总体修改。根据风险评估结果对拟实施审计程序的性质、时间和范围作适当的调整。

2. 进一步审计程序的总体方案的影响

注册会计师评估的财务报表层次重大错报风险以及采取的总体应对措施，对拟实施进一步审计程序的总体方案具有重大影响。

拟实施进一步审计程序的总体方案包括实质性方案和综合性方案。其中，实质性方案是指注册会计师实施的进一步审计程序以实质性程序为主；综合性方案是指注册会计师在实施进一步审计程序时，将控制测试与实质性程序结合使用。当评估的财务报表层次重大错报风险属于高风险水平（并相应采取更强调审计程序不可预见性、重视调整审计程序的性质、时间和范围等总体应对措施）时，拟实施进一步审计程序的总体方案往往更倾向于实质性方案。反之，则采用综合性方案。

9.2.2 进一步审计程序

注册会计师应当针对评估的认定层次重大错报风险设计和实施进一步审计程序，包括审计程序的性质、时间和范围。

1. 认识进一步审计程序

1）进一步审计程序的含义

进一步审计程序相对风险评估程序而言，是指注册会计师针对评估的各类交易、账户余额、列报认定层次重大错报风险实施的审计程序，包括控制测试和实质性程序。实质性程序包括对各类交易、账户余额、列报的细节测试和实质性分析程序。

注册会计师应当针对所评估的认定层次重大错报风险来设计和实施进一步审计程序，包括审计程序的性质、时间和范围，应当与评估的认定层次重大错报风险具备明确的对应关系，使审计程序具有目的性和针对性，有的放矢地配置审计资源，提高审计效率和效果。

需要说明的是，在设计和实施进一步审计程序的性质、时间和范围时，保证进一步审计程序的性质是最重要的。这是因为，一般来说，注册会计师评估的重大错报风险越高，实施进一步审计程序的范围通常越大。但是只有首先确保进一步审计程序的性质与特定风险相关时，扩大审计程序的范围才是有效的。

2）设计进一步审计程序时的考虑因素

在设计进一步审计程序时，注册会计师应当考虑以下因素：

（1）风险的重要性。风险的重要性是指风险造成的后果的严重程度。风险的后果越严重，就越需要注册会计师关注和重视，越需要精心设计有针对性的进一步审计程序。

（2）重大错报发生的可能性。重大错报发生的可能性越大，同样越需要注册会计师精心设计进一步审计程序。

（3）涉及的各类交易、账户余额和列报的特征。不同的交易、账户余额和列报产生的认定层次的重大错报风险也会存在差异，适用的审计程序也有差别，需要注册会计师区别对待，并设计有针对性的进一步审计程序予以应对。

（4）被审计单位采用的特定控制的性质。不同性质的控制（尤其是人工控制还是自动化控制）对注册会计师设计进一步的审计程序具有重要影响。

（5）注册会计师是否拟获取审计证据，以确定内部控制在防止或发现并纠正重大错报方面的有效性。如果注册会计师在风险评估时预期内部控制运行有效，随后拟实施的进一步审计程序必须包括控制测试，且实质性程序自然会受到之前控制测试结果的影响。

综合上述几方面因素，注册会计师对认定层次重大错报风险的评估为确定进一步审计程序的总体方案奠定了基础。因此，注册会计师应当根据对认定层次重大错报风险的评估结果，恰当选用实质性方案或综合性方案。在通常情况下，注册会计师出于成本效益的考虑可以采用综合性方案设计进一步审计程序，即将测试控制运行的有效性与实质性程序结合使用。但在某些情况下，如仅通过实质性程序无法应对的重大错报风险，则注册会计师必须通过实施控制测试，才可能有效应对评估出的某一认定的重大错报风险；而在另一些情况下，如注册会计师的风险评估程序未能识别出与认定相关的任何控制，或注册会计师认为控制测试很可能不符合成本—效益原则，注册会计师可能认为仅实施实质性程序就是适当的。

无论选择何种方案，注册会计师都应当对所有重大的各类交易、账户余额、列报设计实施实质性程序。

2. 进一步审计程序的性质

1）进一步审计程序的性质的含义

进一步审计程序的性质是指进一步审计程序的目的和类型。进一步审计程序的目的包括：通过实施控制测试以确定内部控制运行的有效性；通过实施实质性程序以发现认定层次的重大错报。进一步审计程序的类型包括检查、观察、询问、函证、重新计算、重新执行和分析程序等。

小思考

> 在应对评估的风险时，合理确定审计程序的性质是最重要的。因为不同的审计程序应对待定错报风险的效力不同。这个观点对吗?

2）进一步审计程序的性质的选择

注册会计师应当根据认定层次重大错报风险的评估结果选择审计程序。

评估的认定层次重大错报风险越高，对通过实质性程序获取的审计证据的相关性和可靠性的要求越高，从而可能影响进一步审计程序的类型及其综合运用。

在确定拟实施的审计程序时，注册会计师应当考虑评估的认定层次重大错报风险产生的原因，包括考虑各类交易、账户余额、列报的具体特征以及内部控制。例如，注册会计师可能判断某特定类别的交易即使在不存在相关控制的情况下发生重大错报的风险仍较低，此时注册会计师可能认为仅实施实质性程序就可以获取充分、适当的审计证据。

3. 进一步审计程序的时间

1）进一步审计程序的时间的含义

进一步审计程序的时间是指注册会计师何时实施进一步审计程序，或审计证据适用的期间或时点。

2）进一步审计程序的时间的选择

从理论上讲，注册会计师可以在期中或期末实施控制测试或实质性程序。当重大错报风险较高时，注册会计师应当考虑在期末或接近期末实施实质性程序；或采用不通知的方式，在管理层不能预见的时间实施审计程序。

在期中实施进一步审计程序，可能有助于注册会计师在审计工作初期识别重大事项，并在管理层的协助下及时解决这些事项，或针对这些事项制定有效的实质性方案或综合性方案。但是，注册会计师在期中实施进一步审计程序往往也存在很大的局限。首先，注册会计师往往难以仅凭在期中实施的进一步审计程序获取有关期中以前的充分、适当的审计证据。其次，即使注册会计师在期中实施的进一步审计程序能够获取有关期中以前的充分、适当的审计证据，但从期中到期末这段剩余期间还往往会发生对所审计期间的财务报表认定产生重大影响的交易或事项。再次，被审计单位管理层也完全有可能在注册会计师于期中实施了进一步审计程序之后对期中以前的相关会计记录作出调整甚至篡改，这些都会导致注册会计师在期中实施进一步审计程序所获取的审计证据发生变化。为此，如果在期中实施了进一步审计程序，注册会计师还应当针对剩余期间获取审计证据。

注册会计师在确定何时实施审计程序时，应当考虑的几项重要因素：控制环境；何时能得到相关信息；错报风险的性质；审计证据适用的期间或时点。

4. 进一步审计程序的范围

1）进一步审计程序的范围的含义

进一步审计程序的范围是指实施进一步审计程序的数量，包括抽取的样本量、对某项控制活动的观察次数等。

2）进一步审计程序的范围的确定

在确定审计程序的范围时，注册会计师应当考虑下列因素：确定的重要性水平；评估的重大错报风险；计划获取的保证程度。

通常情况下，注册会计师使用恰当的抽样方法可以得出有效结论，但如果存在下列情形，注册会计师依据样本得出的结论可能与对总体实施同样的审计程序得出的结论不同，出现不可接受的风险。

(1) 从总体中选择的样本量过小。

(2) 选择的抽样方法对实现特定目标不适当。

(3) 未对发现的例外事项进行恰当的追查。

因此，注册会计师需要慎重考虑抽样过程对审计程序范围的影响是否能够有效实现审计目标。

9.2.3　控制测试

1. 认识控制测试

1）控制测试的含义

控制测试指的是测试控制运行的有效性。测试控制运行的有效性与确定控制是否得到执行所需获取的审计证据是不同的。在实施风险评估程序以获取控制是否得到执行的审计证据时，注册会计师应当确定某项控制是否存在，被审计单位是否正在使用。在测试控制运行的有效性时，注册会计师应当从下列方面获取关于控制是否有效运行的审计证据。

(1) 控制在所审计期间的不同时点是如何运行的？

(2) 控制是否得到一贯执行？

(3) 控制由谁执行？

(4) 控制以何种方式运行（如人工控制或自动化控制）？

小思考

> 如果被审计单位在所审计期间内的不同时期使用了不同的控制，注册会计师是否应当考虑不同时期控制运行的有效性？

测试控制运行的有效性与确定控制是否得到执行所需获取的审计证据虽然存在差异，但两者也有联系。为评价控制设计和确定控制是否得到执行而实施的某些风险评估程序并非专为控制测试而设计，但可能提供有关控制运行有效性的审计证据，注册会计师可以考虑在评价控制设计和获取其得到执行的审计证据的同时测试控制运行有效性，以提高审计效率；同时注册会计师应当考虑这些审计证据是否足以实现控制测试的目的。

2）控制测试的要求

控制测试并非在任何情况下都需要实施。当存在下列情形之一时，注册会计师应当实施控制测试。

（1）在评估认定层次重大错报风险时，预期控制的运行是有效的。

（2）仅实施实质性程序不足以提供认定层次充分、适当的审计证据。

2. 控制测试的性质

控制测试的性质是指控制测试所使用的审计程序的类型及其组合。

注册会计师应当选择适当类型的审计程序以获取有关控制运行有效性的保证。计划的保证水平越高，对有关控制运行有效性的审计证据的可靠性要求就越高。

虽然控制测试与了解内部控制的目的不同，但两者采用审计程序的类型通常相同，包括询问、观察、检查和穿行测试。此外，控制测试的程序还包括重新执行。

询问本身并不足以测试控制运行的有效性，注册会计师应将询问与其他审计程序结合使用，以获取有关控制运行有效性的审计证据。观察提供的证据仅限于观察发生的时点，本身也不足以测试控制运行的有效性。将询问与检查或重新执行结合使用，通常能够比仅实施询问和观察获取更高的保证。例如，被审计单位针对处理收到的邮政汇款单设计和执行了相关的内部控制，注册会计师通过询问和观察程序往往不足以测试此类控制的运行有效性，还需要检查能够证明此类控制在所审计期间的其他时段有效运行的文件和凭证，以获取充分、适当的审计证据。

3. 控制测试的时间

1）控制测试的时间的含义

控制测试的时间包含两层含义：一是何时实施控制测试；二是测试所针对的控制适用的时点或期间。所以，注册会计师应当根据控制测试的目的确定控制测试的时间，并确定拟信赖的相关控制的时点和期间。

2）对期中审计证据的考虑

注册会计师可能在期中实施进一步审计程序。对于控制测试，注册会计师在期中实施此类程序具有更积极的作用。即使注册会计师已获取有关控制在期中运行有效性的审计证据，也仍然需要考虑如何能够将控制在期中运行有效性的审计证据合理延伸至期末。因此，如果已获取有关控制在期中运行有效性的审计证据，并拟利用该证据，注册会计师应当实施下列审计程序。

（1）获取这些控制在剩余期间变化情况的审计证据。针对期中已获取审计证据的控制，考察这些控制在剩余期间的变化情况（包括是否发生了变化以及如何变化）；如果这些控制在剩余期间没有发生变化，注册会计师可能决定信赖期中获取的审计证据；如果这些控制在剩余期间发生了变化（如信息系统、业务流程或人事管理等方面发生变动），注册会计师需要了解并测试控制的变化对期中审计证据的影响。

（2）确定针对剩余期间还需获取的补充审计证据。针对期中证据以外的、剩余期间的补充证据，注册会计师应当考虑下列因素：

① 评估的认定层次重大错报风险的重大程度。评估的重大错报风险对财务报表的影响越大，注册会计师需要获取的剩余期间的补充证据越多。

② 在期中测试的特定控制。例如，对自动化运行的控制，注册会计师更可能测试信息系统一般控制的运行有效性，以获取控制在剩余期间运行有效性的审计证据。

③ 在期中对有关控制运行有效性获取的审计证据的程度。如果注册会计师在期中对有关控制运行有效性获取的审计证据比较充分，可以考虑适当减少需要获取的剩余期间的补充证据。

④ 剩余期间的长度。剩余期间越长，注册会计师需要获取的剩余期间的补充证据越多。

⑤ 在信赖控制的基础上拟减少进一步实质性程序的范围。注册会计师对相关控制的信赖程度越高，通常在信赖控制的基础上拟减少进一步实质性程序的范围就越大。在这种情况下，注册会计师需要获取的剩余期间的补充证据越多。

⑥ 控制环境。在注册会计师总体上拟信赖控制的前提下，控制环境越薄弱（或把握程度越低），注册会计师需要获取的剩余期间的补充证据越多。

被审计单位对控制的监督起到的是一种检验相关控制在所有相关时点是否都有效运行的作用，因此，除了上述的测试剩余期间控制的运行有效性外，通过测试被审计单位对控制的监督，注册会计师也可以获取补充审计证据，以便更有把握地将控制在期中运行有效性的审计证据延伸至期末。

（3）对以前审计获取的审计证据的考虑

被审计单位内部控制中的诸多要素往往是相对稳定的（相对于具体的交易、账户余额和列报），注册会计师在本期审计时可以适当考虑利用以前审计获取的有关控制运行有效性的审计证据。但是，如果拟信赖以前审计获取的有关控制运行有效性的审计证据，注册会计师应当通过实施询问并结合观察或检查程序，获取这些控制是否已经发生变化的审计证据。如果这些控制在本期发生变化，注册会计师应当考虑以前审计获取的有关控制运行有效性的审计证据是否与本期审计相关。

如果拟信赖的控制自上次测试后未发生变化，且不属于旨在减轻特别风险的控制，注册会计师应当运用职业判断确定是否在本期审计中测试其运行有效性以及本次测试与上次测试的时间间隔，但两次测试的时间间隔不得超过两年。如果拟信赖的控制自上次测试后已发生变化，注册会计师应当在本期审计中测试这些控制的运行有效性。

在确定利用以前审计获取的有关控制运行有效性的审计证据是否适当以及再次测试控制的时间间隔时，注册会计师应当考虑下列的因素或情况。

（1）内部控制其他要素的有效性，包括控制环境、对控制的监督以及被审计单位的风险评估过程。

（2）控制特征（人工控制还是自动化控制）产生的风险。

（3）信息技术一般控制的有效性。

（4）控制设计及其运行的有效性，包括在以前审计中测试控制运行有效性时发现的控制运行偏差的性质和程度。

（5）由于环境发生变化而特定控制缺乏相应变化导致的风险。

（6）重大错报的风险和对控制的拟信赖程度。

当出现下列情况时，注册会计师应当缩短再次测试控制的时间间隔或完全不信赖以前审计获取的审计证据。

（1）控制环境薄弱。当被审计单位控制环境薄弱或对控制的监督薄弱时，注册会计师应当缩短再次测试控制的时间间隔或完全不信赖以前审计获取的审计证据。

（2）对控制的监督薄弱。

（3）相关控制中人工控制的成分较大。当相关控制中人工控制的成分较大时，考虑到人工控制一般稳定性较差，注册会计师可能决定在本期审计中继续测试该控制的运行有效性。

（4）信息技术一般控制薄弱。当信息技术一般控制薄弱时，注册会计师可能更少地依赖以前审计获取的审计证据。

（5）对控制运行产生重大影响的人事变动。当所审计期间发生了对控制运行产生重大影响的人事变动时，注册会计师可能决定在本期审计中不依赖以前审计获取的审计证据。

（6）环境的变化表明需要对控制作出相应的变动。当环境的变化表明需要对控制作出相应的变动，但被审计单位却没有作出相应变动时，注册会计师应当充分意识到控制不再有效、从而导致本期财务报表发生重大错报的可能性，此时不应再依赖以前审计获取的有关控制运行有效性的审计证据。

（7）重大错报风险较大或对控制的拟信赖程度较高。如果重大错报风险较大或对控制的拟信赖程度较高，注册会计师应当缩短再次测试控制的时间间隔或完全不信赖以前审计获取的审计证据。

如果拟信赖以前审计获取的某些控制运行有效性的审计证据，注册会计师应当在每次审计时从中选取足够数量的控制，测试其运行有效性，不应将所有拟信赖控制的测试集中于某一次审计，而在之后的两次审计中不进行任何测试。

小贴士

> 如果确定评估的认定层次重大错报风险是特别风险，并拟信赖旨在减轻特别风险的控制，注册会计师不应依赖以前审计获取的审计证据，而应在本期审计中测试这些控制的运行有效性。

4. 控制测试的范围

控制测试的范围主要是指某项控制活动的测试次数。注册会计师应当设计控制测试，以获取控制在整个拟信赖的期间有效运行的充分、适当的审计证据。

注册会计师在确定某项控制的测试范围时通常考虑下列因素。

（1）执行控制的频率，指在整个拟信赖的期间，被审计单位执行控制的频率。控制执行的频率越高、控制测试的范围越大。

（2）在所审计期间，注册会计师拟信赖控制运行有效性的时间长度。拟信赖控制运行有效性的时间长度不同，在该时间长度内发生的控制活动次数也不同。注册会计师需要根据拟信赖控制的时间长度确定控制测试的范围。拟信赖期间越长，控制测试的范围越大。

（3）审计证据的相关性和可靠性。为证实控制能够防止或发现并纠正认定层次重大错报，所需获取审计证据的相关性和可靠性。对审计证据的相关性和可靠性要求越高，控制测试的范围越大。

(4) 通过测试与认定相关的其他控制获取的审计证据的范围。针对同一认定，可能存在不同的控制。当针对其他控制获取审计证据的充分性和适当性较高时，测试该控制的范围可适当缩小。

(5) 在风险评估时拟信赖控制运行有效性的程度。注册会计师在风险评估时对控制运行有效性的拟信赖程度越高，需要实施控制测试的范围越大。

(6) 控制的预期偏差。预期偏差可以用控制未得到执行的预期次数占控制应当得到执行次数的比率加以衡量（也可称作预期偏差率）。控制的预期偏差率越高，需要实施控制测试的范围越大。如果控制的预期偏差率过高，注册会计师应当考虑控制可能不足以将认定层次的重大错报风险降至可接受的低水平，从而针对某一认定实施的控制测试可能是无效的。

9.2.4 实质性程序

1. 认识实质性程序

1）实质性程序的含义

实质性程序是指注册会计师针对评估的重大错报风险实施的直接用以发现认定层次重大错报的审计程序。实质性程序包括对各类交易、账户余额、列报的细节测试以及实质性分析程序。

2）实施实质性程序的总体要求

注册会计师实施的实质性程序应当包括下列与财务报表编制完成阶段相关的审计程序。

(1) 将财务报表与其所依据的会计记录相核对。

(2) 检查财务报表编制过程中作出的重大会计分录和其他会计调整。

如果认为评估的认定层次重大错报风险是特别风险，注册会计师应当专门针对该风险实施实质性程序。针对特别风险仅实施实质性程序时，注册会计师应当使用细节测试，或将细节测试和实质性分析程序结合使用，以获取充分、适当的审计证据。

2. 实质性程序的性质

实质性程序的性质，是指实质性程序的类型及其组合。实质性程序的两种基本类型包括细节测试和实质性分析程序。

细节测试是对各类交易、账户余额、列报的具体细节进行测试，目的在于直接识别财务报表认定是否存在错报。

实质性分析程序从技术特征上看仍然是分析程序，主要是通过研究数据间关系评价信息，只是将该技术方法用做实质性程序，即用以识别各类交易、账户余额、列报及相关认定是否存在错报。

注册会计师应当根据各类交易、账户余额、列报的性质选择实质性程序的类型。细节测试和实质性分析程序的目的、技术手段存在一定差异。细节测试适用于对各类交易、账户余额、列报认定的测试，尤其是对存在或发生、计价认定的测试。对在一段时期内存在可预期关系的大量交易，注册会计师可以考虑实施实质性分析程序。

3. 实质性程序的时间

如果在期中实施了实质性程序，注册会计师应当针对剩余期间实施进一步的实质性程序，或将实质性程序和控制测试结合使用，以将期中测试得出的结论合理延伸至期末。

如果拟将期中测试得出的结论延伸至期末．注册会计师应当考虑针对剩余期间仅实施实质性程序是否足够。如果认为实施实质性程序本身不充分，注册会计师还应测试剩余期间相关控制运行的有效性或针对期末实施实质性程序。

如果已识别出由于舞弊导致的重大错报风险（作为一类重要的特别风险），为将期中得出的结论延伸至期末而实施的审计程序通常是无效的，注册会计师应当考虑在期末或者接近期末实施实质性程序。

注册会计师应当将期末信息和期中的可比信息进行比较、调节、识别和调查出现的异常金额，并针对剩余期间实施实质性分析程序或细节测试。

如果在期中检查出某类交易或账户余额存在错报，注册会计师应当考虑修改与该类交易或账户余额相关的风险评估以及针对剩余期间拟实施实质性程序的性质、时间和范围，或考虑在期末扩大实质性程序的范围或重新实施实质性程序。

如果拟利用以前审计中实施实质性程序获取的审计证据，注册会计师应当在本期实施审计程序，以确定这些审计证据是否具有持续相关性。

4. 实质性程序的范围

在确定实质性程序的范围时，注册会计师应当考虑评估的认定层次重大错报风险和实施控制测试的结果。注册会计师评估的认定层次的重大错报风险越高，需要实施实质性程序的范围越广。如果对控制测试结果不满意，注册会计师应当考虑扩大实质性程序的范围。

在设计细节测试时，注册会计师除了从样本量的角度考虑测试范围外，还要考虑选样方法的有效性等因素。例如，从总体中选取大额或异常项目，而不是进行代表性抽样或分层抽样。

在设计实质性分析程序时，注册会计师应当确定已记录金额与预期值之间可接受的差异额。在确定该差异额时，注册会计师应当主要考虑各类交易、账户余额、列报及相关认定的重要性和计划的保证水平。实施分析程序可能发现偏差，但并非所有的偏差都值得展开进一步调查。可容忍或可接受的偏差（即预期偏差）越大，作为实质性分析程序进一步调查的范围就越小。

本章精要

随着审计环境的变化，审计方法的演进经历了账项基础审计、制度基础审计和风险导向审计三个阶段。本章主要介绍风险导向审计的基本思路和方法。风险导向审计要求注册会计师必须了解被审计单位及其环境，包括内部控制，以充分识别和评估财务报表重大错报的风险，并针对评估的重大错报风险设计和实施控制测试和实质性程序。在设计和实施控制测试和实质性程序时，注册会计师应将审计程序的性质、时间和范围与识别、评估的风险相联系，并形成审计工作记录，以保证审计工作质量，提高审计工作效率。

相关知识

对源于控制环境的财务报表层次重大错报风险的考虑

财务报表层次的重大错报风险很可能源于薄弱的控制环境。薄弱的控制环境带来的风险可能对财务报表产生广泛影响，而不仅限于某类交易、账户余额、列报。注册会计师对控制环境的了解影响其对财务报表层次重大错报风险的评估。有效的控制环境可以使注册会计师增强对内部控制和被审计单位内部产生的证据的信赖程度。如果控制环境存在缺陷，注册会计师在对拟实施审计程序的性质、时间和范围作出总体修改时应当考虑以下方面。

（1）在期末而非期中实施更多的审计程序。控制环境的缺陷通常会削弱期中获得的审计证据的可信赖程度。

（2）主要依赖实质性程序获取审计证据。良好的控制环境是其他控制要素发挥作用的基础。控制环境存在缺陷通常会削弱其他控制要素的作用，导致注册会计师可能无法信赖内部控制，而主要依赖实施实质性程序获取审计证据。

（3）修改审计程序的性质，获取更具说服力的审计证据。修改审计程序的性质主要是指调整拟实施审计程序的类别及组合。

（4）扩大审计程序的范围。例如扩大样本规模，或采用更详细的数据实施分析程序。

自我测试

一、单项选择题

1. 注册会计师了解被审计单位及其环境的目的是（　　）。

A. 为了进行风险评估程序　　B. 收集充分适当的审计证据

C. 为了识别和评估财务报表重大错报风险　　D. 控制检查风险

2. 在了解控制环境时，注册会计师通常考虑的因素是（　　）。

A. 内部控制的人工成分

B. 内部控制的自动化成分

C. 被审计单位董事会对内部控制重要性的态度和认识

D. 会计信息系统

3. 下列情形中，最有可能导致注册会计师不能执行财务报表审计的是（　　）。

A. 被审计单位管理层没有清晰区分内部控制要素

B. 被审计单位管理层没有根据变化的情况修改相关的内部控制

C. 被审计单位管理层凌驾于内部控制之上

D. 注册会计师对被审计单位管理层的诚信存在严重疑虑

4. 注册会计师没有义务实施的程序是（　　）。

A. 查找被审计单位内部控制运行中的所有重大缺陷

B. 了解被审计单位情况及其环境

C. 实施审计程序，以了解被审计单位内部控制的设计

D. 实施穿行测试，以确定被审计单位相关控制活动是否得到执行

5. 下列关于财务报表层次重大错报风险的说法不正确的是（　　）。

A. 通常与控制环境有关

B. 与财务报表整体存在广泛联系

C. 可能影响多项认定

D. 直接界定于某类交易、账户余额、列报的具体认定

6. 下列关于注册会计师了解内部控制的说法中，不正确的是（　　）。

A. 内部控制只能对财务报告的可靠性提供合理的保证，而非绝对的保证

B. 在了解被审计单位的内部控制时，只需关注控制的设计

C. 特别风险通常与重大的非常规交易和判断事项有关

D. 在某些情况下，仅通过实施实质性程序不能获取充分、适当的审计证据

7. 以下关于控制测试的性质描述不正确的是（　　）。

A. 注册会计师通过询问可以测试控制运行的有效性

B. 注册会计师将询问与检查或重新执行结合使用通常能比仅实施询问和观察获取更高的保证

C. 观察提供的证据仅限于观察发生的时点，本身也不足以测试控制运行的有效性

D. 通过询问和观察程序往往不足以测试某些控制的运行有效性，注册会计师往往还需要检查获取充分、适当的审计证据

8. 注册会计师从成本—效益的角度往往考虑采用的进一步审计程序的方案是（　　）。

A. 实质性方案　　B. 综合性方案

C. 控制测试　　D. 实质性程序

9. 如果注册会计师评估的财务报表层次重大错报风险属于高水平，则拟实施的总体方案倾向于（　　）。

A. 风险应对方案　　B. 控制测试方案

C. 综合性方案　　D. 实质性方案

10. 注册会计师设计实施的进一步审计程序的性质、时间和范围，应当与下列评估的（　　）层次的重大错报风险具备明确的对应关系。

A. 财务报表层次　　B. 认定层次

C. 账户余额　　D. 交易或事项

二、多项选择题

1. 下列情形可能表明内部控制存在重大缺陷的有（　　）。

A. 被审计单位管理层串通舞弊

B. 被审计单位内部控制未执行

C. 控制环境薄弱

D. 被审计单位管理层修订了不适应经济环境变化了的原来有效的控制措施

2. 注册会计师风险评估时需要对以下内容形成审计工作记录（　　）。

A. 实施的风险评估程序

B. 项目组关于舞弊讨论及得出的重要结论

C. 识别和评估出的财务报表层次和认定层次的重大错报风险

D. 识别出的特别风险和仅通过实质性程序无法对应的重大错报风险

3. 注册会计师在确定控制测试的时间时应当考虑的重要因素包括（　　）。

A. 控制环境

B. 错报风险的性质

C. 何时能得到相关信息

D. 审计证据适用的期间或时点

4. 注册会计师应当针对评估的认定层次重大错报风险的设计和实施进一步审计程序，下列属于进一步审计程序的有（　　）。

A. 细节测试　　B. 控制测试

C. 风险评估程序　　D. 实质性分析程序

5. 实施控制测试的程序包括（　　）。

A. 询问　　B. 观察

C. 检查　　D. 穿行测试和重新执行

三、判断题

1. 注册会计师对控制了解的程序和对控制测试的程序是完全不同的。(　　)

2. 内部控制存在固有局限性，无论如何设计和执行都不能对财务报告可靠性提供绝对保证。(　　)

3. 在既定的审计风险水平下，可接受的检查风险与认定层次重大错报风险的评估结果成反向关系，注册会计师通过控制重大错报风险将审计风险降至可接受的低水平。(　　)

4. 了解被审计单位及其环境是一个连续和动态地收集、更新与分析信息的过程，贯穿于整个审计过程的始终，注册会计师实施风险导向审计就是为了了解被审计单位及其环境。(　　)

5. 财务报表层次的重大错报风险很可能源于薄弱的控制环境。(　　)

6. 注册会计师对重大错报风险的评估是一种判断。若评估的重大错报风险比较低，注册会计师可以不用针对被审计单位所有重大的各类交易、账户余额、列报实施实质性程序。(　　)

7. 注册会计师可以在期中或期末实施控制测试或实质性程序，当重大错报风险较低时，注册会计师应当在期末或接近期末实施实质性程序，或采用不通知的方式，或在管理层不能预见的时间实施审计程序。(　　)

8. 注册会计师对内部控制的了解可以代替对控制运行有效性的测试。(　　)

9. 在财务报表重大错报风险的评估过程中，注册会计师应当明确识别的重大错报风险是主要与特定的某类交易、账户余额、列报的认定相关。(　　)

10. 注册会计师应当根据对认定层次重大错报风险的评估结果，恰当选用实质性方案或综合性方案。(　　)

四、简答题

1. 何谓内部控制？内部控制由哪些要素组成？

2. 简述注册会计师应当针对评估的财务报表层次重大错报风险确定的总体应对措施。

3. 请说明注册会计师需要了解被审计单位及其环境的五个方面的内容。

4. 简要说明注册会计师增加审计程序不可预见性的方法。

五、案例分析题

基本情况　ABC会计师事务所的A和B注册会计师接受委派，对甲上市公司（以下简称甲公司）2013年度财务报表进行审计。甲公司尚未采用计算机记账。A和B注册会计师于2014年1月1日至17日对甲公司的内部控制进行了解和测试，并在相关审计工作底稿中记录了了解和测试的事项，摘录如下：

（1）甲公司产成品发出时，由销售部填制一式四联的出库单。仓库发出产成品后，将第一联出库单留存登记产成品卡片，第二联交销售部留存，第三、四联交会计部会计人员乙登记产成品总账和明细账。

（2）会计人员戊负责开具销售发票。在开具销售发票之前，先核对装运凭证和相应的经批准的销售单，并根据已授权批准的商品价目表填写销售发票的价格，根据装运凭证上的数量填写销售发票的数量。

（3）甲公司控股股东的法定代表人同时兼任甲公司的法定代表人，总经理是聘任的。在公司章程及相关决议中未具体载明股东大会、董事会、经营班子的融资权限和批准程序。经了解，甲公司由财务部负责融资，2013年根据总经理的批示向工商银行借入了1亿元贷款。

（4）甲公司设立现金出纳员和银行出纳员。银行出纳员负责到银行取送支票等票据，并登记银行存款日记账。月底银行出纳员取得银行对账单并编制银行存款余额调节表。

要求 根据上述的描述（假定未描述的其他内部控制不存在缺陷），请指出甲公司内部控制在设计与运行方面的缺陷，并提出改进建议。

第 10 章

出具审计报告

地位与作用

本章专门讲授审计意见的确定、重大事项在审计报告中的正确反应及审计报告的编写，是整个审计课程的核心章，在审计理论及实际审计工作中占有至关重要的地位。

技能要求

*掌握审计差异调整表和试算平衡表工作底稿的编制；能够获取管理当局声明书；正确评价审计结果；掌握审计报告准则的内容、审计报告的基本类型的判断；正确处理期后发现事实。

10.1 审计报告编制程序认知

审计实施阶段结束后，注册会计师就应着手整理审计工作底稿，综合分析、复核、评价收集到的审计证据，为编写审计报告做准备。在审计完成阶段，注册会计师在按业务循环完成各财务报表项目的审计测试和一些特殊项目的审计工作后，应汇总审计测试结果，进行更具综合性的审计工作。如调整审计差异，编制审计差异调整表和试算平衡表；获取管理当局声明书和律师声明书；执行分析性复核程序；撰写审计总结；完成审计工作底稿二级复核，在此基础上，评价审计结果，在与客户沟通以后，确定应出具审计报告的意见类型和措辞，进而编制并致送审计报告，终结审计工作。

小贴士

审计报告编制前的工作主要包括：调整审计差异；获取管理当局声明书；获取律师声明书；执行分析性复核程序，撰写审计总结；完成审计工作底稿的复核；评价审计结果以及就审计结果和审计报告意见类型等审计有关事项与被审计单位进行沟通。

10.1.1 审计差异调整

1. 编制审计差异调整表

1）认识审计差异

（1）所谓审计差异是指注册会计师在审计过程中发现的被审计单位的会计处理方法与有关会计准则之间的不一致所造成的差异。

小思考

> 可能什么原因会导致审计差异的出现呢？

（2）审计差异的分类。按是否需要调整账户记录审计差异可分为核算误差和重分类误差。

核算误差是因企业对经济业务进行了不正确的会计核算而引起的错误（如使用错误的会计科目，故意不确认有关收入与费用等）。这类错误不仅影响到账簿记录的正确性，而且影响到财务报表信息的可靠性。对于这类错误，注册会计师需要运用审计重要性原则来衡量每一项核算误差，又可把这些核算误差区分为建议调整的不符事项和不建议调整的不符事项（即未调整不符事项）。

重分类误差是因企业未按企业会计准则列报财务报表而引起的错误，即账户正确，但报表不正确（如企业在应付账款项目中反映的预付账款等）。这类错误并不影响账簿记录的正确性，但将影响到财务报表信息的可靠性。

2）审计差异的调整

对审计差异内容，审计项目经理应根据审计重要性原则予以初步确定并汇总，并建议被审计单位进行调整，使经审计的财务报表所载信息能够真实反映被审计单位的财务状况、经营成果和现金流量。

对审计中发现的核算误差，如何运用审计重要性原则来划分建议调整的不符事项与未调整不符事项，是正确进行审计差异调整的关键。注册会计师在划分建议调整的不符事项与未调整不符事项时，应当考虑核算误差的金额和性质两个因素。

（1）对于单笔核算误差超过所涉及财务报表项目（或账项）层次重要性水平的，应视为建议调整的不符事项；对于单笔核算误差低于所涉及财务报表项目（或账项）层次重要性水平，但性质重要的，比如涉及舞弊与违法行为的核算误差、影响收益趋势的核算误差、股本项目等不期望出现的核算误差，应视为建议调整的不符事项。

（2）对于单笔核算误差低于所涉及财务报表项目（或账项）层次重要性水平，并且性质不重要的，一般应视为未调整不符事项，但当若干笔同类型未调整不符事项汇总数超过财务报表项目（或账项）层次重要性水平时，应从中选取几笔转为建议调整的不符事项，过入调整分录汇总表，使未调整不符事项汇总金额降至项目层重要性水平之下。

（3）所有项目错报的合计数与报表层重要性水平相比较，如果超过报表层重要性水平，则应从中选取几笔转为建议调整的不符事项，过入调整分录汇总表，使未调整不符事项汇总金额降至报表层重要性水平之下。

（4）考虑前期未调整的、继续影响本期的错报金额，如果和第 3 项的合计数超过报表层的重要性水平，继续调整，直至剩下的未调整不符事项汇总金额低于报表层重要性水平。

（5）考虑期后事项，或有事项的影响，按照上述原则调整。

小贴士

> 在进行审计差异调整时，最多可能有五次调整的机会。注意后三次调整时错报的金额合计是与报表层重要性水平相比较。

注册会计师在确定了建议调整的不符事项和重分类误差后，应以书面方式及时征求被审计单位对需要调整财务报表事项的意见。若被审计单位予以采纳，应取得被审计单位同意调整的书面确认；若被审计单位不予采纳，应分析原因，并根据未调整不符事项的性质和重要程度，确定是否在审计报告中予以反映以及如何反映。

3）审计差异的调整方法

无论是建议调整的不符事项、未调整不符事项还是重分类误差，在审计工作底稿中通常都是以会计分录的形式反映的。

注册会计师在建议调整不符事项时，应当区分核算误差与重分类误差这两类不同的错误。

（1）核算误差的调整。对于被审计单位发生的核算误差，应当按照企业会计准则规定，区分不同的情况，分别采用不同的方法调整相关的账簿记录和财务报表项目。

例如：注册会计师发现被审计单位有一台管理用固定资产在被审年度漏提折旧 2 000 元。被审计单位应做如下调整分录：

借：管理费用　　2 000

　贷：累计折旧　　2 000

（2）重分类误差的调整。对于发生的重分类误差，由于账簿记录并未发生错误，因此，被审计单位只需要调整财务报表的相关项目。

例如：注册会计师发现某被审计单位年末应付账款总分类账户的余额为 100 000 元，其明细账借方余额合计 20 000 元，明细账贷方余额合计 120 000 元，被审计单位在编制年度财务报表时，应付账款项目反映的金额为 100 000 元。注册会计师认为，按现行会计准则规定，应付账款的金额应当为 120 000 元，预付账款的金额为 20 000 元。因此，建议进行如下重分类调整：

借：预付账款　　2 000

　贷：应付账款　　2 000

小思考

> 对于审计中发现的重分类误差，一定要建议被审计单位调整，这个说法对吗？

注册会计师通常需要将建议调整的不符事项、未调整不符事项和重分类错误分别汇总至账项调整分录汇总表、重分类调整分录汇总表和未更正错报汇总表。

2. 编制试算平衡表

试算平衡表是注册会计师在被审计单位提供未审财务报表的基础上，考虑账项调整分录、重分类分录等内容以确定已审数与报表披露数的表式。编制试算平衡表的目的是验证被审计单位未审财务报表、调整分录、重分类分录、调整后金额（审定数）的借贷是否平衡。通常将试算平衡表分为资产负债表项目试算平衡表和利润表试算平衡表。

10.1.2 获取管理当局声明书

被审计单位管理当局的声明书是重要的审计证据。注册会计师在出具审计报告前，应向被审计单位管理当局索取声明书，以明确会计责任与审计责任。

被审计单位管理层声明书是被审计单位管理层当局在审计期间向注册会计师提供的各种重要口头声明的书面陈述。被审计单位管理当局的声明书，应由被审计单位的高层管理人员（一般是总经理和财务总监）签名后送交受托审计的会计师事务所。

小贴士

> 被审计单位管理当局声明书是一种非独立来源的书面说明，因此，不能将它视为十分可靠的证据。虽然它提供了注册会计师要求被审计单位管理当局回答的某些问题的证据，但其主要作用是心理方面的，是用来保护注册会计师，使其不致卷入由于管理人员不明白自身责任而导致的潜在纠纷。

1. 被审计单位管理当局声明书的内容

（1）已按会计准则的要求编制财务报表，财务报表的真实性、合法性、完整性由管理当局负责。

（2）财务会计资料已全部提供给注册会计师审查。

（3）股东大会及董事会（或其他高层领导会议）的会议记录已全部提供给注册会计师查阅。

（4）被审期间的所有交易事项均已入账。

（5）关联方交易的有关资料已提交注册会计师审查。

（6）期后事项和或有事项均已向注册会计师提供，重大的期后事项和或有事项均已在财务报表中进行相应的调整或披露。

（7）对注册会计师在审计过程中提出的所有重大调整事项已进行调整。

（8）无违法、违纪、舞弊现象。

（9）无蓄意歪曲或虚饰财务报表各项目的金额或分类的情况。

（10）无重大的不确定事项。

（11）其他需作声明的事项。

2. 被审计单位管理当局声明书的格式

被审计单位管理当局声明书应当包括五个基本要素。

（1）标题：××公司管理当局声明书。

（2）收件人：管理当局声明书的收件人为接受委托的会计师事务所及签署审计报告的注册会计师（两者均是）。

（3）声明内容：根据注册会计师要求声明的内容，列出各项声明。

（4）签章：由被审计单位及其会计机构负责人签署，并加盖被审计单位公章。

（5）签署日期：被审计单位管理当局声明书的日期一般应与审计报告的日期一致，目的在于防止因日期不一致而可能发生的误解。但在特定情况下，声明书的日期还有可能是获取声明书的日期（对某些事项或交易进行单独声明或专项声明）。

3. 管理层拒绝提供声明时的措施

如果管理层拒绝提供注册会计师认为必要的声明，注册会计师应当将其视为审计范围受到限制，出具保留意见或无法表示意见的审计报告。在这种情况下，注册会计师应当评价审计过程中获得的管理层其他声明的可靠性，并考虑管理层拒绝提供声明是否可能对审计报告产生其他影响。

10.1.3　取得律师声明书

在对被审计单位期后事项和或有事项等进行审计时，注册会计师往往要向被审计单位的法律顾问和律师进行函证，以获取其对资产负债表日业已存在的以及资产负债表日至他们复函日这一时期内存在的期后事项和或有事项等有关的审计证据。被审计单位律师对函证问题的答复和说明，就是律师声明书。律师声明书通常可提供有力的证据，帮助注册会计师解释并报告有关的期后事项和或有事项，从而减少注册会计师对上述事项出错或误解的可能性，但其本身不足以对注册会计师形成审计意见提供基本理由。

对律师的函证，通常以被审计单位的名义，通过寄发审计询证函的方式实施。被审计单位应对曾为其进行法律咨询或代理的所有律师寄发审计询证函，其内容应包括被审计单位叙述和评价与该律师业务相关的期后事项和或有事项、律师费用结算等情况。

律师声明书所用的格式和措辞并没有定式。单位不同或情况不同，律师出具的声明书也不相同。但是，律师声明书的内容可能会影响注册会计师发表审计意见的类型。

注册会计师应根据该律师的职业条件和声誉情况来确定律师声明书的合理性。如果注册会计师熟悉该律师的职业声誉，就不再需要专门查询；如果注册会计师对代理被审计单位重大法律事务的律师并不熟悉，则应查询诸如该律师的职业背景、声誉及其在法律界的地位等情况，并考虑从律师协会获取信息。一旦这些方面都令人满意，除非律师关于被审计单位法律事项的意见是不合情理的，否则，注册会计师应接纳律师声明书中的意见。

对于律师声明书应从整体上分析，以便确定它对审计询证函的总体反映，确定它与注册会计师所知的情况是否矛盾。倘若律师声明书表明或暗示律师拒绝提供信息，或是隐瞒信息，或是对被审计单位叙述的情况不加修正，注册会计师一般应认为审计范围受到限制，就不能出具无保留意见的审计报告。

10.1.4　与治理层沟通

为了借助公司内部之间的权力平衡和制约关系，保证财务信息的质量，现代公司治理结构往往要求治理层对管理层编制财务报表的过程实施有效的监督。可见，公司治理层和注册会计师在健全完善公司治理结构中扮演着重要的角色。为了促进注册会计师和治理层的良性互动，审计准则规定了注册会计师与治理层沟通的要求。沟通的主要内容包括：计划的审计范围和时间；审计工作中发现的问题；审计过程中遇到的重大限制及注册会计师的独立性等。

10.1.5 实施分析程序

在审计计划阶段和完成审计外勤工作对财务报表进行总体复核时，必须运用分析性复核程序。在财务报表审计的实质性测试阶段，也可选，以帮助注册会计师评价审计过程中形成的审计证据、审计结论的恰当性和财务报表整体反映的公允性。

在审计结束或临近结束时，注册会计师运用分析程序的目的是确定审计调整后的财务报表整体是否与其对被审计单位的了解一致，注册会计师应当围绕这一目的运用分析程序。

在对财务报表进行总体性复核时，注册会计师首先应当全面审阅财务报表及其附注，考虑针对实质性测试中发现的异常差异或未预期差异所获取的证据是否充分、恰当，这些异常差异或未预期差异与审计计划阶段预计之间的关系。然后再将分析性复核程序运用于财务报表上，以确定是否存在任何其他的异常或未预期的关系。

在运用分析程序进行总体复核时，如果识别出以前未识别的重大错报风险，注册会计师应当重新考虑对全部或部分各类交易、账户余额、列报评估的风险是否恰当，并在此基础上重新评价之前计划的审计程序是否充分，是否有必要追加审计程序。

10.1.6 完成审计工作底稿二级复核

小贴士

> 在完成审计实质性程序后，审计项目经理应当对审计工作底稿进行全面复核，并在此基础上撰写审计总结，概况地说明审计计划执行情况及审计目标是否实现。

审计结束时，签发审计报告前必须由专业精通与经验丰富的注册会计师认真复核所有审计工作底稿，目的是为了确保所实施的审计程序充分恰当，所取得的审计证据充分、适当以及审计结论客观公正。审计工作底稿的复核主要分为两个层次：项目组内部复核和独立的项目质量控制复核。

1. 项目组内部复核

项目组内部复核又分为两个层次：审计项目经理的现场复核和项目合伙人的复核。

（1）审计项目经理的现场复核。审计项目经理对工作底稿的复核属于第一级复核。该级复核通常在审计现场完成，以便及时发现和解决问题，争取审计工作的主动。

（2）项目合伙人的复核。项目合伙人对审计工作底稿实施复核是项目组内部最高级别级复核。该级复核既是对审计项目经理复核的再监督，也是对重要审计事项的把关。

2. 独立的项目质量控制复核

项目质量控制复核是指在出具报告前，对项目组作出的重大判断和在准备报告时形成的结论作出客观评价的过程。项目质量控制复核也称独立复核。

10.1.7 评价审计结果，形成审计意见

注册会计师评价审计结果主要是为了确定将要发表的审计意见的类型及在整个审计工作中是否遵循了审计准则。为此注册会计师必须完成两项工作：一是对重要性和审计风险进行最终的评价；二是对被审计单位已审计财务报表形成审计意见并草拟审计报告。

在评价审计结果时，注册会计师需要将审计过程中发现并且被审计单位尚未调整的错报累计数与重要性水平进行比较。同时，应当汇总已发现但被审计单位尚未调整的错报，以考虑其金额与性质是否对财务报表的反映产生重大影响。在汇总尚未调整的错报时，应当包括已发现的和推断的错报，并考虑期后事项和或有事项是否已进行适当处理。

完成审计实质性程序之后应由审计项目经理汇总所有审计工作人员的审计结果，撰写审计总结，形成审计结论。最终出具审计报告。

10.2 审计报告认知

注册会计师在审计工作完成后，需就审计任务完成情况及审计结果编成书面文件。这是整个审计过程中最后的步骤，也是审计终结阶段最重要的步骤。无论是政府审计与注册会计师审计，还是内部审计，都必须在完成审计约定事项后编写审计报告。下面主要阐述关于注册会计师审计的审计报告。

10.2.1 认识审计报告

审计报告是指注册会计师根据中国注册会计师审计准则的规定，在实施审计工作的基础上对被审计单位财务报表发表审计意见的书面文件。

审计报告是审计工作的最终成果，是对审计工作的全面总结，是评价被审计单位财务报表合法性和公允性的重要工具，是向审计服务需求者传达所需信息的重要手段，也是表明注册会计师完成了审计任务并愿意承担审计责任的证明文件。审计报告是注册会计师在完成审计工作后向委托人提交的最终产品。

10.2.2 审计报告的作用

注册会计师签发的审计报告，主要具有鉴证、保护和证明三方面的作用。

1. 鉴证作用

注册会计师签发的审计报告，不同于政府审计和内部审计审计报告，是以超然独立的第三者身份，对被审计单位财务报表合法性、公允性发表意见。审计报告具有法定证明效力，是财务报表使用者了解被审计单位以进行投资决策等的依据。

2. 保护作用

注册会计师通过审计，可以对被审计单位财务报表出具不同类型审计意见的审计报告，以提高或降低财务报表信息使用者对财务报表的信赖程度，能够在一定程度上对被审计单位的财产、债权人和股东的权益及企业利害关系人的利益起到保护作用。

3. 证明作用

审计报告是对注册会计师审计任务完成情况及其结果所做的总结，它可以表明审计工作

的质量并明确注册会计师的审计责任。通过审计报告，可以证明注册会计师在审计过程中是否实施了必要的审计程序、是否以审计工作底稿为依据发表审计意见，发表的审计意见是否与被审计单位的实际情况相一致，审计工作的质量是否符合要求。通过审计报告，可以证明注册会计师审计责任的履行情况。

10.2.3 审计报告的种类

审计报告可按不同标准进行分类。

1. 按照审计报告的性质可分为标准审计报告和非标准审计报告

（1）标准审计报告，是指包括标准措辞的引言段、范围段和意见段的无保留意见的审计报告，不附加说明段、强调事项段或任何修饰性用语。否则，不能称为标准审计报告。

（2）非标准审计报告，是指标准审计报告以外的其他审计报告，包括带强调事项段的无保留意见的审计报告和非无保留意见的审计报告。非无保留意见的审计报告包括保留意见的审计报告、否定意见的审计报告和无法表示意见的审计报告。

2. 按照审计报告使用目的可分为公布目的的审计报告和非公布目的的审计报告

（1）公布目的的审计报告，一般是用于对企业股东、投资者、债权人等非特定利益关系者公布的附送财务报表的审计报告。

（2）非公布目的的审计报告，一般是用于经营管理、合并或业务转让、融通资金等特定目的而实施审计的审计报告。这类审计报告是分发给特定使用者的，如经营者、合并或业务转让的关系人、提供贷款的金融机构等。

3. 按照审计报告的详略程度可分为简式审计报告和详式审计报告

（1）简式审计报告，又称短式审计报告。它是指注册会计师对应公布的财务报表进行审计后所编制的简明扼要的审计报告。简式审计报告反映的内容是非特定多数的利害关系人共同认为的必要审计事项，它具有记载事项为法令或审计准则所规定的特征，具有标准格式。因而，简式审计报告一般适用于公布目的，具有标准审计报告的特点。

（2）详式审计报告，又称长式审计报告。它是指对审计对象所有重要的经济业务和情况都要进行详细说明和分析的审计报告。详式审计报告主要用于指出企业经营管理存在的问题和帮助企业改善经营管理，故其内容要较简式审计报告丰富得多、详细得多。详式审计报告一般适用于非公布目的，具有非标准审计报告的特点。

小贴士

根据《中国注册会计师审计准则第1501号——审计报告》和《中国注册会计师审计准则第1502号——非标准审计报告》的规定，财务报表审计报告的基本类型有四种：无保留意见的审计报告、保留意见的审计报告、否定意见的审计报告和无法表示意见的审计报告。

10.2.4 审计报告的要素和内容

1. 标题

标题应统一规范为“审计报告”，以突出业务性质，并与其他业务报告相区别。

2. 收件人

审计报告的收件人是指注册会计师按照业务约定书的要求致送审计报告的对象，一般是指审计业务的委托人。审计报告应当载明收件人的全称。对于股份有限公司，审计报告收件人一般可用“××股份有限公司全体股东”；对于有限责任公司，收件人可用“××有限责任公司董事会”；对于合伙企业，收件人可用“××合伙企业全体合伙人”；对于独资企业，收件人可直接用“××公司（企业）”（该独资企业的名称）。

3. 引言段

审计报告的引言段不仅要说明被审计的名称和财务报表已经过审计，还要说明下列各项内容。

（1）指出构成整套财务报表的每张财务报表的名称。

（2）提及财务报表附注。

（3）指明财务报表的日期和涵盖的期间。

4. 管理层对财务报表的责任段

管理层对财务报表的责任段，应当说明按照适用的会计准则和相关会计制度的规定编制财务报表是管理层的责任。

（1）设计、实施和维护与财务报表编制相关的内部控制，以使财务报表不存在由于舞弊或错误而导致的重大错报。

（2）选择和运用恰当的会计政策。

（3）作出合理的会计估计。

5. 注册会计师的责任段

（1）注册会计师的责任是在实施审计工作的基础上对财务报表发表审计意见。注册会计师按照《中国注册会计师审计准则》的规定执行了审计工作。《中国注册会计师审计准则》要求注册会计师遵守职业道德规范，计划和实施审计工作以对财务报表是否不存在重大错报获取合理保证。

（2）审计工作涉及实施审计程序，以获取有关财务报表金额和披露的审计证据。选择的审计程序取决于注册会计师的判断，包括对由于舞弊或错误导致的财务报表重大错报风险的评估。在进行风险评估时，注册会计师考虑与财务报表编制相关的内部控制，以设计恰当的审计程序，但目的并非对内部控制的有效性发表意见。审计工作还包括评价管理层选用会计政策的恰当性和作出会计估计的合理性以及评价财务报表的总体列报。

（3）注册会计师相信已获取的审计证据是充分、适当的，为其发表审计意见提供了基础。

6. 审计意见段

审计意见段应当说明，财务报表是否按照适用的会计准则和相关会计制度的规定编制，是否在所有重大方面公允反映了被审计单位的财务状况、经营成果和现金流量。

7. 注册会计师的签名和盖章

审计报告应当由两名具备相关业务资格的注册会计师签名并盖章。注册会计师在审计报告上签名并盖章，有利于明确法律责任。合伙会计师事务所出具的审计报告应当由一名对审计项目负最终责任的合伙人和一名负责该项目的注册会计师签名盖章。有限责任会计师事务所出具的审计报告应当由会计师事务所主任会计师或其授权的副主任会计师和一名负责该项目的注册会计师签名盖章。

8. 会计师事务所的名称、地址和盖章

根据《中华人民共和国注册会计师法》的规定，注册会计师承办业务，由其所在的会计师事务所统一受理并与委托人签订委托合同。因此，审计报告除了应由注册会计师签名并盖章外，还应当载明会计师事务所的名称和地址（标明会计师事务所所在的城市即可），并加盖会计师事务所公章。

小思考

> 为什么在审计报告中无须注明详细地址？

9. 报告日期

审计报告标注的日期为注册会计师完成审计工作的日期。审计报告的日期不应早于注册会计师获取充分、适当的审计证据（包括管理层认可对财务报表的责任且已批准财务报表的证据），并在此基础上对财务报表形成审计意见的日期。

注册会计师在确定审计报告日期时应当考虑：应当实施的审计程序已经完成；应当提请被审计单位调整的事项已经提出，被审计单位已经进行调整或拒绝进行调整；管理层已经正式签署财务报表。

注册会计师签署审计报告的日期通常与管理层签署已审计财务报表的日期同一天，或晚于管理层签署已审计财务报表的日期。

10.2.5 审计报告的基本类型

1. 标准无保留意见审计报告

标准无保留意见审计报告，是注册会计师对被审计单位财务报表发表的不带强调事项段的无保留意见审计报告。

1）签发标准无保留意见的条件

注册会计师经过审计后，认为被审计单位财务报表符合下列所有条件，注册会计师应当出具无保留意见的审计报告。

（1）财务报表已经按照适用的会计准则和相关会计制度的规定编制，在所有重大方面公允反映了被审计单位的财务状况、经营成果和现金流量。

（2）注册会计师已经按照《中国注册会计师审计准则》的规定计划和实施审计工作，在审计过程中未受限制。

（3）没有必要在审计报告中增加强调事项段或任何修饰性用语。

综合来看，注册会计师出具无保留意见审计报告的条件包括：一是财务报表反映公允；二是注册会计师的审计范围没有受到重大限制。

2）标准无保留意见的审计报告范例

审计报告

ABC 股份有限公司全体股东：

我们审计了后附的 ABC 股份有限公司（以下简称 ABC 公司）财务报表，包括 201×年12 月 31 日的资产负债表，201×年度的利润表、股东权益变动表和现金流量表以及财务报表附注。

一、管理层对财务报表的责任

按照企业会计准则和《××会计制度》的规定编制财务报表是管理层的责任。这种责任包括：(1) 设计、实施和维护与财务报表编制相关的内部控制，以使财务报表不存在由于舞弊或错误而导致的重大错报。(2) 选择和运用恰当的会计政策。(3) 作出合理的会计估计。

二、注册会计师的责任

我们的责任是在实施审计工作的基础上对财务报表发表审计意见。我们按照《中国注册会计师审计准则》的规定执行了审计工作。《中国注册会计师审计准则》要求我们遵守职业道德规范，计划和实施审计工作以对财务报表是否不存在重大错报获取合理保证。

审计工作涉及实施审计程序，以获取有关财务报表金额和披露的审计证据。选择的审计程序取决于注册会计师的判断，包括对由于舞弊或错误导致的财务报表重大错报风险的评估。在进行风险评估时，我们考虑与财务报表编制相关的内部控制，以设计恰当的审计程序，但目的并非对内部控制的有效性发表意见。审计工作还包括评价管理层选用会计政策的恰当性和作出会计估计的合理性，以及评价财务报表的总体列报。

我们相信，我们获取的审计证据是充分、适当的，为发表审计意见提供了基础。

三、审计意见

我们认为，ABC 公司财务报表已经按照企业会计准则和《××会计制度》的规定编制，在所有重大方面公允反映了 ABC 公司 201×年 12 月 31 日的财务状况以及 201×年度的经营成果和现金流量。

××会计师事务所　　　　　　　　　　中国注册会计师：×××
（盖章）　　　　　　　　　　　　　　（签名并盖章）
　　　　　　　　　　　　　　　　　　中国注册会计师：×××
　　　　　　　　　　　　　　　　　　（签名并盖章）
中国××市　　　　　　　　　　　　　二〇一×年×月×日

2. 非标准审计报告

非标准审计报告，是指标准审计报告以外的其他审计报告，包括带强调事项段的无保留意见的审计报告和非无保留意见的审计报告。非无保留意见的审计报告包括保留意见的审计报告、否定意见的审计报告和无法表示意见的审计报告。

1）带强调事项段的无保留意见的审计报告

审计报告的强调事项段是指注册会计师在审计意见段之后增加的对重大事项予以强调的段落。

强调事项应当同时符合下列条件：可能对财务报表产生重大影响，但被审计单位进行了恰当的会计处理，且在财务报表中充分披露；不影响注册会计师发表的审计意见。

带强调事项段无保留意见的审计报告也是属于无保留意见类型的审计报告，但它同标准无保留意见审计报告的区别在于：注册会计师认为有必要对重要事项加以说明，因而在无保留意见段后增加强调事项段。

从审计理论上讲，注册会计师在审计意见段之前增加说明段，用来说明发表保留意见、否定意见和无法表示意见的理由。而在意见段之后增加的强调事项段，只是提醒财务报表使用者关注某些事项，只是增加审计报告的信息含量，不影响发表的审计意见。

（1）增加强调事项段的情形：

① 对持续经营能力产生重大疑虑。当存在可能导致对持续经营能力产生重大疑虑的事项或情况、但不影响已发表的审计意见时，注册会计师应当在审计意见段之后增加强调事项段对此予以强调。

如果认为被审计单位在编制财务报表时运用持续经营假设是适当的，但存在可能导致对持续经营能力产生重大疑虑的事项或情况，被审计单位在财务报表中进行了适当披露，注册会计师应当出具无保留意见的审计报告，并在审计意见段之后增加强调事项段，强调可能导致对持续经营能力产生重大疑虑的事项或情况以及管理当局拟采取的改善措施。

② 存在可能对财务报表产生重大影响的不确定事项（持续经营问题除外）、但不影响已发表的审计意见时，注册会计师应当考虑在审计意见段之后增加强调事项段，对此予以强调。

不确定事项是指其结果依赖于未来行动或事项、不受被审计单位的直接控制、但可能影响财务报表的事项。

例如，在审计报告日之前存在的尚未作出最终判决的诉讼案，如被审计单位已在财务报表中适当披露了这些重要的不确定事项，注册会计师应当考虑在审计意见段之后增加强调事项段，对此予以强调。

③ 其他审计准则规定增加强调事项段的情形。规定增加强调事项段的其他审计准则包括《中国注册会计师审计准则第1324号——持续经营》《中国注册会计师审计准则第1332号——期后事项》《中国注册会计师审计准则第1511号——比较数据》等。

（2）带强调事项段无保留意见的审计报告范例。

审计报告

ABC股份有限公司全体股东：

我们审计了后附的ABC股份有限公司（以下简称ABC公司）财务报表，包括201×年12月31日的资产负债表，201×年度的利润表、股东权益变动表和现金流量表以及财务报表附注。

一、管理层对财务报表的责任

按照企业会计准则和《××会计制度》的规定编制财务报表是ABC公司管理层的责任。这种责任包括：（1）设计、实施和维护与财务报表编制相关的内部控制，以使财务报表不存在由于舞弊或错误而导致的重大错报；（2）选择和运用恰当的会计政策；（3）作出合理的会计估计。

二、注册会计师的责任

我们的责任是在实施审计工作的基础上对财务报表发表审计意见。我们按照《中国注册会计师审计准则》的规定执行了审计工作。《中国注册会计师审计准则》要求我们遵守职业道德规范，计划和实施审计工作以对财务报表是否不存在重大错报获取合理保证。

审计工作涉及实施审计程序，以获取有关财务报表金额和披露的审计证据。选择的审计程序取决于注册会计师的判断，包括对由于舞弊或错误导致的财务报表重大错报风险的评估。在进行风险评估时，我们考虑与财务报表编制相关的内部控制，以设计恰当的审计程序，但目的并非对内部控制的有效性发表意见。审计工作还包括评价管理层选用会计政策的恰当性和作出会计估计的合理性，以及评价财务报表的总体列报。

我们相信，我们获取的审计证据是充分、适当的，为发表审计意见提供了基础。

三、审计意见

我们认为，ABC 公司财务报表已经按照企业会计准则和《××会计制度》的规定编制，在所有重大方面公允反映了 ABC 公司 201×年 12 月 31 日的财务状况以及 201×年度的经营成果和现金流量。

四、强调事项

我们提醒财务报表使用者关注，如财务报表附注×所述，ABC 公司在 201×年发生亏损××万元，在 201×年 12 月 31 日，流动负债高于资产总额××万元。ABC 公司已在财务报表附注×充分披露了拟采取的改善措施，但其持续经营能力仍然存在重大不确定性。本段内容不影响已发表的审计意见。

××会计师事务所　　　　　　　　　　　　中国注册会计师：×××
（盖章）　　　　　　　　　　　　　　　　（签名并盖章）
　　　　　　　　　　　　　　　　　　　　中国注册会计师：×××
　　　　　　　　　　　　　　　　　　　　（签名并盖章）
中国××市　　　　　　　　　　　　　　　二〇一×年×月×日

2）保留意见的审计报告

（1）签发保留意见的审计报告的条件。如果认为财务报表整体是公允的，但还存在下列情形之一，注册会计师应当出具保留意见的审计报告。

① 会计政策的选用、会计估计的作出或财务报表的披露不符合适用的会计准则和相关会计制度的规定，虽影响重大，但不至于出具否定意见的审计报告。

② 因审计范围受到限制，不能获取充分、适当的审计证据，虽影响重大，但不至于出具无法表示意见的审计报告。

保留意见审计报告的基本内容除了包括标准无保留意见审计报告的基本内容外，还应当在审计报告的“注册会计师的责任段”之后、“审计意见段”之前增加说明段，用于描述注册会计师对财务报表发表保留意见、否定意见或无法表示意见的理由，为了清楚地说明导致所发表意见的所有原因，并在可能情况下，指出其对财务报表的影响程度。

保留意见的审计报告应当在意见段中使用“除……的影响外”等术语。如果因审计范围受到限制，注册会计师还应当在注册会计师的责任段中提及这一情况。

（2）注册会计师因审计范围受到限制而出具的保留意见审计报告范例。

审计报告

ABC 股份有限公司全体股东：

我们审计了后附的ABC股份有限公司（以下简称ABC公司）财务报表，包括201×年12月31日的资产负债表，201×年度的利润表、股东权益变动表和现金流量表以及财务报表附注。

一、管理层对财务报表的责任

按照企业会计准则和《××会计制度》的规定编制财务报表是ABC公司管理层的责任。这种责任包括：（1）设计、实施和维护与财务报表编制相关的内部控制，以使财务报表不存在由于舞弊或错误而导致的重大错报；（2）选择和运用恰当的会计政策；（3）作出合理的会计估计。

二、注册会计师的责任

我们的责任是在实施审计工作的基础上对财务报表发表审计意见。除本报告“三、导致保留意见的事项”所述事项外，我们按照《中国注册会计师审计准则》的规定执行了审计工作。《中国注册会计师审计准则》要求我们遵守职业道德规范，计划和实施审计工作以对财务报表是否不存在重大错报获取合理保证。

审计工作涉及实施审计程序，以获取有关财务报表金额和披露的审计证据。选择的审计程序取决于注册会计师的判断，包括对由于舞弊或错误导致的财务报表重大错报风险的评估。在进行风险评估时，我们考虑与财务报表编制相关的内部控制，以设计恰当的审计程序，但目的并非对内部控制的有效性发表意见。审计工作还包括评价管理层选用会计政策的恰当性和作出会计估计的合理性，以及评价财务报表的总体列报。

我们相信，我们获取的审计证据是充分、适当的，为发表审计意见提供了基础。

三、导致保留意见的事项

ABC公司201×年12月31日的应收账款余额××万元，占资产总额的7%。由于ABC公司未能提供债务人地址，我们无法实施函证以及其他审计程序，以获取充分、适当的审计证据。

四、审计意见

我们认为，除了前段所述未能实施函证可能产生的影响外，ABC公司财务报表已经按照企业会计准则和《××会计制度》的规定编制，在所有重大方面公允反映了ABC公司201×年12月31日的财务状况以及201×年度的经营成果和现金流量。

××会计师事务所　　　　中国注册会计师：×××

（盖章）　　　　（签名并盖章）

中国注册会计师：×××

（签名并盖章）

中国××市　　　　二〇一×年×月×日

3）否定意见的审计报告

（1）签发否定意见审计报告的条件。如果认为财务报表没有按照适用的会计准则和相关会计制度的规定编制，未能在所有重大方面公允反映被审计单位的财务状况、经营成果和现金流量，注册会计师应当出具否定意见的审计报告。

否定意见审计报告的基本内容除了包括标准无保留意见审计报告的基本内容外，还应当在审计报告的“注册会计师的责任段”之后、“审计意见段”之前增加说明段，清楚地说明导致所发表意见的所有原因，并在可能的情况下，指出其对财务报表的影响程度。

否定意见的审计报告应当在“审计意见段”中使用“由于上述问题造成的重大影响”、“由于受到前段所述事项的重大影响”、“财务报表没有按照……的规定编制，未能在所有重大方面公允反映”等专业术语。

（2）否定意见的审计报告的范例。

审计报告

ABC股份有限公司全体股东：

我们审计了后附的ABC股份有限公司（以下简称ABC公司）财务报表，包括201×年12月31日的资产负债表，201×年度的利润表、股东权益变动表和现金流量表以及财务报表附注。

一、管理层对财务报表的责任

按照企业会计准则和《××会计制度》的规定编制财务报表是ABC公司管理层的责任。这种责任包括：（1）设计、实施和维护与财务报表编制相关的内部控制，以使财务报表不存在由于舞弊或错误而导致的重大错报；（2）选择和运用恰当的会计政策；（3）作出合理的会计估计。

二、注册会计师的责任

我们的责任是在实施审计工作的基础上对财务报表发表审计意见。我们按照《中国注册会计师审计准则》的规定执行了审计工作。《中国注册会计师审计准则》要求我们遵守职业道德规范，计划和实施审计工作以对财务报表是否不存在重大错报获取合理保证。

审计工作涉及实施审计程序，以获取有关财务报表金额和披露的审计证据。选择的审计程序取决于注册会计师的判断，包括对由于舞弊或错误导致的财务报表重大错报风险的评估。在进行风险评估时，我们考虑与财务报表编制相关的内部控制，以设计恰当的审计程序，但目的并非对内部控制的有效性发表意见。审计工作还包括评价管理层选用会计政策的恰当性和作出会计估计的合理性，以及评价财务报表的总体列报。

我们相信，我们获取的审计证据是充分、适当的，为发表审计意见提供了基础。

三、导致否定意见的事项

如财务报表附注×所述，ABC公司的长期股权投资未按企业会计准则的规定采用权益法核算。如果按权益法核算，ABC公司的长期投资账面价值将减少××万元，净利润将减少××万元，从而导致ABC公司由盈利××万元变为亏损××万元。

四、审计意见

我们认为，由于受到前段所述事项的重大影响，ABC公司财务报表没有按照企业会计准则和《××会计制度》的规定编制，未能在所有重大方面公允反映ABC公司201×年12月31日的财务状况以及201×年度的经营成果和现金流量。

××会计师事务所　　　　　　　　　　中国注册会计师：×××
（盖章）　　　　　　　　　　　　　　（签名并盖章）
　　　　　　　　　　　　　　　　　　中国注册会计师：×××
　　　　　　　　　　　　　　　　　　（签名并盖章）
中国××市　　　　　　　　　　　　　二〇一×年×月×日

4）无法表示意见的审计报告

（1）签发无法表示意见审计报告的条件。如果审计范围受到限制可能产生的影响非常重大和广泛，不能获取充分、适当审计证据，以至于无法对财务报表发表意见，注册会计师应当出具无法表示意见审计报告。

典型的审计范围受到限制的情况有：未能对存货进行监盘；未能对应收账款进行函证；未能取得被投资企业的财务报表；内部控制极度混乱，会计记录缺乏系统性与完整性等。

无法表示意见审计报告的基本内容在标准无保留审计报告基本内容的基础上进行两方面的修正：删除“注册会计师责任段”；在“审计意见段”之前增加说明段，清楚说明所持意见的主要理由。

无法表示意见的审计报告，在“审计意见段”中使用“由于审计范围受到限制可能产生的影响非常重大和广泛”、“我们无法对上述财务报表发表意见”等专业术语。

（2）注册会计师因不能对存货进行监盘而出具的无法表示意见的审计报告范例。

审计报告

ABC 股份有限公司全体股东：

我们接受委托，审计了后附的 ABC 股份有限公司（以下简称 ABC 公司）财务报表，包括201×年12月31日的资产负债表，201×年度的利润表、股东权益变动表和现金流量表以及财务报表附注。

一、管理层对财务报表的责任

按照企业会计准则和《××会计制度》的规定编制财务报表是 ABC 公司管理层的责任。这种责任包括：(1) 设计、实施和维护与财务报表编制相关的内部控制，以使财务报表不存在由于舞弊或错误而导致的重大错报；(2) 选择和运用恰当的会计政策；(3) 作出合理的会计估计。

二、导致无法表示意见的事项

ABC 公司未对201×年12月31日的存货进行盘点，金额为××万元，占期末资产总额的40%。我们无法实施存货监盘，也无法实施替代审计程序，以对期末存货的数量和状况获取充分、适当的审计证据。

三、审计意见

由于上述审计范围受到限制可能产生的影响非常重大和广泛，我们无法对 ABC 公司财务报表发表意见。

××会计师事务所　　　　　　　　　　　　中国注册会计师：×××
（盖章）　　　　　　　　　　　　　　　　（签名并盖章）
　　　　　　　　　　　　　　　　　　　　中国注册会计师：×××
　　　　　　　　　　　　　　　　　　　　（签名并盖章）
中国××市　　　　　　　　　　　　　　　二〇一×年×月×日

本章精要

本章主要围绕审计报告的含义、格式及编写并以注册会计师审计报告为主进行研究。介绍了注册会计师在按业务循环完成各财务报表项目的审计测试和一些特殊项目的审计工作后，应汇总审计测试结果，进行更具综合性的审计工作，如编制审计差异调整表和试算平衡表，获取管理层声明书和律师声明书等；在此基础上，应评价审计结果，在与客户沟通以后，并形成审计意见，草拟审计报告，终结审计工作；明确了审计报告编制的一般原则、基本内容、意见类型。

相关知识

关于注册会计师在审计报告上签名盖章有关问题

《财政部关于注册会计师在审计报告上签名盖章有关问题的通知》（财会〔2001〕1035号）明确规定：

一、会计师事务所应当建立、健全全面质量控制政策与程序以及各审计项目的质量控制程序，严格按照有关规定和本通知的要求在审计报告上签名盖章。

二、审计报告应当由两名具备相关业务资格的注册会计师签名盖章并经会计师事务所盖章方为有效。

（一）合伙会计师事务所出具的审计报告，应当由一名对审计项目负最终复核责任的合伙人和一名负责该项目的注册会计师签名盖章。

（二）有限责任会计师事务所出具的审计报告，应当由会计师事务所主任会计师或其授权的副主任会计师和一名负责该项目的注册会计师签名盖章。

自我测试

一、单项选择题

1. 当存在可能对财务报表产生重大影响的不确定事项，且不影响已发表的意见时，注册会计师应当考虑审计报告的类型是（　　）。
   A. 在意见段之后增加强调事项段　　B. 在意见段之前增加说明段
   C. 出具保留意见　　D. 出具无法表示意见
2. 当前任注册会计师针对上期财务报表出具的审计报告为非无保留意见的审计报告时，如果导致非无保留意见的事项虽已解决，但对本期仍很重要，注册会计师应当考虑的是（　　）。
   A. 出具标准无保留意见　　B. 出具否定意见
   C. 出具保留意见　　D. 出具非无保留意见
3. 如果需要修改已审计财务报表而被审计单位拒绝修改，并且该事项的存在使注册会计师发表无保留意见的条件不再具备，注册会计师应当出具的审计报告类型是（　　）。
   A. 带强调事项段的无保留意见　　B. 否定意见
   C. 保留意见　　D. 保留意见或否定意见
4. 上期财务报表重大错报未更正，也未重新出审计报告，且比较数据未经恰当重述和充分披露，注册会计师应对本期财务报表出具审计报告的类型是（　　）。
   A. 无保留意见　　B. 保留意见　　C. 非无保留意见　　D. 否定意见
5. 因查明天华公司2012年度存在确认虚假收入的严重舞弊，A注册会计师对天华公司2012年度财务报表发表了否定意见。在审计天华公司2013年度比较报表时，A注册会计师通过实施审计程序已确认天华公司2012年度营业收入不再存在重大错报，也不存在其他错报。下列有关比较报表审计意见的说法中，你认为正确的是（　　）。
   A. 如果天华公司不调整比较财务报表中的上期数，应当继续发表否定意见
   B. 基于天华公司调整了比较数据中的营业收入项目，注册会计师不应发表非无保留意见

C. 如果×公司不仅调整了比较数据中的营业收入项目，而且调整了上期财务报表中的营业收入项目，应当发表带强调事项段的无保留意见

D. 因2012年度营业收入年末一次结转，结转后无余额，不再对2013年度财务数据产生实质性影响，所以应发表无保留意见

6. 注册会计师在查阅财务报表公布日后获取的其他信息时，如果注意到存在与财务报表的重大不一致的情况，则应当（　　）。

A. 提请被审计单位调整财务报表或进行适当披露

B. 查找导致不一致的原因

C. 提请被审计单位修改其他信息

D. 将对其他信息的关注以书面形式告知管理层

7. A注册会计师于2014年4月5日向天天公司治理层提交了天天公司2013年度财务报表的审计报告。天天公司董事会于2014年4月10日将已审财务报表及审计报告一并对外公布。4月15日，A注册会计师发现天天公司在招股说明书中列示的该公司2013年度利润总额为12亿元，比经审计确认的已审利润表中的利润总额高出整整3亿元。面对此种情况，A注册会计师首先应当（　　）。

A. 要求天天公司采取必要措施使报表使用者知悉这一重大不一致

B. 考虑以书面方式告知天天公司董事会，并考虑征求律师意见

C. 确认天天公司公布的招股说明书是否存在高估利润的重大情况

D. 确认天天公司已经审计的利润表是否存在隐瞒利润的重大错报

8. 注册会计师出具保留意见的审计报告时，需要在（　　）增加说明段解释出具该意见类型的理由。

A. 意见段之后　　B. 财务报表附注中

C. 在范围段之前　　D. 在意见段之前

9.（　　）并不影响账簿记录的正确性，但将影响到财务报表信息的真实性。

A. 核算误差　　B. 重分类误差

C. 建议调整的不符事项　　D. 未调整不符事项

10. 下列属于标准审计报告的是（　　）。

A. 无保留意见审计报告

B. 保留意见审计报告但不带强调事项段

C. 无保留意见审计报告但不带强调事项段

D. 保留意见审计报告

二、多项选择题

1. 下列不属于核算误差的有（　　）。

A. 会计核算过程中使用错误的会计科目

B. 金额记录不正确

C. 故意不确认有关收入与费用

D. 资产负债表中应收款项按照“应收账款”期末总额总余额填列

2. 下列属于建议调整的不符事项有（　　）。

A. 单笔核算误差超过所涉及财务报表项目（或账项）层次重要性水平的

B. 单笔核算误差大大低于所涉及财务报表项目（或账项）层次重要性水平，但性质重要

C. 单笔核算误差不重要

D. 单笔核算误差不重要，但合起来重要

3. 审计报告的引言段应当说明被审计单位的名称和财务报表已经审计，并包括下列内容（　　）。

A. 指出构成整套财务报表的每张财务报表的名称

B. 提及财务报表附注

C. 指明财务报表公允反映了被审计单位的财务状况、经营成果和现金流量

D. 指明财务报表的日期和涵盖的期间

4. 注册会计师在确定审计报告日期时，应当考虑的事项有（　　）。

A. 应当实施的审计程序已经完成

B. 应当提请被审计单位调整的事项已经提出，被审计单位已经进行调整或拒绝进行调整

C. 管理层已经正式签署财务报表

D. 该会计师事务所内部控制已经审核

5. 如其他信息中存在对事实的错报，注册会计师应提请管理层修改其他信息。如果被审计单位拒绝修改，注册会计师应当（　　）。

A. 将其对其他信息的关注以书面形式告知被审计单位治理层

B. 在征求律师意见后进行适当的处理

C. 在审计报告的意见段后增列说明段予以说明

D. 发表保留意见或否定意见审计报告

三、判断题

1. 如果被审计单位管理当局拒绝在管理层声明书上签名，注册会计师应当考虑签发保留意见或无法表示意见的审计报告。(　　)

2. 审计报告的收件人是指注册会计师按照业务约定书的要求致送审计报告的对象，可以用全称也可以用简称。(　　)

3. 审计报告的语言表达要准确无误，不能出现类似“可能”“大概”“也许”“应该是”等模糊词语使报告使用者产生误解。(　　)

4. 注册会计师结束审计外勤工作后，应当就被审计单位的内部控制审查情况发表审计意见。(　　)

5. 如果审计范围受到严重限制，无法取得充分适当的审计证据，注册会计师应当考虑出具否定意见的审计报告。(　　)

6. 如果认为财务报表整体是公允的，但因审计范围受到限制不能获取充分、适当的审计证据，虽影响重大但不至于出具无法表示意见的审计报告，则应发表保留意见。(　　)

7. 审计差异是指注册会计师在审计过程中发现的被审计单位的会计处理方法与有关会计准则、会计制度之间的不一致所造成的差异，因此发现审计差异都应该调整。(　　)

8. 当存在可能对财务报表产生重大影响的不确定事项时，注册会计师应当考虑在审计意见段之后增加强调事项段对此予以强调。(　　)

9. 委托人将财务报表与审计报告一同提交给使用人，可以减少编报单位对财务报表的真实性、合法性所负的责任。(　　)

10. 审计报告可以对审计工作质量和注册会计师的审计责任起证明作用。(　　)

四、简答题

1. 什么是核算误差和重分类误差？
2. 注册会计师在审计报告意见段后增加强调事项段有哪几种情形？
3. 审计报告的基本内容包括哪些？

五、案例分析题

基本情况　佳华会计师事务所注册会计师李琳和张华于2014年2月10日完成对吉奥股份有限公司2013年度财务报表的外勤审计工作。在审查过程中，注册会计师将财务报表层次的重要性水平定为50万。经审计发现，吉奥股份有限公司除存货中有金额为17万元的错误未作调整外，其他需调整事项均已作调整。另外，在2014年1月20日，吉奥股份有限公司仓库发生严重火灾，因火灾造成部分原材料毁损200万元，公司于当月按规定进行了相应的会计处理。2014年2月25日注册会计师完成了审计报告初稿，内容如下：

吉奥股份有限公司：

本注册会计师接受贵公司的委托，对贵公司2013年度财务报表进行了审查。我们的审计依据《企业会计准则》进行。在审计过程中，按照贵公司指示，我们实施了检查内部控制制度遵守情况和数据真实情况等必要的审计程序。

我们确认，贵公司上述财务报表符合《企业会计准则》的规定，全面反映了贵公司2013年度的财务状况和经营成果。

注册会计师：李琳　张华

2014年2月25日

要求　根据上述资料，指出审计报告中存在的问题，并根据资料进行必要的修改。

第二部分
理论应用篇

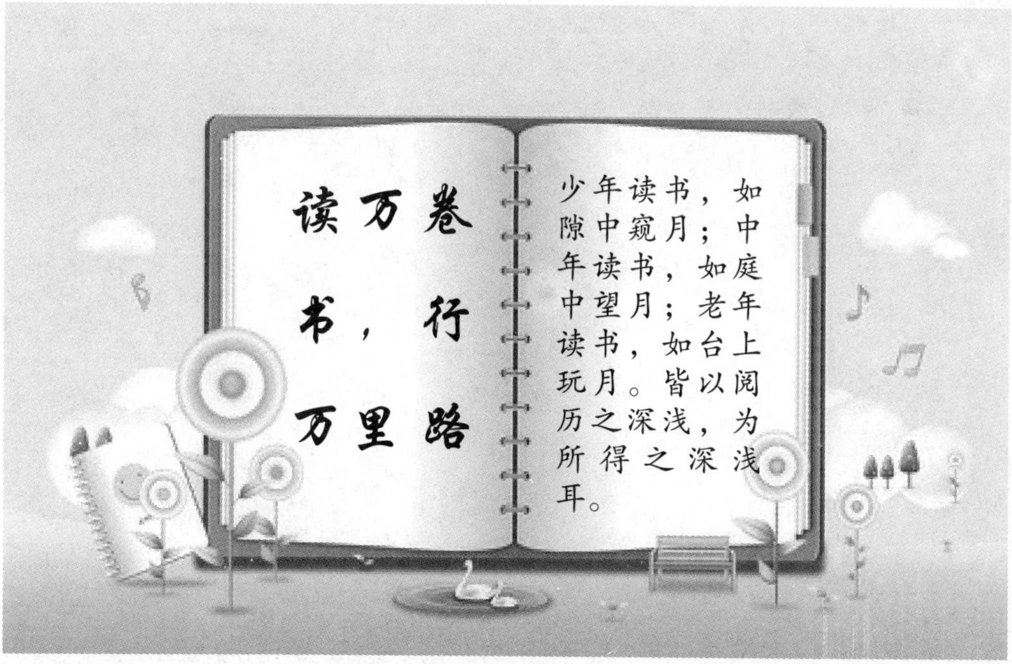

第11章

销售与收款循环的审计

地位与作用

本章属于核心章，是年报审计实务中最重要的一章。集审计理论与实务之大成。

技能要求

*掌握销售与收款循环的特点及其控制测试和实质性程序；掌握主营业务收入、应收账款和坏账准备等账户的实质性程序；熟悉销售与收款循环的主要业务活动。

11.1 销售与收款循环的特点认知

销售是被审计单位的主要经营业务之一，是决定被审计单位营业收入的重要环节。销售收入不实是国内外上市公司最热衷于采用的操纵利润的手段，也是发生审计失败最常见的技术原因。

小贴士

销售收入不实在企业账务上常常会与应收账款类科目相关。通常的现象是，通过计提坏账准备方式冲销虚增收入形成的应收账款，或者在未满足收入确认的情况下，提前确认收入，形成无法收回的应收账款。

销售与收款循环是指企业将商品销售或将劳务提供给购买者，然后再收回款项等一系列经营活动。销售与收款循环是被审计单位的重要交易循环。任何企业的生存发展，最终目标均是产品或服务的销售而取得收益。只有将产品或服务销售给消费者，才能从消费者手中收回货款，以补偿生产耗费并进行再生产及扩大再生产。一般来讲，被审计单位十分重视对销售与收款循环的内部控制。

11.1.1 销售与收款循环涉及的主要业务活动

1. 接受客户订购单

客户提出订货要求是整个销售与收款循环的起点。从法律上讲，这是购买某种货物或接受某种劳务的一项申请。

客户的订购单只有在符合企业管理层的授权批准时，才能被接受。管理层一般都列出了已批准销售的客户名单。销售单管理部门在决定是否同意接受某客户的订单时，应追查该客户是否被列入这张名单。如果该客户未被列入，则通常需要由销售单管理部门的主管来决定是否同意销售。

很多企业在批准了客户订购单之后，下一步就应编制一式多联的销售单。销售单是证明管理层有关销售交易的“发生”认定的凭据之一，也是此笔销售的交易轨迹的起点。

2. 批准赊销信用

对于赊销业务，赊销批准是由信用管理部门根据管理当局的赊销政策以及对每个客户的已授权的信用额度来进行的。信用管理部门的职员在收到销售单管理部门的销售单后，即将销售单与客户已被授权的赊销信用额度以及至今尚欠的账款余额加以比较。执行人工赊销信用检查时，还应合理划分工作职责，以切实避免销售人员为扩大销售而使企业承受不适当的信用风险。

企业应对每个新客户进行信用调查，包括获取信用评审机构对客户信用等级的评定报告。无论批准赊销与否，都要求被授权的信用管理部门人员在销售单上签署意见，然后再将已签署意见的销售单送回销售单管理部门。

设计信用批准控制的目的是为了降低坏账风险，因此，这些控制与应收账款余额的“计价和分摊”认定有关。

3. 按销售单供货

企业管理当局通常要求商品仓库只有在收到经过批准的销售单时才能供货。设立这项控制程序的目的是为了防止仓库在未经授权的情况下擅自发货。因此，已批准销售单的一联通常应送达仓库，作为仓库按销售单供货和发货给装运部门的授权依据。

4. 按销售单装运货物

将按经批准的销售单供货与按销售单装运货物职责分离，有助于避免装运职员在未经授权的情况下装运产品。此外，装运部门职员在装运之前，还必须进行独立验证，以确定从仓库提取的商品都附有经批准的销售单，并且，所提取商品的内容与销售单一致。

5. 向客户开具账单

开具账单包括编制并向客户寄送事先连续编制的销售发票。这项功能所针对的主要问题是：

（1）是否对所有装运的货物都开具了账单（即“完整性”认定问题）；

（2）是否对实际装运的货物才开具账单，有无重复开具账单或虚构交易（即“发生”认定问题）；

（3）是否按已授权批准的商品价目表所列价格计价开具账单（即“准确性”认定问题）；

为了降低开具账单过程中出现遗漏、重复、错误计价或其他差错的风险，应设立以下的控制程序。

（1）开具账单部门职员在编制每张销售发票之前，独立检查是否存在装运凭证和相应的经批准的销售单；

（2）应依据已授权批准的商品价目表编制销售发票；

（3）独立检查销售发票计价和计算的正确性；

（4）将装运凭证上的商品总数与相对应的销售发票上的商品总数进行比较。

上述的控制程序有助于确保用于记录销售交易的销售发票的正确性。因此，这些控制与销售交易的"发生""完整性"以及"准确性"认定有关。销售发票副联通常由开具账单部门保管。

6. 记录销售

在手工会计系统中，记录销售的过程包括区分赊销、现销，按销售发票编制转账记账凭证或现金、银行存款收款凭证，再据以登记销售明细账和应收账款明细账或现金、银行存款日记账。

记录销售的控制程序包括以下内容：

（1）只依据附有有效装运凭证和销售单的销售发票记录销售。这些装运凭证和销售单应能证明销售交易的发生及其发生的日期。

（2）控制所有事先连续编号的销售发票。

（3）独立检查已处理销售发票上的销售金额同会计记录金额的一致性。

（4）记录销售的职责应与处理销售交易的其他功能相分离。

（5）对记录过程中所涉及的有关记录的接触予以限制，以减少未经授权批准的记录发生。

（6）定期独立检查应收账款的明细账与总账的一致性。

（7）定期向客户寄送对账单，并要求客户将任何例外情况直接向指定的未执行或记录销售交易的会计主管报告。

以上这些控制与"发生""完整性""准确性"以及"计价和分摊"认定有关。

7. 办理和记录现金、银行存款收入

这项功能涉及的是有关货款收回，现金、银行存款的记录以及应收账款减少的活动。在办理和记录现金、银行存款收入时，最应关心的是货币资金失窃的可能性。货币资金失窃可能发生在货币资金收入登记入账之前或入账之后。处理货币资金收入时最重要的是要保证全部货币资金都必须如数、及时地记入现金、银行存款日记账或应收账款明细账，并如数、及时地将现金存入银行。在这方面，汇款通知单起着很重要的作用。

8. 办理和记录销售退回、销售折扣与折让

客户如果对商品不满意，销售企业一般都会同意接受退回，或给予一定的销售折让；客户如果提前支付货款，销售企业则可能会给予一定的销售折扣。发生此类事项时，必须经授权批准，并应确保与办理此事有关的部门和职员各司其职，分别控制实物流和会计处理。在这方面，严格使用贷项通知单无疑会起到关键的作用。

9. 注销坏账

不管赊销部门的工作如何主动，客户因经营不善、宣告破产、死亡等原因而不支付货款

的事仍可能发生。销售企业若认为某项货款再也无法收回，就必须注销这笔货款。对这些坏账，正确的处理方法应该是获取货款无法收回的确凿证据，经适当审批后及时作会计调整。

10. 提取坏账准备

坏账准备的数额必须能够抵补企业以后无法收回的销货款。

11.1.2 销售与收款循环涉及的会计资料

在内部控制比较健全的企业，处理销售与收款业务通常需要使用很多会计资料。

1. 客户订购单

客户订购单即客户提出的书面购货要求。企业可以通过销售人员或其他途径，如采用电话、信函和向现有的及潜在的客户发送订货单等方式接受订货，取得客户订购单。

2. 销售单

销售单是列示客户所订商品的名称、规格、数量以及其他与客户订货单有关信息的凭证，作为销售方内部处理客户订货单的依据。

3. 发运凭证

发运凭证即在发运货物时编制的，用以反映发出商品的规格、数量和其他有关内容的凭据。发运凭证的一联寄送给客户，其余联（一联或数联）由企业保留。这种凭证可用做向客户开具账单的依据。

4. 销售发票

销售发票是一种用来表明已销售商品的规格、数量、销售金额、运费和保险费、开票日期、付款条件等内容的凭证。销售发票的一联寄送给客户，其余联由企业保留。销售发票也是在会计账簿中登记销售交易的基本凭证。

5. 商品价目表

商品价目表是列示已经授权批准的、可供销售的各种商品的价格清单。

6. 贷项通知单

贷项通知单是一种用来表示由于销售退回或经批准的折让而引起的应收销售款减少的凭证。这种凭证的格式通常与销售发票的格式相同，只不过它不是用来证明应收账款的增加，而是用来说明应收账款的减少。

7. 应收账款明细账

应收账款明细账是用来记录每个客户各项赊销、还款、销售退回及折让的明细账。各应收账款明细账的余额合计数应与应收账款总账的余额相等。

8. 主营业务收入明细账

主营业务收入明细账是一种用来记录销售交易的明细账。它通常记载和反映不同类别产品或劳务的销售总额。

9. 折扣与折让明细账

折扣与折让明细账是一种用来核算企业销售商品时，按销售合同规定为了及早收回货款而给予客户的销售折扣和因商品品种、质量等原因而给予客户的销售折让情况的明细账。当然，企业也可以不设置折扣与折让明细账，而将该业务记录于主营业务收入明细账。

10. 汇款通知书

汇款通知书是一种与销售发票一起寄给客户，由客户在付款时再寄回销售单位的凭证。这种凭证注明客户的姓名、销售发票号码、销售单位开户银行账号以及金额等内容。如果客户没有将汇款通知书随同货款一并寄回，一般应由收件人在开拆邮件时再代编一份汇款通知书。采用汇款通知书能使现金立即存入银行，可以改善资产保管的控制。

11. 库存现金日记账和银行存款日记账

库存现金日记账和银行存款日记账是用来记录应收账款的回收或现销收入以及其他各种现金、银行存款收入和支出的日记账。

12. 坏账审批表

坏账审批表是一种用来批准将某些应收款项注销为坏账的，仅在企业内部使用的凭证。

13. 客户月末对账单

客户月末对账单是一种按月定期寄送给客户的用购销双方定期核对账目的凭证。客户月末对账单上应注明应收账款的月初余额、本月各项销售交易的金额、本月已收到的货款、各贷项通知单的数额以及月末余额等内容。

14. 转账凭证

转账凭证是指记录转账业务的记账凭证，它是根据有关转账业务（即不涉及现金、银行存款收付的各项业务）的原始凭证编制的。

15. 收款凭证

收款凭证是指用来记录现金和银行存款收入业务的记账凭证。

11.2 销售与收款循环审计过程及分析

11.2.1 销售与收款循环的控制测试认知

销售与收款循环包括销货业务和收款业务两个方面。由于被审计单位的复杂多样，下面讨论的有关销售与收款循环交易的控制测试等内容，都只是从定性而非定量的角度进行阐述。在具体审计时，注册会计师应当结合被审计单位情况，运用职业判断和审计抽样技术来合理确定审计测试的样本量。

1. 销售交易的内部控制和控制测试

注册会计师在了解被审计单位及其环境并评估重大错报风险的过程中，需确认被审计单位是否执行了以下内部控制程序。

1）适当的职责分离

适当的职责分离有助于防止各种有意的或无意的错误。财政部于 2002 年 12 月 23 日发布的财会〔2002〕21 号《内部会计控制规范——销售与收款（试行）》中规定：单位应当将销售、发货、收款三项业务的部门（或岗位）分别设立；单位在销售合同订立前，应当指定专门人员就销售价格、信用政策、发货及收款方式等具体事项与客户进行谈判，谈判人员至少应有两人以上，并与订立合同的人员相分离；编制销售发票通知单的人员与开具销售发票的人员应相互分离；销售人员应当避免接触销售现款；单位应收票据的取得和贴现必须经由保管票据以外的主管人员的书面批准。这些都是对单位提出的有关销售与收款业务相关职责适当分离的基本要求，以确保办理销售与收款业务的不相容岗位相互分离、制约和监督。

注册会计师通常通过观察有关人员的活动、与有关人员进行讨论，来实施职责分离的控制测试。

2）正确的授权审批

对于授权审批的问题，注册会计师应当关注以下四个关键点上的审批程序。

（1）在销售发生之前，赊销已经正确审批。

（2）非经正当审批，不得发出货物。

（3）销售价格、销售条件、运费、折扣等必须经过审批。

（4）审批人应当根据销售与收款授权批准制度的规定，在授权范围内进行审批，不得超越审批权限。对于超过单位既定销售和信用政策规定范围的特殊销售交易，单位应当进行集体决策，前两项控制的目的在于防止企业财产因向虚构的或者无力支付货款的客户发货而蒙受损失；价格审批控制的目的在于保证销售交易按照企业定价政策规定的价格开票收款；对授权审批范围设定权限的目的则在于防止因审批人决策失误而造成严重损失。

通过检查凭证在上述四个关键点是否经过审批，可以很容易地测试出授权审批方面的内部控制的效果。

3）充分的凭证和记录

每个企业交易的产生、处理和记录等制度都有其特点，因此，也许很难评价其各项控制是否足以发挥最大的作用。然而，只有具备充分的记录手续，才有可能实现其他各项控制目标。例如，有的企业在收到客户订货单后，就立即编制一份预先编号的一式多联的销售单，分别用于批准赊销、审批发货、记录发货数量以及向客户开具账单等。在这种制度下，只要定期清点销售发票，漏开账单的情形几乎就不太会发生。相反的情况是，有的企业只在发货以后才开具账单，如果没有其他控制措施，这种制度下漏开账单的情况就很可能发生。

对这种控制常用的一种控制测试程序是清点各种凭证，比如从主营业务收入明细账中选取样本，追查至相应的销售发票存根。

4）凭证的预先编号

对凭证预先进行编号，旨在防止销售以后忘记向客户开具账单或登记入账，也可防止重复开具账单或重复记账。当然，如果对凭证的编号不作清点，预先编号就会失去其控制意义。由收款员对每笔销售开具账单后，将发运凭证按顺序归档，而由另一位职员定期检查全部凭证的编号，并调查凭证缺号的原因，就是实施这项控制的一种方法。

对这种控制常用的一种控制测试程序是清点各种凭证，如检查原始单据编号是否连续，有无不正常的缺号和重号的单据。这种测试程序可同时提供有关真实性和完整性目标的证据。

5）按月寄出对账单

由不负责现金出纳和销售及应收账款记账的人员按月向客户寄发对账单，能促使客户在发现应付账款余额不正确后及时做出说明，因而这是一项有用的控制。为了使这项控制更加有效，最好将账户余额中出现的所有核对不符的账项，指定一位不掌管货币资金也不记载主营业务收入和应收账款账目的主管人员处理。

注册会计师观察指定人员寄送对账单和检查客户复函档案，对于测试被审计单位是否按月向客户寄出对账单，是十分有效的控制测试。

6）内部核查程序

由内部审计人员或其他独立人员核查销售交易的处理和记录，是实现内部控制目标所不可缺少的一项控制措施。

财政部发布的《内部会计控制规范——销售与收款（试行）》中，明确了销售与收款内部控制监督检查的主要内容。

（1）销售与收款交易相关岗位及人员的设置情况。重点检查是否存在销售与收款业务不相容职务混岗的现象。

（2）销售与收款交易授权批准制度的执行情况。重点检查授权批准手续是否健全，是否存在越权审批行为。

（3）销售的管理情况。重点检查信用政策、销售政策的执行是否符合规定。

（4）收款的管理情况。重点检查单位销售收入是否及时入账，应收账款的催收是否有效，坏账核销和应收票据的管理是否符合规定。

（5）销售退回的管理情况。重点检查销售退回手续是否齐全、退回货物是否及时入库。

注册会计师可以通过检查内部审计人员的报告或其他独立人员在他们核查的凭证上的签字等方法实施控制测试。

小贴士

在确定了被审计单位的内部控制中可能存在的薄弱环节，并且对其控制风险作出评价后，注册会计师应当判断继续实施控制测试的成本是否会低于因此而减少对交易、账户余额的实质性程序所需的成本。如果被审计单位的相关内部控制不存在，或被审计单位的相关内部控制未得到有效执行，或内部控制测试的工作量可能大于进行内部控制测试所减少的实质性程序的工作量，则注册会计师不应再继续实施控制测试，而应直接实施实质性程序。

2. 收款交易的内部控制和控制测试

在内部控制健全的企业，与销售相关的收款交易同样有其内部控制目标和内部控制。

尽管由于每个企业的性质、所处行业、规模以及内部控制健全程度等不同，而使得其与收款交易的内部控制内容有所不同，但财政部发布的《内部会计控制规范——销售与收款（试行）》中规定的以下与收款交易相关的内部控制内容是应当共同遵循的。

（1）单位应当按照《现金管理暂行条例》《支付结算办法》和《内部会计控制规范——货币资金（试行）》等规定，及时办理销售收款业务。

（2）单位应将销售收入及时入账，不得账外设账，不得擅自坐支现金。销售人员应当避免接触销售现款。

（3）单位应当建立应收账款账龄分析制度和逾期应收账款催收制度。销售部门应当负责应收账款的催收，财会部门应当督促销售部门加紧催收。对催收无效的逾期应收账款可通过法律程序予以解决。

（4）单位应当按客户设置应收账款台账，及时登记每一客户应收账款余额增减变动情况和信用额度使用情况。对长期往来客户应当建立起完善的客户资料，并对客户资料实行动态管理，及时更新。

（5）单位对于可能成为坏账的应收账款应当报告有关决策机构，对其进行审查，确定是否确认为坏账。单位发生的各项坏账，应查明原因，明确责任，并在履行规定的审批程序后作出会计处理。

（6）单位注销的坏账应当进行备查登记，做到账销案存。已注销的坏账又收回时应当及时入账，防止形成账外款。

（7）单位应收票据的取得和贴现必须经由保管票据以外的主管人员的书面批准。应由专人保管应收票据，对于即将到期的应收票据，应及时向付款人提示付款，已贴现票据应在备查簿中登记，以便日后追踪管理；并应制定逾期票据的冲销管理程序和逾期票据追踪监控制度。

（8）单位应当定期与往来客户通过函证等方式核对应收账款、应收票据、预收款项等往来款项。如有不符，应查明原因，及时处理。

由于销售与收款交易同属一个循环，在经济活动中密切相连，因此，收款交易的一部分测试可与销售交易的测试一并执行，但收款交易的特殊性又决定了其另一部分测试仍需单独实施。关于收款交易的控制测试还将在第十三章专门论述。

11.2.2 销售与收款循环的实质性程序认知

1. 认识销售交易的实质性程序

依据销售业务控制风险的评估结果，并考虑审计的重要性、以前期间的审计结果等因素，就可以进行销售交易与账户余额的实质性程序。

事先需要指出两点：一是这些实质性程序并未包含销售交易全部的实质性程序；二是其中有些实质性程序可以实现多项控制目标，而非仅能实现一项控制目标。

销售交易的实质性程序主要涉及以下内容。

1）测试登记入账的销售交易是否存在或发生

对于这一目标，在审计测试中，注册会计师一般关心三类错误的可能性。

（1）未曾发货却已将销售交易登记入账。针对未曾发货却已将销售交易登记入账这类错误的可能性，注册会计师可以从主营业务收入明细账中抽取若干笔分录，追查有无发运凭证及其他佐证凭证，借以查明有无事实上没有发货却已登记入账的销售交易。如果注册会计师对发运凭证等的真实性表示怀疑，就有必要再进一步追查存活的永续盘存记录，测试存货余额有无减少。

（2）销售交易重复入账。针对销售交易重复入账这类错误的可能性，注册会计师可以通过检查企业的销售交易记录清单以确定是否存在重号、缺号。

（3）向虚构的客户发货，并作为销售交易登记入账。这类错误一般只有在登记销货的人员同时兼有批准发货职能时才会发生。当内部控制存在上述缺陷时，注册会计师很难发现这种虚构的发货。注册会计师应当检查主营业务收入明细账中与销售分录相应的销售单，以确定销售是否经过赊销批准手续和发货审批手续。

前两类错误可能是有意的，也可能是无意的，而第三类错误却是有意的。如何以恰当的实质性程序来发现不真实的销售，取决于注册会计师的专业判断。

另外，检查上述三类错误的另一有效办法是追查应收账款明细账中贷方发生额的记录。如果应收账最终得以收回货款或由于合理的原因收到退货，则记录入账的销售交易一开始通常是真实的；如果贷方发生额是注销坏账，或者直到审计时所欠货款仍未收回，就必须详细追查相应的发运凭证和客户订货单等，因为这些迹象都说明可能存在虚构的销售交易。

当然，只有在注册会计师认为由于缺乏足够的内部控制而可能出现舞弊时，才有必要实施上述实质性程序。

2）测试已发生的销售交易是否均已登记入账

销售交易的审计一般偏重于检查高估资产与收入的问题，因此，通常无须对完整性目标进行交易实质性程序。但是，如果内部控制不健全，比如被审计单位没有由发运凭证追查至主营业务收入明细账这一独立内部核查程序，就有必要对完整性目标实施交易实质性程序。

从发货部门的档案中选取部分发运凭证，并追查至有关的销售发票副本和主营业务收入明细账，是测试未开票的发货的一种有效程序。为使这一程序成为一项有意义的测试，注册会计师必须能够确信全部发运凭证均已归档，这一点可以通过检查凭证的编号顺序来查明。

由原始凭证追查至明细账与从明细账追查至原始凭证是有区别的。前者用来测试遗漏的交易（“完整性”目标），后者用来测试不真实的交易（“发生”目标）。

测试发生目标时，起点是明细账，即从主营业务收入明细账中抽取一个发票号码样本，追查至销售发票存根、发运凭证以及客户订货单；测试完整性目标时，起点应是发运凭证，即从发运凭证中选取样本，追查至销售发票存根和主营业务收入明细账，以确定是否存在遗漏事项。

设计发生目标和完整性目标的审计程序时，确定追查凭证的起点，即测试的方向，很重要。例如，注册会计师如果关心的是发生目标，但弄错了追查的方向（即由发运凭证追查至明细账），就属于严重的审计缺陷。这一点在后面主营业务收入的实质性程序中还将进一步介绍。

在测试其他目标时，方向一般无关紧要。例如，测试交易业务计价的准确性时，可以由销售发票追查发运凭证，也可以反向追查。

3）测试登记入账的销售交易计价是否准确

销售交易计价的准确性包括按订货数量发货、按发货数量准确地开具账单以及将账单上的数额准确地记入会计账簿。对于这三个方面，每次审计中一般都要实施实质性程序，以确保其准确无误。

典型的实质性程序包括复算会计记录中的数据。通常的做法是，以主营业务收入明细账中的会计分录为起点，将所选择的交易业务的合计数与应收账款明细账和销售发票存根进行比较核对。销售发票存根上所列的单价，通常还要与经过批准的商品价目表进行比较核对，其金额小计和合计数也要进行复算。发票中列出的商品的规格、数量和客户代号等，则应与发运凭证进行比较核对。另外，往往还要审核客户订货单和销售单中的同类数据。

将计价准确性目标中的控制测试和实质性程序做一比较，便可作为例证来说明有效的内部控制如何节约了审计时间。很明显，计价目标的控制测试几乎花不了多长时间，因为只需审核一下签字或者其他内部核查的证据即可。内部控制如果有效，实质性程序的样本量便可以减少，审计成本也将因控制测试的成本较低而大大降低。

4）测试登记入账的销售交易分类是否恰当

如果销售分为现销和赊销两种，应注意不要将现销时借记应收账款，也不要在收回应收账款时贷记主营业务收入，同样不要将营业资产的销售（例如固定资产销售）混作正常销售。对那些采用不止一种销售分类的企业，例如需要编制分部报表的企业来说，正确的分类是极为重要的。

销售分类恰当的测试一般可与计价准确性测试一并进行。注册会计师可以通过审核原始凭证确定具体交易业务的类别是否恰当，并以此与账簿的实际记录做比较。

5）测试销售交易的记录是否及时

发货后应尽快开具账单并登记入账，以防止无意漏记销售交易，确保它们记入正确的会计期间。在实施计价准确性实质性程序的同时，一般要将所选取的提货单或其他发运凭证的日期与相应的销售发票存根、主营业务收入明细账和应收账款明细账上的日期做比较。如有重大差异，被审计单位就可能存在销售截止期限上的错误。

6）测试销售交易是否已正确地记入明细账并正确地汇总

应收账款明细账的记录若不正确，将影响被审计单位收回应收账款的能力，因此，将全部赊销业务正确地记入应收账款明细账极为重要。同理，为保证财务报表准确，主营业务收入明细账必须正确地加总并记入总账。在多数审计中，通常都要加总主营业务收入明细账数，并将加总数和一些具体内容分别追查至主营业务收入总账和应收账款明细账或库存现金、银行存款日记账，以检查在销售过程中是否存在有意或无意的错报问题。不过这一测试的样本量要受内部控制的影响。从主营业务收入明细账追查至应收账款明细账，一般与其他审计目标所作的测试一并进行；而将主营业务收入明细账加总，并追查、核对加总数至其总账，则应作为单独的一项测试程序来执行。

小思考

> 在某些特殊的行业，如餐饮、娱乐业，几乎不会以销售发票的开具作为支持记录营业收入的依据。那么，对这类行业，审计人员可以采用哪些办法来确定营业收入数额的恰当性呢？

2. 收款交易的实质性程序

收款交易的实质性程序的范围，在一定程度上要取决于关键控制是否存在以及控制测试的结果。由于销售与收款交易同属一个循环，在经济活动中密切相连，因此，收款交易的一部分测试可与销售交易的测试一并执行，但收款交易的特殊性又决定了其另一部分测试仍需单独实施。

3. 主要账户的实质性程序

根据财务报表项目与业务循环的相关程度，销售与收款循环中涉及的资产负债表项目主要包括应收票据、应收账款、预收款项、应交税费；所涉及的利润表项目主要有营业收入、销售费用、营业税金及附加等。

1）主营业务收入审计

主营业务收入项目核算企业在销售商品、提供劳务等主营业务活动中所产生的收入。

（1）主营业务收入的审计目标。

审计目标一般包括：确定利润表中记录的主营业务收入是否已发生，且与被审计单位有关；确定所有应当记录的主营业务收入是否均已记录；确定与主营业务收入有关的金额及其他数据是否已恰当记录，包括对销售退回、销售折扣与折让的处理是否适当；确定主营业务收入是否已记录于正确的会计期间；确定主营业务收入是否已按照企业会计准则的规定在财务报表中作出恰当的列报。

（2）主营业务收入的实质性程序。

围绕上述审计目标，主营业务收入的实质性程序一般包括以下内容。

① 获取或编制主营业务收入明细表，复核加计是否正确，并与总账数和明细账合计数核对是否相符；结合其他业务收入科目与报表数核对是否相符；检查以非记账本位币结算的主营业务收入的折算汇率及折算是否正确。

② 检查主营业务收入的确认条件、方法是否符合企业会计准则，前后期是否一致；特别关注周期性、偶然性的收入是否符合既定的收入确认原则、方法。

对于主营业务收入的实质性程序，主要应测试被审计单位是否依据《企业会计准则第 14 号——收入》的要求来确认销售收入。具体来说，被审计单位采取的销售方式不同，确认销售的时点也是不同的。

③ 必要时，选择实施以下实质性分析程序。

a. 针对已识别的需要运用分析程序的有关项目，并基于对被审计单位及其环境的了解，通过进行以下比较，同时考虑有关数据间关系的影响，以建立有关数据的期望值。

★ 将本期的主营业务收入与上期的主营业务收入进行比较，分析产品销售的结构和价格变动是否正常，并分析异常变动的原因。

★ 比较本期各月各类主营业务收入的波动情况，分析其变动趋势是否正常，是否符合被审计单位季节性、周期性的经营规律，查明异常现象和重大波动的原因。

★ 计算本期重要产品的毛利率，与上期比较，检查是否存在异常，各期之间是否存在重大波动，查明原因。

★ 将本期重要产品的毛利率与同行业企业进行对比分析，检查是否存在异常。

★ 根据增值税发票申报表或普通发票，估算全年收入，与实际收入金额比较，检查是否存在虚开发票或销售而未开发票的情况。

b. 确定可接受的差异额。

c. 将实际的情况与期望值相比较，识别需要进一步调查的差异。

d. 如果其差额超过可接受的差异额，调查并获取充分的解释和恰当的佐证审计证据（如通过检查相关的凭证等）。

e. 评估分析程序的测试结果。

④ 获取产品价格目录，抽查售价是否符合价格政策，并注意销售给关联方或关系密切的重要客户的产品价格是否合理，有无以低价或高价结算转移收入、相互之间转移利润的现象。

⑤ 抽取本期一定数量的发运凭证，审查存货出库日期、品名、数量等是否与销售发票、销售合同、记账凭证等一致。

⑥ 抽取本期一定数量的记账凭证，审查入账日期、品名、数量、单价、金额等是否与销售发票、发运凭证、销售合同等一致。

⑦ 结合对应收账款实施的函证程序，选择主要客户函证本期销售额。

⑧ 对于出口销售，应当将销售记录与出口报关单、货运提单、销售发票等出口销售单据进行核对，必要时向海关函证。

⑨ 实施销售的截止测试。截止测试是实质性程序中常用的一种具体审计技术，被广泛运用于货币资金、往来款项、存货、长短期投资、主营业务收入和期间费用等项目的审计中，尤以在主营业务收入审计中的运用更为典型。

对主营业务上收入实施截止测试，其目的主要在于确定被审计单位主营业务收入的会计记录归属期是否正确：应记入本期或下期的主营业务收入是否有被推延至下期或提前至本期。

注册会计师在审计中应该注意把握三个与主营业务收入确认有着密切关系的日期：一是发票开具日期或者收款日期；二是记账日期；三是发货日期（服务业则是提供劳务的日期）。这里的发票开具日期是指开具增值税专用发票或普通发票的日期；记账日期是指被审计单位确认主营业务收入实现并将该笔经济业务记入主营业务收入账户的日期；发货日期是指仓库开具出库单并发出库存商品的日期。检查三者是否归属同一适当会计期间是主营业务收入截止测试的关键所在。

围绕上述三个重要日期，在审计实务中，注册会计师可以考虑选择三条审计路线实施主营业务收入的截止测试。

一是以账簿记录为起点。从资产负债表日前后若干天的账簿记录查至记账凭证，检查发票存根与发运凭证，目的是证实已入账收入是否在同一期间已开具发票并发货，有无多记收入。这种方法的优点是比较直观，容易追查至相关凭证记录，以确定其是否应在本期确认收入，特别是在连续审计两个以上会计期间时，检查跨期收入十分便捷，可以提高审计效率。缺点是缺乏全面性和连贯性，只能查多记，无法查漏记，尤其是当本期漏记收入延至下期，而审计时被审计单位尚未及时登账时，不易发现应记入而未记入报告期收入的情况。使用这种方法主要是为了防止多计收入。

二是以销售发票为起点。从资产负债表日前后若干天的发票存根查至发运凭证与账簿记录，确定已开具发票的货物是否发货并于同一会计期间确认收入。具体做法是，抽取若干张在资产负债表日前后开具的销售发票的存根，追查至发运凭证和账簿记录，查明有无漏记收入现象。这种方法也有其优缺点：优点是较全面、连贯，容易发现漏记的收入现象；缺点是较费时费力，有时难以查找相应的发货及账簿记录，而且不易发现多记的收入。使用该方法时应注意两点：

★ 相应的发运凭证是否齐全，特别应注意有无报告期内已作收入而下期初用红字冲回，并且无发货、收获记录，以此来调节前后期利润的情况；

★ 被审计单位的发票存根是否已全部提供，有无隐瞒，为此，应查看被审计单位的发票领购簿，尤其应关注普通发票的领购和使用情况。因此，使用这种方法主要是为了防止少计收入。

三是以发运凭证为起点。从资产负债表日前后若干天的发运凭证查至发票开具情况与账簿记录，确定主营业务收入是否已记入恰当的会计期间。该方法的优缺点与方法二类似，具体操作中还应考虑被审计单位的会计政策才能作出恰如其分的处理。因此，使用这种方法主要也是为了防止少计收入。

上述三条审计路线在实务中均被广泛采用，它们并不是孤立的，注册会计师可以考虑在同一被审计单位财务报表审计中并用这三条路线，甚至可以在同一主营业务收入科目审计中并用。但为了提高审计效率，注册会计师应当凭借专业经验和所掌握的信息、资料作出正确判断，选择其中的一条或两条审计路线实施更有效的收入截止测试。

⑩ 存在销货退回的，检查相关手续是否符合规定，结合原始销售凭证检查其会计处理是否正确；结合存货项目审计关注其真实性。

⑪ 检查销售折扣与折让。企业在销售交易中，往往会因产品品种不符、质量不符合要求以及结算方面的原因发生销售折扣和折让。尽管引起销售折扣和折让的原因不尽相同，其表现形式也不尽一致，但都是对收入的抵减，直接影响收入的确认和计量。因此，注册会计师应重视折扣与折让的审计。销售折扣与折让的实质性程序主要包括：

★ 获取或编制折扣与折让明细表，复核加计正确，并与明细账合计数核对相符；

★ 取得被审计单位有关折扣与折让的具体规定和其他文件资料，并抽查较大的折扣与折让发生额的授权批准情况，与实际执行情况进行核对，检查其是否经授权批准，是否合法、真实；

★ 销售折让与折扣是否及时足额提交对方，有无虚设中介、转移收入、私设账外“小金库”等情况；

★ 检查折扣与折让的会计处理是否正确。

⑫ 检查主营业务收入的列报是否恰当。

2）应收账款审计

应收账款指企业因销售商品、提供劳务而形成的债权，即由于企业销售商品、提供劳务等原因，应向购货客户或接受劳务的客户收取的款项或代垫的运杂费，是企业在信用活动中所形成的各种债权性资产。

企业的应收账款是在销售交易或提供劳务过程中产生的。企业的销售如果属于赊销，即销售实现时没有立即收取现款，而是获得了要求客户在一定条件下和一定时间内支付货款的权利，就产生了应收账款。因此，应收账款的审计应结合销售交易来进行。

（1）应收账款的审计目标。

应收账款的审计目标一般包括：确定资产负债表中记录的应收账款是否存在；确定所有应当记录的应收账款是否均已记录；确定记录的应收账款是否被被审计单位拥有或控制；确定应收账款是否可收回，坏账准备的计提方法和比例是否恰当，计提是否充分；确定应收账款期末余额是否正确；确定应收账款是否已按照企业会计准则的规定在财务报表中作出恰当列报。

（2）应收账款的实质性程序。

① 取得或编制应收账款明细表。

a. 复核加计是否正确，并与总账数和明细账合计数进行核对，看其是否相符；结合坏账准备科目与报表数核对是否相符。

b. 检查非记账本位币应收账款的折算汇率及折算是否正确。对于用非记账本位币（通常为外币）结算的应收账款，注册会计师应检查被审计单位外币应收账款的增减变动是否采用交易发生日的即期汇率将外币金额折算为记账本位币金额，或者采用按照系统合理的方法确定的、与交易发生日即期汇率近似的汇率折算，选择采用汇率的方法前后各期是否一致；期末外币应收账款余额是否采用期末即期汇率折合为记账本位币金额；折算差额的会计处理是否正确。

c. 分析有贷方余额的项目，查明原因，必要时，建议作重分类调整。

d. 结合其他应收款、预收款项等往来项目的明细余额，调查有无同一客户多处挂账、异常余额或与销售无关的其他款项（如代销账户、关联方账户或员工账户）。如有，应做出记录，必要时提出调整建议。

e. 标识重要的欠款单位，计算其欠款合计数占应收账款余额的比例。

② 检查涉及应收账款的相关财务指标。

a. 复核应收账款借方累计发生额与主营业务收入是否配比，并将当期应收账款借方发生额占销售收入净额的百分比与管理层考核指标比较，如存在差异应查明原因。

b. 计算应收账款周转率、应收账款周转天数等指标，并与被审计单位以前年度指标、同行业同期相关指标对比分析，检查是否存在重大异常。

③ 检查应收账款账龄分析是否正确。

a. 获取或编制应收账款账龄分析表。注册会计师可以通过获取或编制应收账款账龄分析表来分析应收账款的账龄，以便了解应收账款的可收回性。应收账款账龄分析表如表11－1所示。

表11－1　应收账款账龄分析表

年　月　日　　　　　　　　货币单位：

客户名称	期末余额	账龄			
		1年以内	1～2年	2～3年	3年以上
合　计					

应收账款的账龄，是指资产负债表中的应收账款从销售实现、产生应收账款之日起，至资产负债表日止所经历的时间。编制应收账款账龄分析表时，可以选择重要的客户及其余额列示，不重要的或余额较小的，可以汇总列示。应收账款账龄分析表的合计数减去已计提的相应坏账准备后的金额，应该等于资产负债表中的应收账款项目余额。

b. 如果应收账款账龄分析表由被审计单位编制，测试其计算的准确性。

c. 将应收账款账龄分析表中的合计数与应收账款总分类账余额相比较，并调查重大调节项目。

d. 检查原始凭证，如销售发票、运输记录等，测试账龄核算的准确性。

④ 向债务人函证应收账款。函证是指注册会计师为了获取影响财务报表或相关披露认定的项目的信息，通过直接来自第三方对有关信息和现存状况的声明，获取和评价审计证据的过程。函证应收账款的目的在于证实应收账款账户余额的真实性、正确性，防止或发现被审计单位及其有关人员在销售交易中发生的错误或舞弊行为。通过函证应收账款，可以比较有效地证明被询证者（即债务人）的存在和被审计单位记录的可靠性。

注册会计师应考虑被审计单位的经营环境、内部控制的有效性、账户或交易的性质、被询证者处理询证函的习惯做法及回函的可能性等，以确定函证的内容、范围、时间和方式。

询证函可以由注册会计师利用被审计单位提供的应收账款明细账户名称及地址编制，也可以委托被审计单位其他人员代替其编制，但询证函的寄发一定要由注册会计师亲自进行。

a. 函证的方式。

函证方式分为积极的函证方式和消极的函证方式。注册会计师可采用积极的或消极的函证方式实施函证，也可将两种方式结合使用。

如果采用积极的函证方式，注册会计师应当要求被询证者在任何情况下都必须回函，确认询证函所列示信息是否正确，或填列询证函要求的信息。

积极的函证方式又分为两种：一种是在询证函中列明拟函证的账户余额或其他信息，要求被询证者确认所函证的款项是否正确。通常认为，对这种询证函的回复能够提供可靠的审计证据。但是，其缺点是被询证者可能对所列示信息根本不加以验证就予以回函确认。为了避免这种风险，注册会计师可以采用另外一种询证函，即在询证函中不列明账户余额或其他信息。而要求被询证者填写有关信息或提供进一步信息。由于这种询证函要求被询证者做出更多的努力，可能会导致回函率降低，进而导致注册会计师执行更多的替代程序。

在采用积极的函证方式时，只有注册会计师收到回函，才能为财务报表认定提供审计证据。注册会计师没有收到回函，可能是由于被询证者根本不存在，或是由于被询证者没有收到询证函，也可能是由于询证者没有理会询证函，因此，无法证明所函证信息是否正确。

以下系《〈中国注册会计师审计准则第1312号——函证〉指南》提供的两种积极式询证函的格式，供参考。

积极式询证函（格式一）

企业询证函

编号：

××（公司）：

本公司聘请的××会计师事务所正在对本公司××年度财务报表进行审计，按照《中国注册会计师审计准则》的要求，应当询证本公司与贵公司的往来账项等事项。下列数据出自本公司账簿记录，如与贵公司记录相符，请在本函下端“信息证明无误”处签章证明；如有不符，请在“信息不符”处列明不符金额。回函请直接寄至大华会计师事务所。

回函地址：

邮编：　　　　电话：　　　　传真：　　　　联系人：

1. 本公司与贵公司的往来账项列示如下：

单位：元

截止日期	贵公司欠	欠贵公司	备　注

2. 其他事项。

本函仅为复核账目之用，并非催款结算。若款项在上述日期之后已经付清，仍请及时函复为盼。

（公司盖章）
年 月 日

结论：1. 信息证明无误。

（公司盖章）
年 月 日
经办人：

2. 信息不符，请列明不符的详细情况：

（公司盖章）
年 月 日
经办人：

积极式询证函（格式二）

企业询证函

编号：

××（公司）：

本公司聘请的××会计师事务所正在对本公司××年度财务报表进行审计，按照《中国注册会计师审计准则》的要求，应当询证本公司与贵公司的往来账项等事项。请列示截止××年×月×日贵公司与本公司往来款项余额。回函请直接寄至大华会计师事务所。

回函地址：

邮编： 电话： 传真： 联系人：

本函仅为复核账目之用，并非催款结算。若款项在上述日期之后已经付清，仍请及时函复为盼。

（公司盖章）
年 月 日

1. 贵公司与本公司的往来账项列示如下：

单位：元

截止日期	贵公司欠	欠贵公司	备 注

2. 其他事项。

（公司盖章）
年 月 日
经办人：

如果采用消极的函证方式，注册会计师只要求被询证者仅在不同意询证函列示信息的情况下才予以回函。

在采用消极的函证方式时，如果收到回函，能够为财务报表认定提供说服力强的审计证据。未收到回函可能是因为被询证者已收到询证函且核对无误，也可能是因为被询证者根本就没有收到询证函。因此，积极的函证方式通常比消极的函证方式提供的审计证据可靠。因而在采用消极的方式函证时，注册会计师通常还需辅之以其他审计程序。

当同时存在下列情况时，注册会计师可考虑采用消极的函证方式：重大错报风险评估为低水平；涉及大量余额较小的账户；预期不存在大量的错误；没有理由相信被询证者不认真对待函证。

在审计实务中，注册会计师也可将这两种方式结合使用。当应收账款的余额是由少量的大额应收账款和大量的小额应收账款构成时，注册会计师可以对所有的或抽取的大额应收账款样本采用积极的函证方式，而对抽取的小额应收账款样本采用消极的函证方式。

以下系《〈中国注册会计师审计准则第 1312 号——函证〉指南》提供的消极式询证函的格式，供参考。

消极式询证函格式

企业询证函

编号：

××（公司）：

本公司聘请的××会计师事务所正在对本公司××年度财务报表进行审计，按照《中国注册会计师审计准则》的要求，应当询证本公司与贵公司的往来账项等事项。下列数据出自本公司账簿记录，如与贵公司记录相符，则无须回复；如有不符，请直接通知会计师事务所，并请在空白处列明贵公司认为是正确的信息。回函请直接寄至大华会计师事务所。

回函地址：

邮编：　　　　电话：　　　　传真：　　　　联系人：

1. 本公司与贵公司的往来账项列示如下：

单位：元

截止日期	贵公司欠	欠贵公司	备　注

2. 其他事项。

本函仅为复核账目之用，并非催款结算。若款项在上述日期之后已经付清，仍请及时核对为盼。

（公司盖章）

年　月　日

××会计师事务所：

上面的信息不正确，差异如下：

（公司盖章）

年　月　日

经办人：

b. 函证范围和对象的确定。

★函证范围的确定。注册会计师一般应当在全部应收账款中选取适当样本进行函证。除非有充分证据表明应收账款对被审计单位财务报表而言是不重要的，或者函证很可能是无效的，否则，注册会计师应当对应收账款进行函证。如果注册会计师不对应收账款进行函证，应当在工作底稿中说明理由。如果认为函证很可能是无效的，注册会计师应当实施替代审计程序，获取充分、适当的审计证据。函证数量的大小、范围是由诸多因素决定的，主要有：应收账款在全部资产中的重要性；应收账款明细账户的数量；被审计单位内部控制系统的强弱；以前期间的函证结果；检查风险对函证样本量的影响；函证方式的选择。

★函证对象的确定。一般情况下，注册会计师应选择以下项目作为函证对象：大额或账龄较长的项目；与债务人发生纠纷的项目；关联方项目；主要客户（包括关系密切的客户）项目；交易频繁但期末余额较小甚至余额为零的项目；可能产生重大错报或舞弊的非正常的项目。

c. 函证时间的选择。

为了充分发挥函证的作用，应恰当选择函证的实施时间。注册会计师通常以资产负债表日为截止日，在资产负债表日后适当时间内实施函证。如果重大错报风险评估为低水平，注册会计师可选择资产负债表日前适当日期为截止日实施函证，并对所函证项目自该截止日起至资产负债表日止发生的变动实施实质性程序。

d. 函证的控制。

注册会计师通常根据被审计单位提供的应收账款明细账户名称及客户地址等资料编制询证函，但注册会计师应当对选择被询证者、设计询证函以及发出和收回询证函保持控制。出于掩盖舞弊的目的，被审计单位可能想方设法拦截或更改询证函及回函的内容。如果注册会计师对函证程序控制不严密，就可能给被审计单位造成可乘之机，导致函证结果发生偏差和函证程序失效。

小贴士

注册会计师对函证实施过程进行控制的措施

（1）将被询证者的名称、地址与被审计单位有关记录核对。

（2）将询证函中列示的账户余额或其他信息与被审计单位有关资料核对。

（3）在询证函中指明直接向接受审计业务委托的会计师事务所回函。

（4）询证函经被审计单位盖章后，由注册会计师直接发出。

（5）将发出询证函的情况形成审计工作记录。

（6）将收到的回函形成审计工作记录，并汇总统计函证结果。

在审计实务中，注册会计师经常会遇到被询证者以传真、电子邮件等方式回函的情况。这些方式确实能使注册会计师及时得到回函信息，但由于这些方式易被截留、篡改或难以确定回函者的真实身份，因此，注册会计师应当直接接收，并要求被询证者及时寄回询证函原件。

注册会计师还经常会遇到采用积极的函证方式实施函证而未能收到回函的情况。对此，注册会计师应当与被询证者联系，查明是由于被询证者地址迁移、差错而致信函无法投递，还是这笔应收账款本来就是一笔假账。一般来说应发送第二次乃至第三次询证函，如果未能得到被询证者的回应，注册会计师应当实施替代审计程序。所实施的替代程序因所涉及的账户和认定而异，但替代审计程序应当能够提供实施函证所能够提供的同样效果的审计证据。例如检查与销售有关的文件，包括销售合同或协议、销售订单、销售发票副本及发运凭证等，以获取具有同等证明效力的审计证据，验证这些应收账款的真实性。

如果实施函证和替代审计程序都不能提供财务报表有关认定的充分、适当的审计证据，注册会计师应当实施追加的审计程序。

在评价实施函证和替代审计程序获取的审计证据是否充分、适当时，注册会计师应当考虑：函证和替代审计程序的可靠性；不符事项的原因、频率、性质和金额；实施其他审计程序获取的审计证据。

在评价函证的可靠性时，注册会计师应当考虑：对询证函的设计、发出及收回的控制情况；被询证者的胜任能力、独立性、授权回函情况、对函证项目的了解及其客观性；被审计单位施加的限制或回函中的限制。

如果有迹象表明收回的询证函不可靠，注册会计师应当实施适当的审计程序予以证实或消除疑虑，并应当考虑不符事项是否构成错报及其对财务报表可能产生的影响，并将结果形成审计工作记录。

注册会计师可通过函证结果汇总表的方式对询证函的收回情况加以控制。函证结果汇总表如表 11－2 所示。

表 11－2　应收账款函证结果汇总表

被审计单位名称：　　　　　　　　　　　　　　制表：　　　　　日期：
结账日：　　　年　月　日　　　　　　　　　　复核：　　　　　日期：

询证函编号	债务人名称	债务人地址及联系方式	账面金额	函证方式	函证日期		回函日期	替代程序	确认余额	差异金额及说明	备注
					第一次	第二次					
合计											

e. 对不符事项的处理。

收回的询证函若有差异，即函证出现了不符事项，注册会计师应当首先提请被审计单位查明原因，并作进一步分析和核实。不符事项的原因可能是由于双方登记入账的时间不同，或是由于一方或双方记账错误，也可能是被审计单位的舞弊行为。对应收账款而言，登记入账的时间不同而产生的不符事项主要表现为：询证函发出时，债务人已经付款，而被审计单位尚未收到货款；询证函发出时，被审计单位的货物已经发出并已做销售记录，但货物仍在途中，债务人尚未收到货物；债务人由于某种原因将货物退回，而被审计单位尚未收到；债务人对收到的货物的数量、质量及价格等方面有异议而全部或部分拒付货款等。

如果不符事项构成错报，注册会计师应当重新考虑所实施审计程序的性质、时间和范围。

f. 对函证结果的总结和评价。

注册会计师应将函证的过程和情况记录在工作底稿中，并据以评价函证的可靠性，据以总结和评价应收账款情况。注册会计师对函证结果可进行如下评价：

★注册会计师应重新考虑：对内部控制的原有评价是否适当；控制测试的结果是否适

当；分析程序的结果是否适当；相关的风险评价是否适当等。

★如果函证结果表明没有审计差异，则注册会计师可以合理地推论全部应收账款总体是正确的。

★如果函证结果表明存在审计差异，注册会计师则应当估算应收账款总额中可能出现的累计差错是多少，估算未被选中进行函证的应收账款的累计差错是多少。为取得对应收账款累计差错更加准确的估计，也可以进一步扩大函证范围。

需要指出的是，即便应收账款得到了债务人的确认，也并不意味着债务人一定会付款。另外，函证也不可能发现应收账款中存在的所有问题。虽然如此，应收账款的函证仍不失为一种必要的、有效的审计方法。注册会计师通过对应收账款进行函证，结合实施其他实质性程序，可以对有关债权回收的可能性得出合理的结论，并向被审计单位管理层提出有关债权情况所面临的风险和应采取的措施。

同时需要指出的是，注册会计师应当将询证函回函作为审计证据，纳入审计工作底稿管理，询证函回函的所有权归属所在会计师事务所。除法院、检察院及其他有关部门依法查阅审计工作底稿、注册会计师协会对执业情况进行检查以及前后任注册会计师沟通等情形外，会计师事务所不得将询证函回函提供给被审计单位作为法律诉讼证据。

⑤ 确定已收回的应收账款金额。请被审计单位协助，在应收账款账龄明细表上标出至审计时已收回的应收账款金额，对已收回金额较大的款项进行常规检查，如核对收款凭证、银行对账单、销货发票等，并注意凭证发生日期的合理性，分析收款时间是否与合同相关要素一致。

⑥ 对未函证应收账款实施替代审计程序。通常，注册会计师不可能对所有应收账款进行函证，因此，对于未函证应收账款，注册会计师应抽查有关原始凭据，如销售合同、销售订单、销售发票副本、发运凭证及回款单据等，以验证与其相关的应收账款的真实性。

⑦ 检查坏账的确认和处理。首先，注册会计师应检查有无债务人破产或者死亡的以及破产或以遗产清偿后仍无法收回的，或者债务人长期未履行清偿义务的应收账款；其次，应检查被审计单位坏账的处理是否经授权批准，有关会计处理是否正确。

⑧ 抽查有无不属于结算业务的债权。不属于结算业务的债权，不应在应收账款中进行核算。因此，注册会计师应抽查应收账款明细账，并追查有关原始凭证，查证被审计单位有无不属于结算业务的债权。如有，应建议被审计单位作适当调整。

⑨ 检查应收账款的贴现、质押或出售。检查银行存款和银行借款等询证函的回函、会议纪要、借款协议和其他文件，确定应收账款是否已被贴现、质押或出售，应收账款贴现业务属质押还是出售，其会计处理是否正确。

企业以其按照销售商品、提供劳务的销售合同所产生的应收债权向银行等金融机构贴现，在进行会计核算时，应按照“实质重于形式”的原则，充分考虑交易的经济实质。对于有明确的证据表明有关交易事项满足销售确认条件，如与应收债权有关的风险、报酬实质上已经发生转移等，应按照出售应收债权处理，并确认相关损益。否则，应作为以应收债权为质押取得的借款进行会计处理。

⑩ 对应收账款实施关联方及其交易审计程序。标明应收关联方［包括持股5%以上（含5%）股东］的款项，实施关联方及其交易审计程序，并注明合并财务报表时应予抵消的金额；对关联企业、有密切关系的主要客户的交易事项作专门核查。

a. 了解交易事项目的、价格和条件，作比较分析。

b. 检查销售合同、销售发票、货运单证等相关文件资料。

c. 检查收款凭证等货款结算单据。

d. 向关联方、有密切关系的主要客户或其他注册会计师函询，以确认交易的真实性、合理性。

⑪ 检查应收账款的列报是否恰当。如果被审计单位为上市公司，则其财务报表附注通常应披露期初、期末余额的账龄分析，期末欠款金额较大的单位账款以及持有 5% 以上（含 5%）股份的股东单位账款等情况。

3）坏账准备审计

企业会计准则规定，企业应当在期末对应收账款进行检查，并预计可能产生的坏账损失。坏账是指企业无法收回或收回的可能性极小的应收款项（包括应收票据、应收账款、预付款项、其他应收款和长期应收款等）。由于发生坏账而产生的损失称为坏账损失。

企业通常应采用备抵法按期估计坏账损失，形成坏账准备。与直接转销法相比，备抵法将预计不能收回的应收款项作为坏账损失及时计入费用，能够避免企业虚增利润；在财务报表中列示应收款项的净额，有助于财务报表使用者了解企业真实的财务状况，并且，使得应收款项实际占用资金更接近实际，消除了虚列的应收款项，比较准确地反映了企业资金周转情况。

在市场经济的社会信用制度尚未完善时期，企业间交易形成的款项部分或全部无法收回的情形司空见惯。因此，企业应当定期或者至少于每年年度终了时，对应收款项进行全面检查，预计各项应收款项可能发生的坏账，对于没有把握能够收回的应收款项，应当计提坏账准备。正因为如此，坏账准备通常是审计的重点领域。

（1）坏账准备的审计目标

① 确定坏账准备的计提方法和比例是否恰当，计提是否充分。

② 确定坏账准备增减变动的记录是否完整。

③ 确定坏账准备期末余额是否正确。

④ 确定坏账准备是否已按照企业会计准则的规定在财务报表中作出恰当列报。

（2）坏账准备的实质性程序

① 取得或编制坏账准备明细表，复核加计正确，与坏账准备总账数、明细账合计数核对是否相符。

② 将应收账款坏账准备本期计提数与资产减值损失相应明细项目的发生额核对是否相符。

③ 检查应收账款坏账准备计提和核销的批准程序，取得书面报告等证明文件，评价计提坏账准备所依据的资料、假设及方法。

小思考

> 企业通常采用何种方法核算坏账损失？

企业通常应采用备抵法核算坏账损失，计提坏账损失的具体方法由企业自行确定。企业应当列出目录，具体注明计提坏账准备的范围、提取方法、账龄的划分和提取比例，按照管理权限，经股东大会或董事会、经理（厂长）会议等类似机构批准，并且按照法律、行政法规的规定报有关各方备案。同时，备置于公司所在地，以供投资者查阅。坏账准备提取方法一经确定，不得随意变更。如需变更，仍然应按上述程序经批准后报经有关各方备案，并在财务报表附注中说明变更的内容和理由、变更的影响数等。

用备抵法核算坏账，首先要按期估计坏账损失。估计坏账损失主要有账龄分析法、余额百分比法等方法。采用账龄分析法计提坏账准备时，收到债务单位当期偿还的部分债务后，剩余的应收账款，不应改变其账龄，仍应按原账龄加上本期应增加的账龄确定；在存在多笔应收账款且各笔应收账款账龄不同的情况下，收到债务单位当期偿还的部分债务，应当逐笔认定收到的是哪一笔应收账款；如果确实无法认定的，按照先发生先收回的原则确定，剩余应收账款的账龄按上述同一原则确定。

在采用账龄分析法、余额百分比法等方法的同时，能否采用个别认定法，应当视具体情况而定。如果某项应收账款的可收回性与其他各项应收账款存在明显的差别（例如，债务单位所处的特定地区等），导致该项应收账款如果按照与其他应收账款同样的方法计提坏账准备，将无法真实地反映其可收回金额的，可对该项应收账款采用个别认定法计提坏账准备。企业应根据应收账款的实际可收回情况，合理计提坏账准备，不得多提或少提，否则应视为滥用会计估计，按照重大会计差错更正的方法进行会计处理。

在确定坏账准备的计提比例时，企业应当根据以往的经验、债务单位的实际财务状况和现金流量的情况以及其他相关信息合理地估计。除有确凿证据表明该项应收账款不能收回，或收回的可能性不大时（如债务单位撤销、破产、资不抵债、现金流量严重不足、发生严重的自然灾害等导致停产而在短时间内无法偿付债务等以及应收款项逾期 3 年以上），下列情况一般不能全额计提坏账准备：

a. 当年发生的应收账款以及未到期的应收账款；

b. 计划对应收账款进行重组；

c. 与关联方发生的应收账款；

d. 其他已逾期但无确凿证据证明不能收回的应收账款。

这并不意味着企业对与关联方之间发生的应收账款可以不计提坏账准备。企业与关联方之间发生的应收账款与其他的应收账款一样，也应当在期末时分析其可收回性，并预计可能发生的坏账损失。对预计可能发生的坏账损失，计提相应的坏账准备。企业与关联方之间发生的应收账款一般不能全额计提坏账准备，但如果有确凿证据表明关联方（债务单位）已撤销、破产、资不抵债、现金流量严重不足等，并且不准备对应收账款进行重组或无其他收回方式的，则可以对预计无法收回的应收关联方的款项全额计提坏账准备。

④ 检查坏账损失。实际发生坏账损失的，检查转销依据是否符合有关规定，会计处理是否正确。对于被审计单位在被审计期间内发生的坏账损失，注册会计师应检查其原因是否清楚，是否符合有关规定，有无授权批准，有无已做坏账处理后又重新收回的应收账款，相应的会计处理是否正确。对有确凿证据表明确实无法收回的应收账款，如债务单位已撤销、破产、资不抵债、现金流量严重不足等，企业应根据管理权限，经股东（大）会或董事会、经理（厂长）办公会等类似机构批准作为坏账损失，冲销提取的坏账准备。已经确认并转销的坏账重新收回的，检查其会计处理是否正确。

⑤ 检查函证结果。对债务人回函中反映的例外事项及存在争议的余额，注册会计师应查明原因并做记录。必要时，应建议被审计单位作相应的调整。

⑥ 实施分析程序。通过比较前期坏账准备计提数和实际发生数以及检查期后事项，评价坏账准备计提的合理性。

⑦ 检查应收账款坏账准备的披露是否恰当。企业应当在财务报表附注中清晰地说明坏账的确认标准、坏账准备的计提方法和计提比例。并且，上市公司还应在财务报表附注中分项披露如下事项：

a. 本期全额计提坏账准备，或计提坏账准备的比例较大的（计提比例一般超过 40% 及以上的，下同）应说明计提的比例以及理由；

b. 以前期间已全额计提坏账准备，或计提坏账准备的比例较大但在本期又全额或部分收回的，或通过重组等其他方式收回的，应说明其原因、原估计计提比例的理由以及原估计计提比例的合理性；

c. 对某些金额较大的应收账款不计提坏账准备或计提坏账准备比例较低（一般为 5% 或低于 5%）的理由说明；

d. 本期实际冲销的应收账款及其理由，其中，实际冲销的关联交易产生的应收账款应单独披露。

本章精要

销售与收款循环是企业日常发生的重要经济业务之一，是财务报表审计的重要组成内容。本章介绍了销售与收款循环所涉及的主要业务活动、会计资料、财务报表项目；介绍了本循环的内部控制及控制测试的要点；并以主营业务收入、应收账款和坏账准备这三个典型账户为例，详细介绍了对它们执行实质性程序的基本程序及其中的重要程序。

相关知识

交易循环审计与分项审计

交易循环是指处理某一类经济业务的工作程序和先后顺序。工业企业的交易循环一般分为销售与收款循环、采购与付款循环、生产与存货循环、筹资与投资循环。另外，货币资金、特殊项目业务贯穿于这四个循环之中。

交易循环审计又称切块审计，是指在运用业务循环法了解、审查和评价被审计单位内部控制系统及其执行情况的基础上，对其财务报表信息披露的合法性、公允性进行审计的方法。

分项审计则指按照财务报表项目组织实施审计。由于分项审计直接依据被审计单位账户设置体系及财务报表的组成项目来组织审计工作，所以具有直观、操作方便的优点，但它与企业的业务循环脱节，从而与企业内部控制系统脱节，进而使控制测试与实质性程序相背离，影响审计效率和效果。所以，在实务中，一般采用交易循环审计。

自我测试

一、单项选择题

1. 以下与回函结果相关的审计建议中，正确的是（　　）。
   A. 对由于地址不详导致询证函退回的应收款项，全额计提坏账准备
   B. 对函证结果相符的应收款项，仍应进一步检查是否需按个别认定法计提坏账准备
   C. 对回函金额与函证金额不一致的应收账款，根据回函金额调整应收款项
   D. 对已经审计确认，但在审计报告日后回函不符，且影响重大的应收款项，提请修正报告期财务报表
2. 为证实所有销售业务均已记录，A 注册会计师应选择的最有效的具体审计程序是（　　）。
   A. 抽查库存单　　B. 抽查销售明细账
   C. 抽查应收账款明细账　　D. 抽查银行对账单
3. 在对坏账损失进行审计时，A 注册会计师发现 K 公司在处理以下情况时不正确的是（　　）。
   A. 某债务人失踪，在取得相关法律文件予以证实后，确认坏账损失
   B. 某债务人被撤销，尽管尚未完成清算，但根据政府相关部门责令关闭的文件等有关资料，确认坏账损失
   C. 对某债务人提起诉讼，虽然胜诉但因无法执行被裁定终止执行，确认坏账损失
   D. 某债务人已经注销，在取得相关法律文件予以证实后，确认坏账损失
4. 在确定函证对象时，以下项目中，应当进行函证的是（　　）。
   A. 函证很可能无效的应收账款
   B. 交易频繁且期末余额较小的应收账款
   C. 执行其他审计程序可以确认的应收账款
   D. 应纳入审计范围内子公司的款项
5. 对通过函证无法证实的应收账款，注册会计师应当执行的最有效的审计程序是（　　）。
   A. 重新测试相关的内部控制
   B. 抽查有关原始凭据，如销售合同、销售订单、销售发票副本及发运凭证等
   C. 实施实质性程序
   D. 审查资产负债表日后的收款情况
6. 注册会计师对被审计单位实施销货业务截止测试，主要目的是检查（　　）。
   A. 年底应收账款的真实性
   B. 是否存在过多的销货折扣
   C. 销货业务的入账时间是否正确
   D. 销货退回是否应经核准
7. 适当的职责分离有助于防止各种有意的或无意的错误，以下的表述中进行了适当的职责分离的是（　　）。
   A. 负责应收账款记账的职员负责编制银行存款余额调节表
   B. 编制销售发票通知单的人员同时开具销售发票

C. 在销售合同订立前，有专人就销售价格、信用政策、发货及收款方式等事项与客户进行谈判

D. 应收票据的取得、贴现和保管由某一会计专门负责

8. 在以下销售与收款授权审批关键点控制中，未做到恰当控制的是（　　）。

A. 在销售发生之前，赊销已经正确审批

B. 未经赊销批准的销货一律不准发货

C. 销售价格、销售条件、运费、折扣由销售人员根据客户情况进行谈判

D. 对于超过既定销售政策和信用政策规定范围的特殊销售业务，采用集体决策方式

9. 为了证实某月被审计单位关于主营业务收入的完整性认定，下列程序中，最有效的是（　　）。

A. 从发运凭证追查到销售发票副本和主营业务收入明细账

B. 从销售发票追查到发运凭证

C. 从销货发票追查到主营业务收入明细账

D. 从主营业务收入明细账追到销售发票

10. 检查开具发票日期、记账日期、发货日期（　　）是主营业务收入截止测试的关键所在。

A. 是否在同一适当会计期间　　B. 是否临近

C. 是否在同一天　　D. 相距是否不超过 30 天

二、多项选择题

1. 一般情况下，注册会计师应选择以下项目作为函证对象（　　）。

A. 账龄较长且金额较大的项目

B. 与债务人发生纠纷的项目

C. 交易频繁但期末余额较小甚至余额为零的项目

D. 可能产生重大错报或舞弊的非正常的项目

2. 当同时存在下列情况时，注册会计师可考虑采用消极的函证方式（　　）。

A. 重大错报风险评估为低水平

B. 涉及大量余额较小的账户

C. 预期不存在大量的错报

D. 没有理由相信被询证者不认真对待函证

3. 在证实登记入账的销售是否真实这一目标而进行的实质性程序时，注册会计师一般关心的错报有（　　）。

A. 未曾发货却已登记入账　　B. 销货业务重复入账

C. 向虚构的顾客发货并登记入账　　D. 已经发货但未曾入账

4. 注册会计师在进行实质性程序中，一般先编制或取得所审项目的明细表，这是因为明细表是（　　）。

A. 与总账、报表数核对的基础　　B. 分析程序的基础

C. 实质性程序的起点　　D. 控制测试的依据

5. 注册会计师确定应收账款函证数量的大小、范围时，下列说法正确的有（　　）。

A. 应收账款在全部资产中越重要，应收账款函证数量越多

B. 被审计单位内部控制越弱，应收账款函证数量越少

C. 以前年度的回函差异越大，应收账款函证数量越多

D. 消极函证方式时，应收账款函证数量越多

三、判断题

1. 戊公司相关会计政策规定，对应收账款余额按照账龄分析法计提坏账准备，其中：账龄在 1 年以内的按 6% 计提，1 ~ 2 年的按 20% 计提，2 ~ 3 年的按 30% 计提，3 年以上的按 50% 计提。戊公司在 2013 年度对丁公司销售产品形成应收账款 500 万元。戊公司认为，鉴于其正在与丁公司讨论债务重组协议，决定本期对该笔债权全额计提坏账准备。助理人员对此予以确认。（　　）

2. 在审计实务中，注册会计师对未能收到回函的询证函应当考虑与被询证者联系，要求对方作出回应或再次寄发询证函，否则视审计范围受到限制。（　　）

3. 注册会计师应当将应收账款询证函回函作为审计证据，纳入审计工作底稿管理，询证函回函的所有权属于审计的会计师事务所。（　　）

4. 除法院、检察院及其他部门依法查阅审计工作底稿、注册会计师协会对执业情况进行检查外，会计师事务所不得将应收账款询证函回函提供给其他人员。（　　）

5. 应收账款询证函的寄发和收回均应由注册会计师直接控制。（　　）

6. 被审计单位应收账款期末余额越大，说明其在财务报表中重要程度越高，因此，所需函证数量越大。（　　）

7. 对于大额应收账款余额，注册会计师会采用积极式函证予以证实。（　　）

8. 注册会计师在对某年度主营业务收入实施截止测试时，应当以该年度的销售发票为起点，以检查是否高估主营业务收入。（　　）

9. 应收账款的重要性水平越高，所需要的函证数量越大。（　　）

10. 检查发运凭证是否连续编号，有无缺号，有利于保证销货业务的真实性。（　　）

四、简答题

1. 注册会计师在哪些情况下应采用积极式函证？哪些情况下采用消极式函证？

2. 销售业务的关键内部控制有哪些？如何对其进行控制测试？

3. 注册会计师在审查应收账款时，未得到被审计单位个别债务人对积极式询证函的答复。

请回答：（1）未得到询证函的可能原因有哪些？

（2）若第二次询证函仍未得到回复，注册会计师应如何进一步审计？

五、案例分析题

基本情况　注册会计师 A 抽查大华公司 2013 年 12 月份的销售业务时发现下列情况：

（1）4 日送交该公司不独立核算的门市部甲产品 600 件，产品已收到，账未作处理。

（2）8 日售给前锋工厂甲产品 800 件，货款已收到并已入账。

（3）12 日售给友联工厂乙产品 1 600 件，货款收到，未入账。

（4）20 日公司托儿所大修理领用乙产品 100 件，未作销售。

（5）28 日前锋工厂退回质量有问题的甲产品 400 件，产品已收到，账未作处理。

经查，甲产品单位售价为 10 元，单位成本为 7 元；乙产品单位售价为 20 元，单位成本为 15 元。

要求　指出大华公司在销售业务中存在的问题，并提出处理建议。

第12章

采购与付款循环的审计

地位与作用

本章内容属于注册会计师审计的实务操作知识，将审计基本理论与基本方法充分运用在审计实务中。

技能要求

*掌握采购与付款循环的特点及其控制测试和交易实质性程序；掌握应付账款、固定资产等主要账户的实质性程序；熟悉采购与付款循环的主要业务活动。

采购与付款循环审计是指企业为保证其生产经营正常进行而发生的各种支出循环，是企业付出代价从外界获取各种生产资源的所有活动。

12.1 采购与付款循环的特点认知

采购与付款循环是企业从外部购置商品和劳务等并支付款项的经营业务活动。

12.1.1 采购与付款循环涉及的主要业务活动

下面以采购商品为例，分别阐述采购与付款循环所涉及的主要业务活动及其适当的控制程序和相关的认定。

1. 请购商品和劳务

购买商品、物资的申请通常源于仓库存货的储备要求，或企业其他部门的实际需要。仓库负责对需要购买的已列入存货清单的项目填写请购单，其他部门也可以对所需要购买的未列入存货清单的项目编制请购单。大多数企业对正常经营所需的物资的购买作一般的授权，比如，仓库在现有库存达到再订购点时就可直接提出采购申请，其他部门也可为正常的维修工作和类似工作直接申请采购有关物品。但对资本支出和租赁合同，企业政策则通常要求作特别授权，只允许指定人员提出请购。请购单可由手工或计算机编制。由于企业内不少部门都可以填列请购单，不便事先编号，为加强控制，每张请购单必须经过对这类支出预算负责的主管人员签字批准。

2. 编制订购单

采购部门在收到请购单后，只能对经过批准的请购单发出订购单。对每张订购单，采购部门应确定最佳的供应来源。对一些大额、重要的采购项目，应采取竞价方式来确定供应商，以保证供货的质量、及时性和成本的低廉。

订购单一般预先予以编号，由采购部门正确填写所需要的商品的品名、数量、价格、厂商名称和地址等，并经过被授权的采购人员签名。其正联应送交供应商，副联则送至企业内部的验收部门、应付凭单部门和编制请购单的部门。随后，应独立检查订购单的处理，以确定是否确实收到商品并正确入账。这项检查与采购交易的“完整性”认定有关。

3. 验收商品

有效的订购单代表企业已授权验收部门接受供应商发运来的商品。验收部门首先应比较所收商品与订购单上的要求是否相符，如商品的品名、说明、数量、到货时间等，然后再盘点商品并检查商品有无损坏。

验收后，验收部门应对已收货的每张订购单编制一式多联、预先编号的验收单，作为验收和检验商品的依据。验收人员将商品送交仓库或其他请购部门时，应取得经过签字的收据，或要求其在验收单的副联上签收，以确立他们对所采购的资产应负的保管责任。验收人员还应将其中的一联验收单送交应付凭单部门。

验收单是支持资产或费用以及与采购有关的负债的“存在”认定的重要凭证。随后定期独立检查验收单的顺序，以确定每笔采购交易都已编制凭单，这与采购交易的“完整性”认定有关。

4. 储存已验收的商品存货

将已验收商品的保管与采购的其他职责相分离，可减少未经授权的采购和盗用商品的风险。存放商品的仓储区应相对独立，限制无关人员接近。这些控制与商品的“存在”认定有关。

5. 编制付款凭单

记录采购交易之前，应付凭单部门应编制付款凭单。其控制作用如下：

（1）确定供应商发票的内容与相关的验收单、订购单是否一致。

（2）确定供应商发票计算的正确性。

（3）编制有预先编号的付款凭单，并附上支持性凭证，如订购单、验收单和供应商发票等，这些支持性凭证的种类，因交易对象的不同而不同。

（4）独立检查付款凭单计算的正确性。

（5）在付款凭单上填入应借记的资产或费用账户名称。

（6）由被授权人员在凭单上签字，以示批准照此凭单要求付款。所有未付凭单的副联应保存在未付凭单档案中，以待日后付款。经适当批准和有预先编号的凭单为记录采购交易提供了依据，因此，这些控制与“存在”“完整性”“权利和义务”和“计价和分摊”等认定有关。

6. 确认与记录负债

应付账款确认与记录的相关部门一般有责任核查购置的财产，并在应付凭单登记簿或应付账款明细账中加以记录。在收到供应商发票时，应付账款部门应将发票上所记载的品名、规格、价格、数量、条件及运费与订货单上的有关资料核对，如有可能，还应与验收单上的资料进行比较。

应付账款确认与记录的一项重要控制是要求记录现金支出的人员不得经手现金、有价证券和其他资产。恰当的凭证、记录与恰当的记账手续，对业绩的独立考核和应付账款职能而言是必不可少的控制。

手工系统下，应将已批准的未付款凭单送达会计部门，据以编制有关记账凭证和登记有关账簿。会计主管应做好以下三项工作。

（1）监督为采购交易而编制的记账凭证中账户分类的适当性。

（2）通过定期核对编制记账凭证的日期与凭单副联的日期，以监督入账的及时性。

（3）独立检查会计人员则应核对所记录的凭单总数与应付凭单部门送来的每日凭单汇总表是否一致，并定期独立检查应付账款总账余额与应付凭单部门未付款凭单档案中的总金额是否一致。

7. 付款

企业在准备付款前，应核对有关付款条件，并检查资金是否充足。通常是由应付凭单部门负责确定未付凭单在到期日付款。企业有多种款项结算方式，以支票结算方式为例，编制和签署支票的有关控制包括以下内容。

（1）独立检查已签发支票的总额与所处理的付款凭单的总额的一致性。

（2）应由被授权的财务部门的人员负责签署支票。

（3）被授权签署支票的人员应确定每张支票都附有一张已经适当批准的未付款凭单，并确定支票收款人姓名和金额与凭单内容的一致。

（4）支票一经签署就应在其凭单和支持性凭证上用加盖印戳或打洞等方式将其注销，以免重复付款。

（5）支票签署人不应签发无记名甚至空白的支票。

（6）支票应预先连续编号，保证支出支票存根的完整性和作废支票处理的恰当性。

（7）应确保只有被授权的人员才能接近未经使用的空白支票。

8. 记录现金、银行存款支出

以支票结算方式为例，在手工系统下，会计部门应根据已签发的支票编制付款记账凭证，并据以登记银行存款日记账及其他相关账簿。以记录银行存款支出为例，有关控制包括以下内容。

（1）会计主管应独立检查记入银行存款日记账和应付账款明细账的金额的一致性，以及与支票汇总记录的一致性。

（2）通过定期比较银行存款日记账记录的日期与支票副本的日期，独立检查入账的及时性。

（3）独立编制银行存款余额调节表。

12.1.2 采购与付款循环涉及的会计资料

典型的采购与付款循环所涉及的会计资料主要有以下几种。

1. 请购单

请购单是由产品制造、资产使用等部门的有关人员填写，送交采购部门，申请购买商品、劳务或其他资产的书面凭证。

2. 订购单

订购单是由采购部门填写，向另一企业购买订购单上所指定商品、劳务或其他资产的书面凭证。

3. 验收单

验收单是收到商品、资产时所编制的凭证，列示从供应商处收到的商品、资产的种类和数量等内容。

4. 卖方发票

卖方发票是供应商开具的，交给买方以载明发运的货物或提供的劳务、应付款金额和付款条件等事项的凭证。

5. 付款凭单

付款凭单是采购方企业的应付凭单部门编制的，载明已收到商品、资产或接受劳务的厂商、应付款金额和付款日期的凭证。付款凭单是采购方企业内部记录和支付负债的授权证明文件。

6. 转账凭证

转账凭证是指记录转账交易的记账凭证，它是根据有关转账业务（即不涉及库存现金、银行存款收付的各项业务）的原始凭证编制的。

7. 付款凭证

付款凭证包括现金付款凭证和银行存款付款凭证，是指用来记录库存现金和银行存款支出业务的记账凭证。

8. 应付账款明细账

9. 库存现金日记账和银行存款日记账

10. 卖方对账单

卖方对账单是由供货方按月编制的，标明期初余额、本期购买、本期支付给卖方的款项和期末余额的凭证。卖方对账单是供货方对有关交易的陈述，如果不考虑买卖双方在收发货物上可能存在的时间差等因素，其期末余额通常应与采购方相应的应付账款期末余额一致。

12.2 采购与付款循环审计过程及分析

12.2.1 采购与付款循环的控制测试认知

采购与付款循环的交易测试包括采购交易测试和付款交易测试两个部分。由于被审计单位的复杂多样，下面讨论的有关采购与付款循环交易的控制测试和交易的实质性程序等内容，都只是从定性而非定量的角度进行阐述。在具体审计时，注册会计师应当结合被审计单位情况，运用职业判断和审计抽样技术来合理确定审计测试的样本量。

1. 采购交易的内部控制和控制测试

鉴于采购交易与销售交易无论在控制目标、关键内部控制方面还是在控制测试方面，就原理而言大同小异，因此，以下仅就采购与付款交易的特殊之处予以说明。

1）适当的职责分离

适当的职责分离有助于防止各种有意或无意的错误。财政部于 2002 年 12 月 23 日发布的财会〔2002〕21 号《内部会计控制规范——采购与付款（试行）》中规定，单位应当建立采购与付款业务的岗位责任制，明确相关部门和岗位的职责、权限，确保办理采购与付款业务的不相容岗位相互分离、制约和监督。采购与付款业务不相容岗位至少包括：请购与审批；询价与确定供应商；采购合同的订立与审批；采购与验收；采购、验收与相关会计记录；付款审批与付款执行。这些都是针对单位提出的有关采购与付款业务相关职责适当分离的基本要求，以确保办理采购与付款业务的不相容岗位相互分离、制约和监督。

2）内部核查程序

财政部发布的《内部会计控制规范——采购与付款（试行）》中，不仅明确了单位应当建立对采购与付款内部控制的监督检查制度，单位监督检查机构或人员应通过实施内控测试和实质性程序检查采购与付款业务内部控制制度是否健全，各项规定是否得到有效执行，而且明确了采购与付款内部控制监督检查的主要内容。

（1）采购与付款业务相关岗位及人员的设置情况。重点检查是否存在采购与付款业务不相容职务混岗的现象。

（2）采购与付款业务授权批准制度的执行情况。重点检查大宗采购与付款业务的授权批准手续是否健全，是否存在越权审批的行为。

（3）应付账款和预付账款的管理。重点审查应付账款和预付账款支付的正确性、时效性和合法性。

（4）有关单据、凭证和文件的使用和保管情况。重点检查凭证的登记、领用、传递、保管、注销手续是否健全，使用和保管制度是否存在漏洞。

2. 付款交易的内部控制和控制测试

付款交易中的控制测试的性质取决于内部控制的性质，而付款交易的实质性程序的实施范围，在一定程度上取决于内部控制的性质，而付款交易的实质性程序的实施范围，在一定程度上取决于关键控制是否存在以及控制测试的结果。由于采购和付款交易同属一个交易循环，联系紧密，因此，对付款交易的部分测试可与测试采购交易一并实施。当然，另一些付款交易测试仍需单独实施。

需指出的是，对于每个企业而言，由于性质、所处行业、规模以及内部控制健全程度等不同，而使得其与付款交易相关的内部控制内容可能有所不同，但财政部发布的《内部会计控制规范——采购与付款（试行）》中规定的以下与付款交易相关的内部控制内容是应当共同遵循的。

（1）单位应当按照《现金管理暂行条例》《支付结算办法》和《内部会计控制规范——货币资金（试行）》等规定办理采购付款业务。

（2）单位财会部门在办理付款业务时，应当对采购发票、结算凭证、验收证明等相关凭证的真实性、完整性、合法性及合规性进行严格审核。

（3）单位应当建立预付账款和定金的授权批准制度，加强预付账款和定金的管理。

（4）单位应当加强应付账款和应付票据的管理，由专人按照约定的付款日期、折扣条件等管理应付款项。已到期的应付款项需经有关授权人员审批后方可办理结算与支付。

（5）单位应当建立退货管理制度，对退货条件、退货手续、货物出库、退货货款回收等作出明确规定，及时收回退货款。

（6）单位应当定期与供应商核对应付账款、应付票据、预付款项等往来款项。如有不符，应查明原因，及时处理。

3. 固定资产的内部控制和控制测试

从事制造业的被审计单位，固定资产在其资产总额中占有很大的比重，固定资产的购建会影响其现金流量，而固定资产的折旧、维修等费用则是影响其损益的重要因素。固定资产管理一旦失控，所造成的损失将远远超过一般的商品存货等流动资产，所以，为了确保固定资产的真实、完整、安全和有效利用，被审计单位应当建立和健全固定资产的内部控制。下面结合企业常用的固定资产内部控制，讨论注册会计师实施控制测试程序所应予以关注的地方。

（1）是否建立固定资产的预算制度。

预算制度是固定资产内部控制中最重要的部分。通常，大中型企业应编制旨在预测与控制固定资产增减和合理运用资金的年度预算；小规模企业即使没有正规的预算，对固定资产的购建也要事先加以计划。注册会计师应注意检查固定资产的取得与处置是否依据预算，对实际支出与预算之间的差异以及未列入预算的特殊事项，检查其是否履行特别的审批手续。如果固定资产增减均能处于良好的经批准的预算控制之下，注册会计师即可适当减少针对固定资产增加、减少实施的实质性程序的样本量。

（2）授权审批制度是否健全。

完善的授权批准制度包括：企业的资本性支出预算只有经过董事会等高层管理机构批准方可生效；所有固定资产的取得和处置均需经企业管理层的书面认可。注册会计师不仅要检查授权批准制度本身是否完善，还要关注授权批准制度是否得到切实执行。

（3）账簿记录制度是否完善。

除固定资产总账外，被审计单位还需设置固定资产明细分类账和固定资产登记卡，按固定资产类别、使用部门和每项固定资产进行明细分类核算。固定资产的增减变化均应有充分的原始凭证。一套设置完善的固定资产明细分类账和登记卡，将为注册会计师分析固定资产的取得和处置、复核折旧费用和修理支出的列支带来帮助。

（4）职责分工是否合理。

对固定资产的取得、记录、保管、使用、维修、处置等，均应明确划分责任，由专门部门和专人负责。明确的职责分工制度，有利于防止舞弊，降低注册会计师的审计风险。

（5）资本性支出和收益性支出划分是否正确。

企业应制定区分资本性支出和收益性支出的书面标准。通常需明确资本性支出的范围和最低金额，凡不属于资本性支出的范围、金额低于下限的任何支出，均应列作费用并抵减当期收益。

(6) 是否建立固定资产的维护保养制度。

固定资产应有严密的维护保养制度，以防止其因各种自然和人为的因素而遭受损失，并应建立日常维护和定期检修制度，以延长其使用寿命。

(7) 是否定期盘点固定资产。

对固定资产的定期盘点，是验证账面各项固定资产是否真实存在、了解固定资产放置地点和使用状况以及发现是否存在未入账固定资产的必要手段。注册会计师应了解和评价企业固定资产盘点制度，并应注意查询盘盈、盘亏固定资产的处理情况。

(8) 固定资产的处置是否经过批准。

固定资产的处置，包括投资转出、报废、出售等，均要有一定的申请报批程序。

严格地讲，固定资产的保险不属于企业固定资产的内部控制范围，但它对企业非常重要。因此，注册会计师在检查、评价企业的内部控制时，应当了解企业对固定资产的保险情况。

12.2.2　采购与付款循环的实质性程序认知

采购与付款循环内部控制是否健全有效和注册会计师对该循环控制风险的评价结果，影响其交易的实质性程序的性质、时间和范围。注册会计师应当根据被审计单位的具体情况，灵活运用专业判断予以确定。

1. 认识采购与付款循环的实质性程序

1）测试登记入账的采购交易是否真实

注册会计师通常实施下列实质性程序测试登记入账的采购交易是否真实。

(1) 复核采购明细账、总账及应付账款明细账，注意是否有大额或不正常的金额。

(2) 检查卖方发票、验收单、订货单和请购单的合理性和真实性。

(3) 追查存货的采购至存货永续盘存记录。

(4) 检查取得的固定资产。

如果注册会计师对被审计单位内部控制的有效性感到满意，为查找不正确的、没有真实发生的交易而执行的实质性程序就可大为减少。

2）测试已发生的采购交易是否均已登记入账

注册会计师通常实施下列实质性程序测试已发生的采购交易是否均已登记入账：

(1) 从验收单追查至采购明细账。

(2) 从卖方发票追查至采购明细账。

应付账款是因在正常的商业过程中接受商品和劳务而产生的尚未付款的负债。已经验收的商品和接受的劳务若未予以入账，将直接影响应付账款余额，从而少计企业的负债。如果注册会计师确信被审计单位所有的采购交易均已准确、及时地登记入账，就可以从了解和测试其内部控制入手进行审计，从而大大减少对固定资产和应付账款等财务报表项目实施实质性程序的工作量，大大降低审计成本。

3）测试登记入账的采购交易计价是否正确

注册会计师通常实施下列实质性程序测试登记入账的采购交易计价是否正确。

(1) 将采购明细账中记录的交易同卖方发票、验收单和其他证明文件比较。

(2) 复算包括折扣和运费在内的卖方发票计算是否准确性。

由于许多资产、负债和费用项目的计价有赖于相关采购交易在采购明细账上的正确记录，因此，对这些报表项目实施实质性程序的范围，在很大程度上取决于注册会计师对被审计单位采购交易内部控制执行效果的评价。如果注册会计师认为其采购交易内部控制执行良好，则注册会计师对这些报表项目计价准确性实施的实质性程序的数量，显然要比采购交易内部控制不健全或形同虚设的企业少得多。

4）测试登记入账的采购交易的分类是否正确

采购交易的分类是否正确的测试，通常情况下可以同计价测试一并进行。注册会计师可以通过审核卖方发票等原始凭证和会计科目表来确定具体交易分类是否正确，并以此与账簿的实际记录作比较。

5）测试采购交易的记录是否及时

注册会计师通常将验收单和卖方发票上的日期与采购明细账中的日期进行比较，以确定采购交易的记录是否及时。

6）测试采购交易是否正确地记入明细账中并准确地汇总

注册会计师通过加计采购明细账，追查过入采购总账和应付账款、存货明细账的数额，并与采购明细账进行核对，以确定采购交易是否正确地记入明细账中并准确地汇总。

2. 付款交易的实质性程序

付款交易的实质性程序的范围在一定程度上取决于付款交易的关键控制是否存在以及控制测试的结果。由于采购与付款交易同属于一个循环，在经济活动中密切相关，因此，付款交易的一部分测试可与采购交易的测试一并进行，但付款交易的特殊性又决定了其另一部分测试仍须单独进行。关于付款交易的实质性程序还将在第十三章专门论述。

3. 主要账户的实质性程序

根据业务循环与财务报表项目的相关程度，该业务循环通常所涉及的资产负债表项目主要包括应付账款、预付账款、固定资产、在建工程、固定资产清理、无形资产等；所涉及的利润表项目通常为管理费用。

1）应付账款审计

应付账款是企业在正常经营过程中，因购买材料、商品和接受劳务供应等经营活动而应付给供应单位的款项。可见，应付账款是随着企业赊购交易的发生而发生的，注册会计师应结合赊购交易进行应付账款的审计。

（1）应付账款的审计目标。

审计目标一般包括：确定资产负债表中记录的应付账款是否存在；确定所有应当记录的应付账款是否均已记录；确定资产负债表中记录的应付账款是否为被审计单位应当履行的现实义务；确定应付账款期末余额是否正确，应付账款是否以恰当的金额包括在财务报表中，与之相关的计价调整已恰当记录；确定应付账款是否已按照企业会计准则的规定在财务报表中作出恰当的列报。

（2）应付账款的实质性程序。

① 获取或编制应付账款明细表。注册会计师应向被审计单位获取或自行编制应付账款明细表。其中应列明债权人姓名、交易日期、购货数量、价格和应付账款金额。

a. 复核加计正确，并与报表数、总账数和明细账合计数核对是否相符。

b. 检查非记账本位币应付账款的折算汇率及折算是否正确。

c. 分析出现借方余额的项目，查明原因，必要时，作重分类调整。

d. 结合预付账款、其他应付款等往来项目的明细余额，调查有无同时挂账的项目、异常余额或与购货无关的其他款项（如关联方账户或雇员账户），如有，应做出记录，必要时建议作调整。

② 实施实质性分析程序。根据被审计单位实际情况，注册会计师可以选择以下方法对应付账款执行实质性分析程序。

a. 将期末应付账款余额与期初余额进行比较，分析波动原因。

b. 分析长期挂账的应付账款，要求被审计单位做出解释，判断被审计单位是否缺乏偿债能力或利用应付账款隐瞒利润，并注意其是否可能无须支付，对确实无须支付的应付款的会计处理是否正确，依据是否充分；关注账龄超过 3 年的大额应付账款在资产负债表日后是否偿还，检查偿还记录、单据及披露情况。

c. 计算应付账款与存货的比率、应付账款与流动负债的比率，并与以前年度相关比率对比分析，评价应付账款整体的合理性。

d. 分析存货和营业成本等项目的增减变动，判断应付账款增减变动的合理性。

③ 函证应付账款。一般情况下，并非必须函证应付账款，这是因为函证不能保证查出未记录的应付账款，况且注册会计师能够取得采购发票等外部凭证来证实应付账款的余额。但如果控制风险较高，某应付账款明细账户金额较大或被审计单位处于财务困难阶段，则应进行应付账款的函证。

进行函证时，注册会计师应注意以下事项：

a. 函证对象。注册会计师在所选择的函证项目中应包括：较大金额的债权人；在资产负债表日金额不大，甚至为零，但为企业重要的供货商；上一年度有业务往来而本年度没有业务的主要供货商；没有按时寄送对账单和存在关联方交易的债权人。

b. 函证方式。函证最好采用积极函证方式，并具体说明应付金额。

c. 函证的控制与评价。同应收账款的函证一样，注册会计师必须对函证的过程进行控制，要求债权人直接回函，并根据回函情况编制与分析函证结果汇总表，对未回函的，应考虑是否再次函证。

如果存在未回函的重大项目，注册会计师应采用替代审计程序。比如，可以检查决算日后应付账款明细账及库存现金和银行存款日记账，核实其是否已支付，同时检查该笔债务的相关凭证资料，如合同、发票、验收单，核实交易事项的真实性。

小思考

> 一般而言，选择金额较大的债权人或者在资产负债表日余额不大，甚至为零，但是企业重要供货人的债权人作为应付账款的函证对象，是否恰当？

④ 检查应付账款是否计入正确的会计期间，是否存在未入账的应付账款。为了防止企业低估负债，确认应付账款的完整性，注册会计师应检查被审计单位有无故意漏记应付账款行为。

a. 检查债务形成的相关原始凭证，如供应商发票、验收报告或入库单等，查找有无未及时入账的应付账款，确定应付账款期末余额的完整性。

b. 检查资产负债表日后应付账款明细账贷方发生额的相应凭证，关注其购货发票的日期，确认其入账时间是否合理。

c. 获取被审计单位与其供应商之间的对账单（应从非财务部门，如采购部门），并将对账单和被审计单位财务记录之间的差异进行调节（如在途款项、在途货物、付款折扣、未记录的负债等），查找有无未入账的应付账款，确定应付账款金额的准确性。

d. 针对资产负债表日后付款项目，检查银行对账单及有关付款凭证（如银行划款通知、供应商收据等），询问被审计单位内部或外部的知情人员，查找有无未及时入账的应付账款。

e. 结合存货监盘程序，检查被审计单位在资产负债日前后的存货入库资料（验收报告或入库单），检查是否有大额料到单未到的情况，确认相关负债是否计入了正确的会计期间。

如果注册会计师通过这些程序发现某些未入账的应付账款，应将有关情况详细记入审计工作底稿，然后根据其重要性确定是否需建议被审计单位进行相应的调整。

⑤ 针对已偿付的应付账款，追查至银行对账单、银行付款单据和其他原始凭证，检查其是否在资产负债表日前真实偿付。

⑥ 针对异常或大额交易及重大调整事项（如大额的购货折扣或退回、会计处理异常的交易、未经授权的交易，或缺乏支持性凭证的交易等），检查相关原始凭证和会计记录，以分析交易的真实性、合理性。

⑦ 检查带有现金折扣的应付账款是否按发票上记载的全部应付金额入账，在实际获得现金折扣时再冲减财务费用。

⑧ 被审计单位与债权人进行债务重组的，检查不同债务重组方式下的会计处理是否正确。

⑨ 标明应付关联方［包括持5%以上（含5%）表决权股份的股东］的款项，执行关联方及其交易审计程序，并注明合并报表时应予抵消的金额。

⑩ 检查应付账款是否已按照企业会计准则的规定在财务报表中作出恰当列报。一般来说，“应付账款”项目应根据“应付账款”和“预付账款”科目所属明细科目的期末贷方余额的合计数填列。

如果被审计单位为上市公司，则通常在其财务报表附注中应说明有无欠持有5%以上（含5%）表决权股份的股东单位账款；说明账龄超过3年的大额应付账款未偿还的原因，并在期后事项中反映资产负债表日后是否偿还。

2）固定资产审计

固定资产是指同时具有下列两个特征的有形资产。

（1）为生产商品、提供劳务、出租或经营管理而持有的。

（2）使用寿命超过一个会计年度。这里的使用寿命是指企业使用固定资产的预计期间，或者该固定资产所能生产产品或提供劳务的数量。

固定资产只有同时满足下列两个条件才能予以确认。

（1）与该固定资产有关的经济利益很可能流入企业。

（2）该固定资产的成本能够可靠地计量。

由于固定资产在企业资产总额中一般都占有较大的比例，固定资产的安全、完整对企业的生产经营影响极大，注册会计师应对固定资产的审计予以高度重视。

（1）固定资产的审计目标。

固定资产的审计目标一般包括：确定资产负债表中记录的固定资产是否存在；确定所有应记录的固定资产是否均已记录；确定记录的固定资产是否由被审计单位拥有或控制；确定固定资产的计价方法是否恰当；确定固定资产的折旧政策是否恰当；确定折旧费用的分摊是否合理、一贯；确定固定资产减值准备的计提是否充分、完整，方法是否恰当；确定固定资产、累计折旧和固定资产减值准备的期末余额是否正确；确定固定资产、累计折旧和固定资产减值准备是否已按照企业会计准则的规定在财务报表中作出恰当列报。

（2）固定资产账面余额的实质性程序。

① 获取或编制固定资产和累计折旧分类汇总表，检查固定资产的分类是否正确并与总账数和明细账合计数核对是否相符，结合累计折旧、减值准备科目与报表数核对是否相符。

固定资产和累计折旧分类汇总表又称一览表或综合分析表，是审计固定资产和累计折旧的重要工作底稿，其内容包括固定资产的增减变动情况，固定资产折旧的计提情况等。注册会计师获取或编制固定资产分析表主要是为了分析固定资产账户余额的变动，并为固定资产的取得、处置和出售等提供进一步的证据。

固定资产和累计折旧分类汇总表参考格式如表12－1所示。

表12－1　固定资产和累计折旧分类汇总表

年　月　日

编制人：　　　　日期：

被审计单位：　　　　复核人：　　　　日期：

固定资产类别	固定资产				累计折旧					
	期初余额	本期增加	本期减少	期末余额	折旧方法	折旧率	期初余额	本期增加	本期减少	期末余额
合　计										

汇总表包括固定资产与累计折旧两部分，应按照固定资产类别分别填列。其中，注册会计师对期初余额审计应分三种情况：一是在连续审计情况下，应注意与上期审计工作底稿中的固定资产和累计折旧的期末余额审定数核对相符。二是在变更会计师事务所时，后任注册会计师应查阅前任注册会计师有关工作底稿。三是如果被审计单位以往未经注册会计师审计，即在首次接受审计情况下，注册会计师应对期初余额进行较全面的审计。尤其是当被审计单位的固定资产数量多、价值大、占资产总额比重高时，最理想的方法是全面审计被审计单位设立以来“固定资产”和“累计折旧”账户中的所有重要的借贷记录。这样，既可核实期初余额的真实性，又可从中加深对被审计单位固定资产管理和会计核算工作的了解。

② 对固定资产实施实质性分析程序。

a. 基于对被审计单位及其环境的了解，通过进行以下比较，并考虑有关数据间关系的影响，建立有关数据的期望值：分类计算本期计提折旧额与固定资产原值的比率，并与上期比较；计算固定资产修理及维护费用占固定资产原值的比例，并进行本期各月、本期与以前各期的比较。

b. 确定可接受的差异额。

c. 将实际情况与期望值相比较，识别需要进一步调查的差异。

d. 如果其差异超过可接受的差异额，调查并获取充分的解释和恰当的佐证审计证据（如通过检查相关的凭证）。

e. 评估分析程序的测试结果。

③ 实地检查重要固定资产，确定其是否存在，关注是否存在已报废但仍挂账的固定资产。

实施实地检查审计程序时，注册会计师可以以固定资产明细分类账为起点，进行实地追查，以证明会计记录中所列固定资产确实存在，并了解其目前的使用状况；也可以实地为起点，追查至固定资产明细分类账，以获取实际存在的固定资产均已入账的证据。

当然，注册会计师实地检查的重点是本期新增加的重要固定资产，有时，观察范围也会扩展到以前期间增加的重要固定资产。观察范围的确定需要依据被审计单位内部控制的强弱、固定资产的重要性和注册会计师的经验来判断。如为首次接受审计，则应适当扩大检查范围。

④ 检查固定资产的所有权或控制权。对各类固定资产，注册会计师应获取、收集不同的证据以确定其是否确归被审计单位所有，是否确实为被审计单位的合法财产。具体验证时应注意：

a. 对外购的机器设备等固定资产，通常经审核采购发票、采购合同等予以确定；

b. 对于房地产类固定资产，可查阅有关的合同、产权证明、财产税单、抵押贷款的还款凭据、保险单等书面文件；

c. 对融资租入的固定资产，应验证有关融资租赁合同。证实其并非经营租赁；

d. 对汽车等运输设备，应验证有关运营证件等；

e. 对受留置权限制的固定资产，通常还应审核被审计单位的有关负债项目等予以证实。

⑤ 检查本期固定资产的增加。

被审计单位如果不正确核算固定资产的增加，将对资产负债表和利润表产生长期的影响。因此，审计固定资产的增加，是固定资产实质性程序中的重要内容。固定资产的增加有多种途径，审计中应注意：

a. 询问管理层当年固定资产的增加情况，并与获取或编制的固定资产明细表进行核对。

b. 检查本年度增加固定资产的计价是否正确，手续是否齐备，会计处理是否正确。

★对于外购的机器设备等固定资产，通过核对采购合同、发票、保险单、发运凭证等资料，抽查测试其入账价值是否正确、授权批准手续是否齐备、会计处理是否正确；如果购买的是房屋建筑物，还应检查契税的会计处理是否正确，检查分期付款购买固定资产入账价值及会计处理是否正确。

★对于在建工程转入的固定资产，应检查固定资产确认时点是否符合会计准则的规定，入账价值与在建工程的相关记录是否核对相符，是否与竣工决算、验收和移交报告等一致；对已经达到预定可使用状态，但尚未办理竣工决算手续的固定资产，检查其是否已按估计价值入账，并按规定计提折旧。

★对于投资者投入的固定资产，检查投资者投入的固定资产是否按投资各方确认的价值入账，并检查确认价值是否公允，交接手续是否齐全；涉及国有资产的，检查是否有评估报告并经国有资产管理部门评审备案或核准确认。

★对于更新改造增加的固定资产，检查通过更新改造而增加的固定资产，增加的原值是否符合资本化条件，是否真实，会计处理是否正确；重新确定的剩余折旧年限是否恰当。

★对于融资租赁增加的固定资产，获取融资租入固定资产的相关证明文件，检查融资租赁合同主要内容，并结合长期应付款、未确认融资费用科目检查相关的会计处理是否正确。

★对于通过其他途径增加的固定资产，应检查增加固定资产的原始凭证，核对其计价及会计处理是否正确，法律手续是否齐全。

c. 检查固定资产是否存在弃置费用，如果存在弃置费用，检查弃置费用的估计方法和弃置费用现值的计算是否合理，会计处理是否正确。

⑥ 检查本期固定资产的减少。固定资产的减少主要包括出售、向其他单位投资转出、向债权人抵债转出、报废、毁损、盘亏等。有的被审计单位在全面清查固定资产时，常常会出现固定资产账存实亡现象，这可能是由于固定资产管理或使用部门不了解报废固定资产与会计核算两者间的关系，擅自报废固定资产而未及时通知财务部门作相应的会计核算所致，这样势必造成财务报表反映失真。审计固定资产减少的主要目的就在于查明业已减少的固定资产是否已进行适当的会计处理。其审计要点如下：

a. 结合固定资产清理科目，抽查固定资产账面转销额是否正确；

b. 检查出售、盘亏、转让、报废或毁损的固定资产是否经授权批准，会计理是否正确；

c. 检查因修理、更新改造而停止使用的固定资产的会计处理是否正确；

d. 检查投资转出固定资产的会计处理是否正确；

e. 检查债务重组或非货币性资产交换转出固定资产的会计处理是否正确；

f. 检查转出的投资性房地产账面价值及会计处理是否正确；

g. 检查其他减少固定资产的会计处理是否正确。

⑦ 检查固定资产的后续支出，确定与固定资产有关的后续支出是否满足资产确认条件；如不满足，该支出是否在该后续支出发生时计入当期损益。

《企业会计准则第 4 号——固定资产》规定，与固定资产有关的后续支出，如果同时满足下列两个确认条件：一是该固定资产包含的经济利益很可能流入企业；二是该固定资产的成本能够可靠计量，应当将该后续支出计入固定资产成本。否则，应当在该后续支出发生时计入当期损益。

在具体实务中。对于固定资产发生的下列各项后续支出，通常的处理方法为：

a. 固定资产修理费用，应当直接计入当期费用。

b. 固定资产改良支出，应当计入固定资产账面价值，其增计后的金额不应超过该固定资产的可收回金额。

c. 如果不能区分是固定资产修理还是固定资产改良，或固定资产修理和固定资产改良结合在一起，则企业应按上述原则进行判断，其发生的后续支出，分别计入固定资产价值或计入当期费用。

d. 固定资产装修费用，符合上述原则可予资本化的，在两次装修期间与固定资产尚可使用年限两者中较短的期间内，采用合理的方法单独计提折旧。如果在下次装修时，该固定资产相关的固定资产装修项目仍有余额，应将该余额一次全部计入当期营业外支出。

⑧ 检查固定资产的租赁。企业在生产经营过程中，有时可能有闲置的固定资产供其他

单位租用；有时由于生产经营的需要，又需租用固定资产。租赁一般分为经营租赁和融资租赁两种。

在经营租赁中，租入固定资产的企业按合同规定的时间，交付一定的租金，享有固定资产的使用权，而固定资产的所有权仍属出租单位。因此，租入固定资产的企业的固定资产价值并未因此而增加，企业对以经营性租赁方式租入的固定资产，不在“固定资产”账户内核算，只是另设备查簿进行登记。而租出固定资产的企业，仍继续提取折旧，同时取得租金收入。检查经营性租赁时，应查明以下各项内容：

a. 固定资产的租赁是否签订了合同、租约，手续是否完备，合同内容是否符合国家规定，是否经相关管理部门的审批。

b. 租入的固定资产是否确属企业必需，或出租的固定资产是否确属企业多余、闲置不用的，双方是否认真履行合同，其中是否存在不正当交易。

c. 租金收取是否签有合同，有无多收、少收现象。

d. 租入固定资产有无久占不用、浪费损坏的现象；租出的固定资产有无长期不收租金、无人过问，是否有变相馈送、转让等情况。

e. 租入固定资产是否已登入备查簿。

f. 租入固定资产改良支出的核算是否符合规定。

在融资租赁中，租入单位向租赁公司借款购买固定资产，分期归还本息，付清全部本息后，就取得了固定资产的所有权。因此，融资租赁支付的租金，包括了固定资产的价值和利息，并且这种租赁的结果通常是固定资产所有权最终归属租入单位，故租入企业在租赁期间，对融资租入的固定资产应按企业自有固定资产一样管理，并计提折旧、进行维修。如果被审计单位的固定资产中融资租赁占有相当大的比例，应当复核租赁协议，确定租赁是否符合融资租赁的条件，结合长期应付款、未确认融资费用等科目检查相关的会计处理是否正确（资产的入账价值、折旧、相关负债）。在审计融资租赁固定资产时，除可参照经营租赁固定资产检查要点以外，还应补充实施以下审计程序：

a. 复核租赁的折现率是否合理。

b. 检查租赁相关税费、保险费、维修费等费用的会计处理是否符合企业会计准则的规定。

c. 检查融资租入固定资产的折旧方法是否合理。

d. 检查租赁付款情况。

e. 检查租入固定资产的成新程度。

f. 检查融资租入固定资产发生的固定资产后续支出，其会计处理是否遵循自有固定资产发生的后续支出的处理原则。

⑨ 获取暂时闲置固定资产的相关证明文件，并观察其实际状况，检查是否已按规定计提折旧，相关的会计处理是否正确。

⑩ 获取已提足折旧仍继续使用固定资产的相关证明文件，并做相应记录。

⑪ 获取持有待售固定资产的相关证明文件，并做相应记录。检查对其预计净残值调整是否正确、会计处理是否正确。

⑫ 检查固定资产保险情况，复核保险范围是否足够。

⑬ 检查有无与关联方的固定资产购售活动，是否经适当授权，交易价格是否公允。对

于合并范围内的购售活动，记录应予合并抵消的金额。

⑭ 对应计入固定资产的借款费用，应根据企业会计准则的规定，结合长短期借款、应付债券或长期应付款的审计，检查借款费用（借款利息、折溢价摊销、汇兑差额、辅助费用）资本化的计算方法和资本化金额以及会计处理是否正确。

⑮ 检查购置固定资产是否存在与资本性支出有关的财务承诺。

⑯ 检查固定资产的抵押、担保情况。结合对银行借款等的检查，了解固定资产是否存在重大的抵押、担保情况。如存在，应获取审计证据，并做相应的记录，同时提请被审计单位作恰当披露。

⑰ 检查固定资产是否已按照企业会计准则的规定在财务报表中作出恰当列报。

财务报表附注通常应说明：固定资产的标准、分类、计价方法和折旧方法；融资租入固定资产的计价方法；固定资产的预计使用寿命和预计净残值；对固定资产所有权的限制及其金额（这一披露要求是指，企业因贷款或其他原因而以固定资产进行抵押、质押或担保的类别、金额、时间等情况）；已承诺将为购买固定资产支付的金额；暂时闲置的固定资产账面价值（这一披露要求是指，企业应披露暂时闲置的固定资产账面价值，导致固定资产暂时闲置的原因，如开工不足、自然灾害或其他情况等）；已提足折旧仍继续使用的固定资产账面价值；已退废和准备处置的固定资产账面价值。固定资产因使用磨损或其他原因而需退废时，企业应及时对其处置。如果其已处于处置状态而尚未转销时，企业应披露这些固定资产的账面价值。

如果被审计单位是上市公司，则通常应在其财务报表附注中按类别分项列示固定资产期初余额、本期增加额、本期减少额及期末余额；说明固定资产中存在的在建工程转入、出售、置换、抵押或担保等情况；披露通过融资租赁租入的固定资产每类租入资产的账面原值、累计折旧、账面净值；披露通过经营租赁租出的固定资产每类租出资产的账面价值。

(3) 固定资产累计折旧的实质性程序。

固定资产可以长期参加生产经营而仍保持其原有实物形态，但其价值将随着固定资产的使用而逐渐转移到生产的产品中，或构成经营成本或费用。这部分在固定资产使用寿命内，按照确定的方法对应计折旧额进行的系统分摊就是固定资产的折旧。固定资产折旧是指在固定资产的使用寿命内，按照确定的方法对应计折旧额进行系统分摊。

在不考虑固定资产减值准备的前提下，影响折旧的因素有折旧的基数（一般指固定资产的账面原价）、固定资产的残余价值和使用寿命三个方面。在考虑固定资产减值准备的前提下，影响折旧的因素则包括折旧的基数、累计折旧、固定资产减值准备、固定资产预计净残值和固定资产尚可使用年限五个方面。在计算折旧时，对固定资产的残余价值和清理费用只能人为估计；对固定资产的使用寿命，由于固定资产的有形和无形损耗难以准确计算，因而也只能估计；同样，对固定资产减值准备的计提也带有估计的成分。因此，固定资产折旧主要取决于企业的折旧政策，具有一定程度的主观性。

累计折旧的实质性程序通常包括：

① 获取或编制累计折旧分类汇总表，复核加计是否正确，并与总账数和明细账合计数核对是否相符。

② 检查被审计单位制定的折旧政策和方法是否符合相关会计准则的规定，确定其所采用的折旧方法能否在固定资产预计使用寿命内合理分摊其成本，前后期是否一致，预计使用

寿命和预计净残值是否合理。

《企业会计准则第 4 号——固定资产》明确规定：企业应当根据与固定资产有关的经济利益的预期实现方式，合理选择固定资产折旧方法。可选用的折旧方法包括年限平均法、工作量法、双倍余额递减法和年数总和法等。除非由于与固定资产有关的经济利益的预期实现方式有重大改变，应当相应改变固定资产折旧方法，折旧方法一经选定，不得随意调整。企业至少应当于每年年度终了时对固定资产的使用寿命、预计净残值和折旧方法进行复核，如果固定资产使用寿命预计数和净残值预计数与原先估计数有差异，应当作相应调整。

③ 复核本期折旧费用的计提和分配。

a. 了解被审计单位的折旧政策是否符合规定，计提折旧范围是否正确，确定的使用寿命、预计净残值和折旧方法是否合理，如采用加速折旧法，是否取得批准文件。

b. 检查被审计单位折旧政策前后期是否一致。

c. 复核本期折旧费用的计提是否正确。

★已计提部分减值准备的固定资产，计提的折旧是否正确。按照《企业会计准则第 4 号——固定资产》的规定，已计提减值准备的固定资产的应计折旧额应当扣除已计提的固定资产减值准备累计金额，按照该固定资产的账面价值以及尚可使用寿命重新计算确定折旧率和折旧额。

★已全额计提减值准备的固定资产，是否已停止计提折旧。

★因更新改造而停止使用的固定资产是否已停止计提折旧。因大修理而停止使用的固定资产是否照提折旧。

★按规定予以资本化的固定资产装修费用是否在两次装修期间与固定资产尚可使用年限两者中较短的期间内，采用合理的方法单独计提折旧，并在下次装修时将该项固定资产装修余额一次全部计入了当期营业外支出。

★对融资租入固定资产发生的、按规定可予以资本化的固定资产装修费用，是否在两次装修期间、剩余租赁期与固定资产尚可使用年限三者中较短的期间内，采用合理的方法单独计提折旧。

★采用经营租赁方式租入的固定资产发生的改良支出，是否在剩余租赁期与租赁资产尚可使用年限两者中较短的期间内，采用合理的方法单独计提折旧。

★未使用、不需用和闲置的固定资产是否按规定计提折旧。

★持有待售的固定资产折旧计提是否符合规定。

d. 检查折旧费用的分配是否合理，是否与上期一致；分配计入各项目的金额占本期全部折旧计提额的比例与上期比较是否有重大差异。

e. 注意固定资产增减变动时，有关折旧的会计处理是否符合规定，查明通过更新改造、接受捐赠或融资租入而增加的固定资产折旧费用计算是否正确。

④ 将“累计折旧”账户贷方的本期计提折旧额与相应的成本费用中的折旧费用明细账户的借方相比较，以查明所计提折旧金额是否全部摊入本期产品成本或费用。若存在差异，应查明原因，并考虑是否应建议作适当调整。

⑤ 检查累计折旧的减少是否合理、会计处理是否正确。

⑥ 检查累计折旧的披露是否恰当。

如果被审计单位是上市公司，通常应在其财务报表附注中按固定资产类别分项列示累计折旧期初余额、本期计提额、本期减少额及期末余额。

（4）固定资产减值准备的实质性程序。

固定资产的可收回金额低于其账面价值称为固定资产减值。这里的可收回金额应当根据固定资产的公允价值减去处置费用后的净额与资产预计未来现金流量的现值两者之间的较高者确定。这里的处置费用包括与固定资产处置有关的法律费用、相关税费、搬运费以及为使固定资产达到可销售状态所发生的直接费用等。

企业应当在资产负债表日判断固定资产是否存在可能发生减值的迹象。根据《企业会计准则第 8 号——资产减值》的规定，如存在下列迹象的，表明固定资产可能发生了减值。

① 固定资产的市价当期大幅度下跌，其跌幅明显高于因时间的推移或正常使用而预计的下跌。

② 企业经营所处的经济、技术或者法律等环境以及固定资产所处的市场在当期或者将在近期发生重大变化，从而对企业产生不利影响。

③ 市场利率或者其他市场投资回报率在当期已经提高，从而影响企业计算固定资产预计未来现金流量现值的折现率，导致固定资产可收回金额大幅度降低。

④ 有证据表明固定资产陈旧、过时或者其实体已经损坏。

⑤ 固定资产已经或者将被闲置、终止使用或者计划提前处置。

⑥ 企业内部报告的证据表明固定资产的经济绩效已经低于或者将低于预期，如固定资产所创造的净现金流量或者实现的营业利润（或者损失）远远低于（或者高于）预计金额等。

⑦ 其他表明固定资产可能已经发生减值的迹象。

如果由于该固定资产存在上述迹象，导致其可收回金额低于账面价值的，应当将固定资产的账面金额减记至可收回金额，将减记的金额确认为固定资产减值损失，计入当期损益，同时计提相应的固定资产减值准备。

固定资产减值准备的实质性程序一般包括以下几个方面。

① 获取或编制固定资产减值准备明细表，复核加计是否正确，并与总账数和明细账合计数核对是否相符。

② 检查被审计单位计提固定资产减值准备的依据是否充分，会计处理是否正确。

③ 检查资产组的认定是否恰当，计提固定资产减值准备的依据是否充分，会计处理是否正确。

④ 实施实质性分析程序，计算本期末固定资产减值准备占期末固定资产原值的比率，并与期初该比率比较，分析固定资产的质量状况。

⑤ 检查被审计单位处置固定资产时原计提的减值准备是否同时结转，会计处理是否正确。

⑥ 检查是否存在转回固定资产减值准备的情况。按照企业会计准则规定，固定资产减值损失一经确认，在以后会计期间不得转回。

⑦ 检查固定资产减值准备的披露是否恰当。如果企业计提了固定资产减值准备，根据《企业会计准则第 8 号——资产减值》的规定，企业应当在财务报表附注中披露以下内容。

a. 当期确认的固定资产减值损失金额。

b. 企业提取的固定资产减值准备累计金额。如果发生重大固定资产减值损失的，还应当说明导致重大固定资产减值损失的原因，固定资产可收回金额的确定方法以及当期确认的重大固定资产减值损失的金额。

如果被审计单位是上市公司，其财务报表附注中通常还应分项列示计提的固定资产减值准备金额、增减变动情况以及计提的原因。

本章精要

采购与付款循环是企业日常发生的重要经济业务之一，是财务报表项目审计的重要内容。本章介绍了该循环所涉及的主要业务活动、会计资料、财务报表项目，介绍了该循环的内部控制与控制测试的要点，并以应付账款、固定资产、累计折旧这三个典型账户为例，详细介绍了对它们执行实质性程序的基本程序及其中的重要程序。

相关知识

购货发票、卖方对账单、应付账款函证回函的比较

购货发票是被审计单位单次购买货物的凭证，注册会计师通过查验购货发票与有关的证明文件，如验收单和订购单，可获得高度可靠的单项业务估价的证据。而卖方对账单通常只包括交易的总额及欠款余额，它未把采购的数量单位、价格、运费和其他信息包括在内，因此，卖方对账单更适于应付账款的余额。

应付账款函证和卖方对账单的重要区别在于信息来源不同。卖方对账单是由独立的第三方编制，但在注册会计师查验时是由客户保管的，这就给客户更改卖方对账单或不提供对注册会计师有用的对账单提供了方便。而应付账款函证是一个分项目的询证信函，由卖方直接送交注册会计师，因此它提供的虽是同样的信息，但却比卖方对账单更加可靠。此外，在应付账款函证时，注册会计师还可同时询问有关应付票据及卖方存放在被审计单位的寄存货物等信息。

自我测试

一、单项选择题

1. 注册会计师从被审计单位的验收单追查至相应的采购明细账，是为了证实采购与付款循环中的（　　）。
   A. 存在　　B. 完整性　　C. 计价和分摊　　D. 表达和可理解性
2. 注册会计师认为被审计单位固定资产折旧计提不足的迹象是（　　）。
   A. 经常发生大额的固定资产清理损失　　B. 累计折旧与固定资产原值比率较大
   C. 提取折旧的固定资产账面庞大　　D. 固定资产保险额大于其账面价值
3. 下列内容中属于固定资产内部控制弱点的是（　　）。
   A. 购买设备的付款支票未经会计主管签章
   B. 设备通常在所估计使用寿命即将结束时才重置固定资产
   C. 所有设备的购买均由使用设备部门自行办理
   D. 出售提足折旧的旧设备时，将所得价款记其他收益

4. 下列各项中不属于注册会计师对固定资产取得和处置实施控制测试的程序有（　　）。
   A. 审查固定资产取得是否与预算相符，有无重大差异
   B. 审查固定资产的取得和处置是否经过授权批准
   C. 审查是否正确划分资本性支出和收益性支出
   D. 审查与固定资产取得和处置相关的项目如应付账款、银行存款、固定资产清理等会计记录的适当性
5. 资产类项目审计和负债类项目审计就其审计内容而言，注册会计师最关心的是（　　）。
   A. 前者侧重于审查所有权，后者侧重于审查义务
   B. 前者侧重于审查应收账款，后者侧重于应付账款
   C. 前者侧重于防止高估和虚列，后者侧重于防止低估和漏列
   D. 前者与损益无关，后者与损益有关
6. 下列审计程序中（　　）与查找未入账应付账款无关。
   A. 审核期后现金支出的主要凭证
   B. 审核期后未付账单的主要凭证
   C. 追查年终前签发的验收单至相关的卖方发票
   D. 审核应付账款账簿记录
7. 注册会计师向阳在对甲公司 2013 年度财务报表审计时了解到该公司本年度对生产线进行了扩建。该生产线原价为 1 000 万元，已提折旧 300 万元。扩建生产线时发生扩建支出 800 万元，同时在扩建时处理废料发生变价收入 50 万元。请代注册会计师向阳判断，甲公司该生产线新的原价应为（　　）万元。
   A. 1 750 元　　B. 1 800　　C. 1 500　　D. 1 450
8. 采购与付款循环过程形成的文件按业务顺序依次为（　　）。
   A. 请购单、订购单、订货合同、验收单、付款凭单
   B. 卖方发票、付款凭单、订购单、请购单
   C. 卖方对账单、订货合同、发票、请购单、明细账
   D. 支票、订货合同、付款凭单、明细账、请购单
9. 对应付账款审查的目标不应包括（　　）。
   A. 确定应付账款的存在性
   B. 确定应付账款记录的完整性
   C. 确定应付账款在财务报表反映的适当性
   D. 确定应付账款的付款期
10. 审查报废的固定资产时，应注意报废固定资产的净损失按规定应记入下列（　　）科目。
   A. 投资收益　　B. 营业外支出　　C. 制造费用　　D. 管理费用

二、多项选择题

1. 注册会计师在审计甲公司 2013 年度财务报表时发现固定资产的以下项目，其中应通过“固定资产清理”科目核算的有（　　）。
   A. 盘亏的固定资产　　B. 出售的固定资产
   C. 报废的固定资产　　D. 损毁的固定资产

2. 适当的职责分离有助于防止各种有意的或无意的错误。以下采购与付款业务不相容的岗位包括（　　）。

A. 询价与确定供应商　　B. 采购、验收与相关会计记录

C. 付款审批与付款执行　　D. 采购合同的订立与审批

3. 下列审计程序中，有助于证实采购交易记录的完整性认定的有（　　）。

A. 从有效的订购单追查至验收单　　B. 从验收单追查至采购明细账

C. 从付款凭单追查至购货发票　　D. 从购货发票追查至采购明细账

4. 注册会计师在审计甲公司2013年度财务报表时认为下列各项固定资产，应当计提折旧的是（　　）。

A. 闲置的固定资产　　B. 当月减少的机器设备

C. 经营租出的固定资产　　D. 已提足折旧仍继续使用的固定资产

5. 采购与付款循环一般要包括的主要过程是（　　）。

A. 批准赊销　　B. 发运商品　　C. 确认债务　　D. 验收商品和劳务

三、判断题

1. 应付账款通常不需要函证，如函证，最后采用否定式函证。(　　)

2. 通常由采购部门提出请购，并由其办理采购业务。(　　)

3. 为了提高作业效率，可由财会部门对收到的材料进行验收。(　　)

4. 批准请购与采购部门相互独立，以防止采购部门购入不必要的物资。(　　)

5. 限制非授权人员接近各种记录和文件，以防止伪造和篡改会计资料。(　　)

6. 审查固定资产减少的主要目的在于查明已减少的固定资产是否已进行适当的会计处理。(　　)

7. 应付账款明细表必须由审计人员亲自编制。(　　)

8. 注册会计师在对固定资产进行实质性测试时，常常将固定资产的分类汇总表与累计折旧的分类汇总表合并编制。(　　)

9. 某一应付账款明细账户年末余额为零，注册会计师可不必将其列为函证对象。(　　)

10. 对于更新改造而增加的固定资产，注册会计师应审查被审计单位是否对折旧进行了重新计算。(　　)

四、简答题

1. 注册会计师甲和乙在审计D公司年度财务报表时，注意到与采购和付款循环相关的内部控制存在缺陷。他们认为D公司管理部门在资产负债表日故意推迟记录发生的应付账款，于是决定实施审计程序进一步查找未入账的应付账款，于是决定实施审计程序进一步查找未入账的应付账款。请问注册会计师甲和乙应如何查找未入账的应付账款？

2. 指出下列各项固定资产实质性程序所涉及的管理当局认定；

（1）检查当年固定资产增加的有关文件。

（2）实地观察固定资产，查明其所有权的归属。

（3）查明固定资产有无抵押、担保等。

（4）审查固定资产提取折旧的方法是否适当。

五、案例分析题

基本情况　注册会计师对某公司采购与付款循环的内部控制进行了解，发现以下一些

情况；

(1) 公司的材料采购由采购部门负责，根据自己编制的采购单采购，货物进厂后由隶属于采购部门的验收部门验收。

(2) 如果货物验收合格，验收部门就在“采购单”上盖“货已验讫”的印章，交给会计部门付款。

(3) 验收不合格的货物由验收部门直接退回给供货商，验收部门不负责开验收单。

(4) 验收后的货物直接堆放在机器旁准备加工。

要求　根据上述情况，针对该公司采购与付款循环内部控制提出改进建议。

第 13 章

生产与存货循环的审计

地位与作用

本章属于年报审计实务部分。集审计理论与实务之大成。特别是存货监盘与计价是本章的核心内容。

技能要求

* 掌握生产与存货循环的特点及其控制测试和交易实质性程序；掌握存货等账户的实质性程序；熟悉生产与存货循环的主要业务活动。

生产与存货循环与其他业务循环的联系非常密切，原材料经过采购与付款循环进入生产与存货循环，生产与存货循环又随销售与收款循环中产成品、商品的销售环节而结束。生产循环的目的是生产出满足管理当局政策和计划要求的产品。生产与存货循环涉及的内容主要是存货的管理及生产成本的计算等。

13.1 生产与存货循环的特点认知

生产与存货循环是指从请购原材料开始直到形成完工产品为止的过程。下面以制造业为例进行说明。

13.1.1 生产与存货循环涉及的主要业务活动

1. 计划和安排生产

生产计划部门的职责是根据顾客订单或者对销售预测和产品需求的分析来决定生产授权，如决定生产授权，即签发预先编号的生产通知单。该部门通常应将发出的所有生产通知单编号并加以记录控制。此外，还需要编制一份材料需求报告，列示所需要的材料和零件及其库存。

2. 发出原材料

仓库部门的责任是根据从生产部门收到的领料单发出原材料。领料单上必须列示所需的材料数量和种类以及领料部门的名称。领料单可以一料一单，也可以多料一单，通常需一式三联。仓库发料后，将其中一联连同材料交给领料部门，其余两联经仓库登记材料明细账后，送会计部门进行材料收发核算和成本核算。

3. 生产产品

生产部门在收到生产通知单及领取原材料后，便将生产任务分解到每一个生产工人，并将所领取的原材料交给生产工人，据以执行生产任务。生产工人在完成生产任务后，将完成的产品交生产部门查点，然后转交检验员验收并办理入库手续，或是将所完成的产品移交下一个部门，做进一步加工。

4. 核算产品成本

为了正确核算并有效控制产品成本，必须建立、健全成本会计制度，将生产控制和成本核算有机结合在一起。一方面，生产过程中的各种记录、生产通知单、领料单、计工单、入库单等文件资料都要汇集到会计部门，由会计部门对其进行检查和核对，了解和控制生产过程中存货的实物流转；另一方面，会计部门要设置相应的会计账户，会同有关部门对生产过程中的成本进行核算和控制。成本会计制度可以非常简单，只是在期末记录存货余额；也可以是完善的标准成本制度，它持续地记录所有材料处理、在产品和产成品，并形成对成本差异的分析报告。完善的成本会计制度应该提供原材料转为在产品，在产品转为产成品，以及按成本中心、分批生产任务通知单或生产周期所消耗的材料、人工和间接费用的分配与归集的详细资料。

5. 储存产成品

产成品入库，须由仓库部门先行点验和检查，然后签收。签收后，将实际入库数量通知会计部门。据此，仓库部门确立了本身应承担的责任，并对验收部门的工作进行验证。除此之外，仓库部门还应根据产成品的品质特征分类存放，并填制标签。

6. 发出产成品

产成品的发出须由独立的发运部门进行。装运产成品时必须持有经有关部门核准的发运通知单，并据此编制出库单。出库单至少一式四联：一联交仓库部门；一联发运部门留存；一联送交顾客；一联作为给顾客开发票的依据。

小贴士

> 原材料经过采购与付款循环进入生产与存货循环，生产与存货循环又随销售与收款循环中产成品的销售环节而结束。

13.1.2　生产与存货循环涉及的会计资料

在内部控制比较健全的企业，处理生产与存货业务通常需要使用很多会计资料。

1. 生产指令

生产指令又称“生产任务通知单”，是企业下达制造产品等生产任务的书面文件，用以通知供应部门组织材料发放、生产车间组织产品制造、会计部门组织成本计算。广义的生产指令也包括用于指导产品加工的工艺规程，如机械加工企业的“路线图”等。

2. 领发料凭证

领发料凭证是企业为控制材料发出所采用的各种凭证，如材料发出汇总表、领料单、限额领料单、领料登记簿、退料单等。

3. 产量和工时记录

产量和工时记录是登记工人或生产班组在出勤内完成产品数量、质量和生产这些产品所耗费工时数量的原始记录。产量和工时记录的内容与格式是多种多样的，在不同的生产企业中，甚至在同一企业的不同生产车间中，由于生产类型不同而采用不同格式的产量和工时记录。常见的产量和工时记录主要有工作通知单、工序进程单、工作班产量报告、产量通知单、产量明细表、废品通知单等。

4. 工薪汇总表及工薪费用分配表

工薪汇总表是为了反映企业全部工薪的结算情况，并据以进行工薪结算总分类核算和汇总整个企业工薪费用而编制的。它是企业进行工薪费用分配的依据。工薪费用分配表反映了各生产车间各产品应负担的生产工人工薪及福利费。

5. 材料费用分配表

材料费用分配表是用来汇总反映各生产车间各产品所耗费的材料费用的原始记录。

6. 制造费用分配汇总表

制造费用分配汇总表是用来汇总反映各生产车间各产品所应负担的制造费用的原始记录。

7. 成本计算单

成本计算单是用来归集某一成本计算对象所应承担的生产费用，计算该成本计算对象的总成本和单位成本的记录。

8. 存货明细账

存货明细账是用来反映各种存货增减变动情况和期末库存数量及相关成本信息的会计记录。

13.2 生产与存货循环审计过程及分析

13.2.1 生产与存货循环的控制测试认知

总体上看，生产与存货循环的内部控制主要包括存货的内部控制、成本会计制度的内部控制及薪酬的内部控制三项内容。

1. 生产与存货循环的关键内部控制

1）适当的职责分离

生产与存货循环涉及的部门主要有领料、生产、验收、保管与记账等。在生产与存货循环中需要明确以下分工：存货生产计划的编制与审批要分离；存货的验收与生产部门要分离；存货的保管与记录要分离；存货的盘点人员应独立于存货的保管、使用与记录人员。

小贴士

> 适当的职责分离可以减少个人在同一岗位正常的工作过程中进行欺骗或掩盖差错和异常的机会。

2）授权审批

对于生产与存货循环来说，较常见的授权审批程序包括下列几方面：生产通知单须经过授权批准；领料单须经过授权批准；工资须经授权批准；成本和费用分配方法的采用和变更须经授权批准；存货的盘盈、盘亏、毁损等的处置须经批准。

3）单据和账簿的控制

在生产与存货循环中，对于核算原材料、物料的领用，确定在产品存货的构成和价值以及计算完工产品成本都是必要的。具体包括以下主要内容：

（1）采用适当的成本核算方法，且前后各期保持一致。

（2）采用适当的费用分配方法，且前后各期保持一致。

（3）成本核算要以经过审核的生产通知单、领料单、人工费用分配表和制造费用分配表等原始凭证为依据。

（4）相关的凭证，如发运单、领料单、销售单等应顺序编号。

（5）尽可能采取永续盘存制进行存货管理。

4）实物控制

对存货必须进行实物控制，以免由于误用和偷窃而造成损失。将原材料、在产品和产成品分开并限制接触是保证安全、完整的非常重要的控制，具体包括以下政策和程序：

（1）建立产成品、在产品等的保管和移交制度。

（2）按类别存放存货，并定期及不定期盘点。

（3）只有经过授权的人才能接触存货实物及相关文件。

（4）存货的入库须经过验收，存货的出库须有经批准的提货单。

5）内部核查程序

内部核查程序包括由财务部门内部独立的复核人定期核对存货的永续盘记录和存货科目账，定期核对相关的会计分录是否适当，定期核查相关原始凭证编号的完整性等，也包括由被审计单位内部审计人员或其他独立人员对生产循环相关账簿和凭证的审查。

2. 生产与存货循环的控制测试

为了验证是否有足够证据支持初步的控制风险水平，需要进行控制测试。控制测试主要包括存货的内部控制测试、成本会计制度的内部控制测试和工薪的内部控制测试。

1）存货的内部控制测试

（1）观察和询问职责分工情况。

在了解内部控制的基本情况后，注册会计师要观察被审计单位内部的责任分工情况，并询问一年中各职能执行人的情况。

（2）抽查存货入库业务。

从存货明细账中抽取部分存货入库业务，检查每笔业务是否都附有验收报告。

（3）抽查存货的出库业务。

从存货明细账中抽取部分出库业务，检查是否每笔业务都附有经批准的领料单和提货单，检查领料单和提货单是否经过批准。

（4）核对存货发出凭证与存货明细账。

抽取部分领料单和提货单，与存货明细账核对，检查是否所有存货的发出均已入账，领料单、提货单是否经过批准。

（5）定期核对。

定期核对存货收发登记簿与相应的会计记录，检查两者是否一致。

（6）存货的管理。

检查存货的管理是否良好，检查存货的巡视记录，确定此项控制是否执行。

（7）定期盘存。

检查是否定期盘点存货，对发生的盘盈、盘亏、毁损、报废等情况是否及时按规定处理。

2）成本会计制度的内部控制测试

成本会计制度的测试，包括直接材料成本测试、直接人工成本测试、制造费用测试和生产成本在当期完工产品与在产品之间分配的测试四项内容。

（1）直接材料成本测试。

对采用定额单耗的企业，可选择并获取某一成本报告期若干种具有代表性的产品成本计算单，获取样本的生产指令或产量统计记录及其直接材料单位消耗定额。根据材料明细账或采购业务测试工作底稿中该直接材料的单位实际成本，计算直接材料的总消耗量和总成本，与该样本成本计算单中的直接材料成本核对，并注意下列事项：生产指令是否经过授权批准；单位消耗定额和材料成本计价方法是否适当，在当年度有何重大变更。

（2）直接人工成本测试。

对采用计时工资制的企业，获取样本的实际工时统计记录、职员分类表和职员工薪手册（工资率）及人工成本与人工费用分配汇总表，作如下检查：成本计算中直接人工成本与人工费用分配汇总表中该样本的直接人工费用核对是否相符；样本的实际工时统计记录与人工费用分配汇总表中该样本的实际工时核对是否相符；抽取生产部门若干天的工时台账与实际工时统计记录核对是否相符；当没有实际工时统计记录时，则可根据职员分类表及职员工薪手册中的工资率，计算复核人工费用分配汇总表中该样本的直接人工费用是否合理。

（3）制造费用测试。

获取样本的制造费用分配汇总表、按项目分列的制造费用明细账与制造费用分配标准有关的统计报告及其相关原始记录，作如下检查：制造费用分配汇总表中，样本分担的制造费用与成本计算单中的制造费用核对是否相符；制造费用分配汇总表中的合计数与样本所属成本报告期的制造费用明细账总计数核对是否相符；制造费用分配汇总表选择的分配标准（机器工时数、直接人工工资、直接人工工时数、产量等等）与相关的统计报告或原始记录核对是否相符，并对费用分配标准的合理性作出评估。

(4) 生产成本在当期完工产品与在产品之间分配的测试。

检查成本计算单中在产品数量与生产统计报告或在产品盘存表中的数量是否一致；检查在产品约当产量计算或其他分配标准是否合理；计算复核样本的总成本和单位成本，最终对当年采用的成本会计制度作出评价。

3) 工薪的内部控制测试

在测试工薪内部控制时，首先，应选择若干月份工薪汇总表，作如下检查：计算复核每一月份工薪汇总表；检查每一份工薪汇总表是否业经授权批准；检查应付工薪总额与人工费用分配汇总表中合计数是否相符；检查其代扣款项的账务处理是否正确；检查实发工薪总额与银行付款凭单及银行存款对账单是否相符，并正确过入相关账户。其次，从工资单中选取若干个样本（应包括各种不同类型人员），作如下检查：检查员工工资卡或人事档案，确保工薪发放有依据；检查员工工资率及实发工薪额的计算；检查实际工时统计记录（或产量统计报告）与员工个人钟点卡（或产量记录）是否相符；检查员工加班点记录与主管人员签证的月度加班费汇总表是否相符；检查员工扣款依据是否正确；检查员工的工薪签收证明；实地抽查部分员工，证明其确在本公司工作，如已离开本公司，需获得管理层证实。

13.2.2 生产与存货循环的实质性程序认知

生产与存货循环的实质性程序可区分为实质性分析程序、相关余额的细节测试。

1. 生产与存货交易的实质性分析程序

(1) 根据对被审计单位的经营活动、供应商的发展历程、贸易条件、行业惯例和行业现状的了解，确定营业收入、营业成本、毛利以及存货周转和费用支出项目的期望值。

(2) 根据本期存货余额组成、存货采购、生产水平与以前期间和预算的比较，定义营业收入、营业成本和存货可接受的重大差异额。

(3) 比较存货余额和预期周转率。

(4) 计算实际数和预计数之间的差异，并同管理层使用的关键业绩指标进行比较。

(5) 通过询问管理层和员工，调查实质性分析程序得出的重大差异额是否表明存在重大错报风险，是否需要设计恰当的细节测试程序以识别和应对重大错报风险。

(6) 形成结论，即实质性分析程序是否能够提供充分、适当的审计证据，或需要对交易和余额实施细节测试以获取进一步的审计证据。

2. 生产与存货交易和相关余额的细节测试

1) 交易的细节测试

(1) 注册会计师应从被审计单位存货业务流程层面的主要交易中选取一个样本，检查其支持性证据，例如，存货采购、完工产品的转移、销售和销售退回记录中选取一个样本。

(2) 对期末前后发生的主要交易流，实施截止测试，例如，对采购、销售退回等实施截止测试。

确认本期末存货收发记录的最后一个顺序号码，并详细检查随后的记录，以检测在本会计期间的存货收发记录中是否存在更大的顺序号码，或因存货收发交易被漏记或错记入下一会计期间而在本期遗漏的顺序号码。

2）存货余额的细节测试

存货余额的细节测试内容很多，比如，观察被审计单位存货的实地盘存；通过询问确定现有存货是否存在寄存情形，或者被审计单位存货在盘点日是否被寄存在他人处；检查、计算、询问和函证存货价格；检查存货的抵押合同和寄存合同等。

根据财务报表项目与业务循环的相关程度，生产与存货循环涉及的资产负债表项目主要是存货（包括材料采购或在途物资、原材料、材料成本差异、库存商品、发出商品、商品进销差价、委托加工物资、周转材料、生产成本、制造费用、劳务成本、存货跌价准备等）、应付职工薪酬等；所涉及的利润表项目主要是营业成本等。由于存货资产负债表中的主要项目，通常也是流动资产中余额最大的项目，而且存货流动性强、周转快，受市场因素和生产计划的影响很大，在各年度之间往往不平衡，对各年度末的资产和各年度的损益有很大的影响。在会计核算上对应的会计账项很多，存货项目真实性与正确性，直接影响到其他会计账项。正是由于存货对于企业的重要性、存货问题的复杂性以及存货与其他项目有着密切的关联度，因此，要求注册会计师对存货项目的审计应当予以特别的关注。

13.3 存货审计认知

《企业会计准则第1号——存货》规定，存货是指企业在日常活动中持有以备出售的产成品或商品、处在生产过程中的在产品、在生产过程或提供劳务过程中耗用的材料和物料等。

存货审计，尤其是对年末存货余额的测试，通常是审计中最复杂、最费时的部分，对存货存在性和存货价值的评估常常十分困难。

小贴士

导致存货审计复杂的主要原因

（1）存货通常是资产负债表中的一个主要项目，而且通常是构成营运资本的大项目。

（2）存货存放于不同的地点，这使得对它的实物控制和盘点都很困难。企业必须将货置放于便于产品生产和销售的地方，但是这种分散也带来了审计的困难。

（3）存货项目的多样性也给审计带来了困难。例如，化学制品、宝石、电子元件以及其他的高科技产品。

（4）存货本身的陈旧以及存货成本的分配也使得存货的估价出现困难。

（5）允许采用的存货计价方法的多样性。

13.3.1 存货的审计目标

对存货进行审计，需要达到的审计目标是：确定资产负债表中记录的存货是否存在；确定所有应当记录的存货是否均已记录；确定记录的存货是否由被审计单位拥有；确定存货的品质状况，存货跌价准备的计提是否合理；确定存货是否以恰当的金额包括在财务报表中，与之相关的计价调整是否已恰当记录；确定存货是否已按照企业会计准则的规定在财务报表中作出恰当列报。

13.3.2 存货的实质性程序

1. 取得或编制存货明细表

复核加计是否正确，并与总账数和明细账合计数核对是否相符，同时，抽查各存货明细账余仓库台账、卡片记录，检查是否核对相符。

2. 执行实质性分析程序

注册会计师执行实质性分析程序的目的是为了审查存货总体上的合理性和错报。存货分析程序的主要方法有：比较本期和前期同一产品的单位生产成本，比较本期和前期的毛利率，比较本期与前期的存货周转率（按单个产品计算），可能发现存货或销售成本账户的高估或低估的潜在错报；按卖方和产品类别比较各期购货交易的数量，可能发现不正常的交易（数额大或次数多）的潜在错报；比较本期与前期的制造成本，可能发现直接人工、制造费用以及销货成本、存货账户的高估或低估等。

3. 进行存货的监盘

1）存货监盘的定义和作用

《中国注册会计师审计准则1311号——存货监盘》规定，存货监盘是指注册会计师现场观察被审计单位存货的盘点，并对已盘点的存货进行适当检查。可见，存货监盘有两层含义：一是注册会计师应亲临现场观察被审计单位存货的盘点；二是在此基础上，注册会计师应根据需要适当抽查已盘点的存货。

存货监盘针对的主要是存货的存在认定、完整性认定以及权利和义务的认定。注册会计师监盘存货的目的在于获取有关存货数量和状况的审计证据，以确证被审计单位记录的所有存货确实存在，已经反映了被审计单位拥有的全部存货，并属于被审计单位的合法财产。存货监盘作为存货审计的一项核心审计程序，通常可同时实现上述多项审计目标。根据职业界规定，除非出现无法实施存货监盘的特殊情况，注册会计师应当实施必要的替代程序，在绝大多数情况下都必须亲自观察存货盘点过程，实施存货监盘程序。

为了达到比较好的效果，存货监盘应做好盘点前的计划工作、盘点过程的监督工作以及盘点工作结束后的记录工作。

2）存货监盘计划

（1）制订存货监盘计划的基本要求。由于存货存在与完整性的认定具有较高的重大错报风险，而且注册会计师通常只有一次机会通过存货的实地监盘对有关认定作出评价，因此，注册会计师应当根据被审计单位存货的特点、盘存制度和存货内部控制的有效性等情况，在评价被审计单位存货盘点计划的基础上，编制存货监盘计划，对存货监盘进行合理安排。

（2）设计存货的控制测试与实质性程序。存货监盘程序主要包括控制测试与实质性程序两种方式。

① 如果只有少数项目构成了存货的主要部分，注册会计师以实质性程序为主的审计方式获取与存在认定相关的证据更为有效。

② 对于单位价值较高的存货项目，应实施100%的实质性程序。

③ 对于其他存货则可视情况进行抽查。但在大多数审计业务中，注册会计师会发现以控制测试为主的审计方式更加有效。

④ 如果注册会计师采用以控制测试为主的审计方式，并准备信赖被审计单位存货盘点的控制措施与程序，那么，绝大部分的审计程序将限于询问、观察以及抽查。

（3）制订存货监盘计划应实施的工作。在编制存货监盘计划时，注册会计师应当实施下列审计程序。

① 了解存货的内容、性质、各存货项目的重要程度及存放场所。

② 了解与存货相关的内部控制。在制订存货监盘计划时，注册会计师应当了解被审计单位与存货相关的内部控制，并根据内部控制的完善程度确定进一步审计程序的性质、时间和范围。

与存货相关的内部控制涉及被审计单位供、产、销各个环节，包括采购、验收、仓储、领用、加工、装运出库等方面，还包括存货数量的盘存制度。

③ 评估与存货相关的重大错报风险和重要性。存货通常具有较高水平的重大错报风险，由于制造过程和成本归集制度的差异，制造企业的存货与其他企业（如批发企业）的存货相比往往具有更高的重大错报风险。外部因素也会对重大错报风险产生影响。例如，技术进步可能导致某些产品过时，从而导致存货价值更容易发生高估。根据对存货错报风险的评估结果，注册会计师应当合理确定存货项目审计的重要性水平。

④ 查阅以前年度的存货监盘工作底稿。注册会计师可以通过查阅以前年度的存货监盘工作底稿，了解被审计单位的存货情况、存货盘点程序以及其他在以前年度审计中遇到的重大问题。在查阅以前年度的存货监盘工作底稿时，注册会计师应充分关注存货盘点的时间安排、周转缓慢的存货的识别、存货的截止确认、盘点小组人员的确定以及存货多处存放等内容。

⑤ 考虑实地察看存货的存放场所，特别是金额较大或性质特殊的存货。注册会计师应当考虑实地察看被审计单位的存货存放场所，特别是金额较大或性质特殊的存货，这有助于注册会计师熟悉在库存货及其组织管理方式，也有助于注册会计师在盘点工作进行前发现潜在问题，如存在难以盘点的存货、周转缓慢的存货、过时存货、残次品以及代销存货。

⑥ 考虑是否需要利用专家的工作或其他注册会计师的工作。注册会计师可能不具备其他专业领域专长与技能。在确定资产数量或资产实物状况（如矿石堆），或在收集特殊类别存货（如艺术品、稀有玉石、房地产、电子器件、工程设计等）的审计证据时，注册会计师可以考虑利用专家的工作。

很多情况下，被审计单位组成部分的财务信息由其他注册会计师审计并出具审计报告，这当然也包括了由其他注册会计师负责对被审计单位该组成部分的存货实施监盘。如果注册会计师计划利用其他注册会计师的工作，则应遵循《中国注册会计师审计准则第1401号——利用其他注册会计师的工作》的相关要求。

⑦ 复核或与管理层讨论其存货盘点计划。在复核或与管理层讨论其存货盘点计划时，注册会计师应当考虑盘点的时间安排；存货盘点范围和场所的确定；盘点人员的分工及胜任能力；盘点前的会议及任务布置；存货的整理和排列，对毁损、陈旧、过时、残次及所有权不属于被审计单位的存货的区分；存货的计量工具和计量方法；在产品完工程度的确定方法；存放在外单位的存货的盘点安排；存货收发截止的控制；盘点期间存货移动的控制；盘

点表单的设计、使用与控制；盘点结果的汇总以及盘盈或盘亏的分析、调查与处理主要因素等，以评价其能否合理地确定存货的数量和状况。

小思考

> 如果认为被审计单位的存货盘点计划存在缺陷，注册会计师能否提请被审计单位进行调整？

（4）存货监盘计划的主要内容。

存货监盘计划应当包括下列主要内容：

① 存货监盘的目标、范围及时间安排。存货监盘的目标是获取被审计单位资产负债表日有关存货数量和状况的审计证据，检查存货的数量是否真实完整，是否归属被审计单位，存货有无毁损、陈旧、过时、残次和短缺等状况。

存货监盘范围的大小取决于存货的内容、性质以及与存货相关的内部控制的完善程度和重大错报风险的评估结果。对存放于外单位的存货，应当考虑实施适当的替代程序，以获取充分、适当的审计证据。

存货监盘的时间，包括实地察看盘点现场的时间、观察存货盘点的时间和对已盘点存货实施检查的时间等，应当与被审计单位实施存货盘点的时间相协调。

② 存货监盘的要点及关注事项。存货监盘的要点主要包括注册会计师实施存货监盘程序的方法、步骤，各个环节应注意的问题以及所要解决的问题。注册会计师需要重点关注的事项包括盘点期间的存货移动、存货的状况、存货的截止确认、存货的各个存放地点及金额等。

③ 参加存货监盘人员的分工。注册会计师应当根据被审计单位参加存货盘点人员分工、分组情况、存货监盘工作量的大小和人员素质情况，确定参加存货监盘的人员组成，各组成人员的职责和具体的分工情况，并加强督导。

④ 检查存货的范围。注册会计师应当根据对被审计单位存货盘点和对被审计单位内部控制的评价结果确定检查存货的范围。在实施观察程序后，如果认为被审计单位内部控制设计良好且得到有效实施、存货盘点组织良好，可以相应缩小实施检查程序的范围。

3）存货监盘一般程序

（1）观察程序。

在被审计单位盘点存货前，注册会计师应当观察盘点现场，确定应纳入盘点范围的存货是否已经适当整理和排列，并附有盘点标识，防止遗漏或重复盘点。对未纳入盘点范围的存货，注册会计师应当查明未纳入的原因。

对所有权不属于被审计单位的存货，注册会计师应当取得其规格、数量等有关资料，确定是否已分别存放、标明，且未被纳入盘点范围。在存货监盘过程中，注册会计师应当根据取得的所有权不属于被审计单位的存货的有关资料，观察这些存货的实际存放情况确保其未被纳入盘点范围。即使在被审计单位声明不存在受托代存存货的情形下。注册会计师在存货监盘时也应当关注是否存在某些存货不属于被审计单位的迹象，以避免盘点范围不当。

注册会计师在实施存货监盘过程中，应当跟随被审计单位安排的存货盘点人员，注意观察被审计单位事先制订的存货盘点计划是否得到了贯彻执行，盘点人员是否准确无误地记录了被盘点存货的数量和状况。

（2）检查程序。

注册会计师应当对已盘点的存货进行适当检查，将检查结果与被审计单位盘点记录相核对，并形成相应记录。检查的目的既可以是为了确证被审计单位的盘点计划得到适当的执行（控制测试），也可以是为了证实被审计单位的存货实物总额（实质性程序）。如果观察程序能够表明被审计单位的组织管理得当，盘点、监督以及复核程序充分有效，注册会计师可据此减少所需检查的存货项目。

检查的范围通常包括每个盘点小组盘点的存货以及难以盘点或隐蔽性较强的存货。注册会计师应尽可能避免让被审计单位事先了解将抽取检查的存货项目。

在检查已盘点的存货时，注册会计师应当从存货盘点记录中选取项目追查至存货实物，以测试盘点记录的准确性；注册会计师还应当从存货实物中选取项目追查至存货盘点记录，以测试存货盘点记录的完整性。

注册会计师在实施检查程序时发现差异，很可能表明被审计单位的存货盘点在准确性或完整性方面存在错误。由于检查的内容通常仅仅是已盘点存货中的一部分，所以在检查中发现的错误很可能意味着被审计单位的存货盘点还存在着其他错误。一方面，注册会计师应当查明原因，并及时提请被审计单位更正；另一方面，注册会计师应当考虑错误的潜在范围和重大程度，在可能的情况下，扩大检查范围以减少错误的发生。注册会计师还可要求被审计单位重新盘点。重新盘点的范围可限于某一特殊领域的存货或特定盘点小组。

（3）存货监盘时需特别关注的情况：

① 存货移动情况。注册会计师应当特别关注存货的移动情况，防止遗漏或重复盘点。尽管盘点存货时最好能保持存货不发生移动，但在某些情况下存货的移动是难以避免的。如果在盘点过程中被审计单位的生产经营仍将持续进行，注册会计师应通过实施必要的检查程序，确定被审计单位是否已经对此设置了相应的控制程序，确保在适当的期间内对存货做出了准确记录。

② 存货的状况。注册会计师应当特别关注存货的状况，观察被审计单位是否已经恰当区分所有毁损、陈旧、过时及残次的存货。

存货的状况是被审计单位管理层对存货计价认定的一部分，除了对存货的状况予以特别关注以外。注册会计师还应当把所有毁损、陈旧、过时及残次存货的详细情况记录下来，这既便于进一步追查这些存货的处置情况，也能为测试被审计单位存货跌价准备计提的准确性提供证据。

③ 存货截止测试。所谓存货截止测试，就是检查已经记录为企业所有，并包括在12月31日存货盘点范围内的存货中，是否含有截止到该日尚未购入或已经售出的部分。注册会计师应当获取盘点日前后存货收发及移动的凭证，检查存货实物纳入盘点范围的时间与会计记录时间是否都处于同一会计期间。

注册会计师在对期末存货进行截止测试时，通常应当关注：

★所有在截止日以前入库的存货项目是否均已包括在盘点范围内，并已反映在截止日以前的会计记录中；任何在截止日期以后入库的存货项目是否均未包括在盘点范围内，也未反映在截止日以前的会计记录中。

★所有在截止日以前装运出库的存货项目是否均未包括在盘点范围内，且未包括在截止日的存货账面余额中；任何在截止日期以后装运出库的存货项目是否均已包括在盘点范围内，并已包括在截止日的存货账面余额中。

★所有已确认为销售但尚未装运出库的商品是否均未包括在盘点范围内，且未包括在截止日的存货账面余额中。

★所有已记录为购货但尚未入库的存货是否均已包括在盘点范围内，并已反映在会计记录中。

★在途存货和被审计单位直接向顾客发运的存货是否均已得到了适当的会计处理。

在存货监盘过程中，注册会计师应当获取存货验收入库、装运出库以及内部转移截止等信息，以便将来追查至被审计单位的会计记录。

注册会计师可通过观察存货的验收入库地点和装运出库地点执行截止测试。在存货入库和装运过程中采用连续编号的凭证时，注册会计师应当关注截止日期前的最后编号。如果被审计单位没有使用连续编号的凭证，注册会计师应当列出截止日期以前的最后几笔装运和入库记录。如果被审计单位使用运货车厢或拖车进行存储、运输或验收入库，注册会计师应当详细列出存货场地上满载和空载的车厢或拖车，并记录各自的存货状况。

对于测试完成后发现的截止期处理不当的情况，注册会计师应提请被审计单位做必要的会计账务调整。

④ 特殊类型存货的监盘。对于特殊类型的存货，通常或者没有标签，或者其数量难以估计，或者其质量难以确定，或者盘点人员无法对其移动实施控制。在这种情况下，注册会计师需要运用职业判断，根据存货的实际情况，设计恰当的审计程序，获取存货数量和状况的审计证据。

（4）存货监盘结束时的工作。

在被审计单位存货盘点结束前，注册会计师应当：

① 再次观察盘点现场，以确定所有应纳入盘点范围的存货是否均已盘点。

② 取得并检查已填用、作废及未使用盘点表单的号码记录，确定其是否连续编号，查明已发放的表单是否均已收回，并与存货盘点的汇总记录进行核对。

如果出现以下情况，注册会计师应该酌情处理：

① 如果存货盘点日不是资产负债表日，注册会计师应当实施适当的审计程序，确定盘点日与资产负债表日之间存货的变动是否已做正确的记录。

② 如果被审计单位采用永续盘存制核算存货，注册会计师应当关注永续盘存制下的期末存货记录与存货盘点结果之间是否一致。如果这两者之间出现重大差异，注册会计师应当实施追加的审计程序查明原因，并检查永续盘存记录是否已作出了适当调整。

③ 如果认为被审计单位的盘点方式及其结果无效，注册会计师应当提请被审计单位重新盘点。

（5）存货监盘的替代审计程序：

① 基本要求。如果由于被审计单位存货的性质或位置等原因导致无法实施存货监盘，注册会计师应当考虑能否实施替代审计程序，以获取有关期末存货数量和状况的充分、适当的审计证据。

② 存货监盘的替代审计程序。检查进货交易凭证或生产记录以及其他相关资料；检查

资产负债表日后发生的销货交易凭证；向顾客或供应商函证。

4）存货监盘结果对审计报告的影响

注册会计师应当根据已获取的审计证据，形成有关期末存货数量和状况的审计结论，并确定对审计报告的影响。

（1）如果无法实施存货监盘，也无法实施替代审计程序以获取有关期末存货数量和状况的充分、适当的审计证据，注册会计师应当根据其重要程度，发表保留意见或无法表示意见。

（2）如果通过实施存货监盘发现被审计单位财务报表存在重大错报，且被审计单位拒绝调整，注册会计师应当根据其重要程度，发表保留意见或否定意见。

（3）如果注册会计师首次接受委托，未能获取有关本期期初存货余额的充分、适当的审计证据，注册会计师应当根据其重要程度，发表保留意见或无法表示意见。

4. 存货计价测试

监盘程序主要是对存货的结存数量予以确认。为验证财务报表上存货余额的真实性，还必须对存货的计价进行审计，即确定存货实物数量和永续盘存记录中的数量是否经过正确计价和汇总。

1）存货计价测试的一般要求

（1）确认计价方法。注册会计师应了解掌握被审计单位的存货计价方法，确定选用的存货计价方法是否符合企业会计准则，是否适合自身特点，是否一贯。对于已变动的计价方法，注册会计师应审查其变动是否在财务报表上予以充分披露。

（2）选取测试样本。用于测试的样本，应从存货数量已经盘点、单价和总金额已经计入存货汇总表的存货中选择。选择样本时应着重选择结存余额较大且价格变化比较频繁的项目，同时考虑所选样本的代表性。抽样方法一般采用分层抽样法，抽样规模应足以推断总体的情况。

（3）进行计价测试。计价测试就是对选定样本，按照企业的计价方法和存货价值构成，由注册会计师亲自进行存货会计核算的全过程。

① 对存货价格的组成内容予以检查。存货价格通常由买价、运输及仓储成本、直接加工成本和制造费用等组成。不同被审计单位在成本及费用的界定上可能不尽相同，注册会计师在开始计价测试前就有必要确认存货的合理、合法价值的组成。

② 按照所了解的计价方法对所选择的存货样本进行计价测试。测试时，注册会计师应尽量排除被审计单位已有计算程序和结果的影响，独立地进行测试。测试结果出来后，应与被审计单位账面记录对比，编制对比分析表，分析形成差异的原因。如果差异过大，应扩大测试范围，并根据审计结果考虑是否应提出审计调整建议。

③ 对期末存货计价审计。在存货计价审计中，由于被审计单位期末存货采用成本与可变现净值孰低的方法计价，所以注册会计师应充分关注其对存货可变现净值的确定及存货跌价准备的计提。

可变现净值是指企业在日常活动中，存货的估计售价减去至完工时估计将要发生的成本、估计的销售费用以及相关税费后的金额。企业确定存货的可变现净值，应当以取得的确凿证据为基础。并且考虑持有存货的目的、资产负债表日后事项的影响等因素。

企业应当按照单个存货项目计提存货跌价准备；对于数量繁多、单价较低的存货，可以按存货类别计提存货跌价准备；如果某些存货具有相同或类似最终用途或目的，并与在同一地区生产和销售的产品系列相关，且难以与其他项目分开计量，可以合并计提存货跌价准备。

小思考

什么情形下应当计提存货跌价准备？

2）存货成本的计价测试

存货成本的审计主要包括直接材料成本的审计、直接人工成本的审计、制造费用的审计等内容。

（1）直接材料成本的审计。直接材料成本的审计一般应从审阅材料和生产成本明细账入手，抽查有关的费用凭证，验证企业产品直接耗用材料的数量、计价和材料费用分配是否真实、合理。其主要审计程序通常包括：

① 抽查产品成本计算单，检查直接材料成本的计算是否正确，材料费用的分配标准与计算方法是否合理和适当，是否与材料费用分配汇总表中该产品分摊的直接材料费用相符。

② 检查直接材料耗用数量的真实性，有无将非生产用材料计入直接材料费用。

③ 分析比较同一产品前后各年度的直接材料成本，如有重大波动应查明原因。

④ 抽查材料发出及领用的原始凭证，检查领料单的签发是否经过授权，材料发出汇总表是否经过适当的人员复核，材料单位成本计价方法是否适当，是否正确及时入账。

⑤ 对采用定额成本或标准成本的被审计单位，应检查直接材料成本差异的计算、分配与会计处理是否正确，并查明直接材料的定额成本、标准成本在本年度内有无重大变更。

（2）直接人工成本的审计。直接人工成本的主要审计程序通常包括：

① 抽查产品成本计算单，检查直接人工成本的计算是否正确、人工费用的分配标准与计算方法是否合理和适当、是否与人工费用分配汇总表中该产品分摊的直接人工费用相符；

② 将本年度直接人工成本与前期进行比较，查明其异常波动的原因；

③ 分析比较本年度各个月份的人工费用发生额，如有异常波动，应查明原因；

④ 结合应付职工薪酬的检查，抽查人工费用会计记录及会计处理是否正确；

⑤ 对采用标准成本法的被审计单位，应抽查直接人工成本差异的计算、分配与会计处理是否正确。并查明直接人工的标准成本在本年度内有无重大变更。

（3）制造费用的审计。制造费用是企业为生产产品和提供劳务而发生的各项间接费用，即生产单位为组织和管理生产而发生的费用，包括分厂和车间管理人员的工薪等职工薪酬、折旧费、修理费、办公费、水电费、取暖费、租赁费、机物料消耗、低值易耗品摊销、劳动保护费、保险费、设计制图费、实验检验费、季节性和修理期间的停工损失等。

制造费用的主要审计程序通常包括以下几方面。

① 获取或编制制造费用汇总表，并与明细账、总账核对相符，抽查制造费用中的重大数额项目及例外项目是否合理。

② 审阅制造费用明细账，检查其核算内容及范围是否正确，并应注意是否存在异常交易事项，如有，则应追查至记账凭证和原始凭证，重点查明被审计单位有无将不应列入成本

费用的支出（如投资支出、被没收的财物、支付的罚款、违约金等）计入制造费用。

③ 必要时，对制造费用实施截止测试，即检查资产负债表日前后若干天的制造费用明细账及其凭证，确定有无跨期入账的情况。

④ 检查制造费用的分配是否合理。重点查明制造费用的分配方法是否符合被审计单位自身的生产技术条件，是否体现受益原则；分配方法一经确定，是否在相当时期内保持稳定，有无随意变更的情况；分配率和分配额的计算是否正确，有无以人为估计数代替分配数的情况。对按预定分配率分配费用的企业，还应查明计划与实际差异是否及时调整。

⑤ 对于采用标准成本法的被审计单位，应抽查标准制造费用的确定是否合理，记入成本计算单的数额是否正确，制造费用的计算、分配与会计处理是否正确，并查明标准制造费用在本年度内有无重大变动。

5. 确定存货是否在资产负债表上恰当披露

存货是资产负债表中流动资产项下的一个重要项目，就制造企业而言，其金额应根据“材料采购”“原材料”“周转材料”“材料成本差异”“生产成本”“库存商品”等项目的期末余额合计，减去“存货跌价准备”科目期末余额后填列。

凡是有关存货计价方法、存货质量以及存货成本上的重大变化情况、变动原因与变动结果等，均应在财务报表附注中说明，注册会计师应审查其合理性。

13.4 应付职工薪酬审计认知

职工薪酬是企业支付给员工的劳动报酬，其主要形式有计时制和计件制两种。职工薪酬可能采用现金的形式支付，因而相对于其他业务更容易发生错误或舞弊行为，如虚报冒领、重复支付和贪污等。同时，职工薪酬有时是构成企业成本费用的重要项目，所以在审计中显得十分重要。

13.4.1 应付职工薪酬的审计目标

应付职工薪酬的审计目标一般包括：确定资产负债表中记录的应付职工薪酬是否存在；所有应当记录的应付职工薪酬是否均已记录；确定记录的应付职工薪酬是否为被审计单位应当履行的现时义务；确定应付职工薪酬是否以恰当的金额包括在财务报表中，与之相关的计价调整是否已恰当记录；确定应付职工薪酬是否已按照企业会计准则的规定在财务报表中作出恰当列报。

13.4.2 应付职工薪酬的实质性程序

1. 获取或编制应付职工薪酬明细表

获取或编制应付职工薪酬明细表，复核加计是否正确，并与报表数、总账数和明细账合计数核对是否相符。

2. 实施实质性分析程序

（1）针对已识别需要运用分析程序的有关项目，并基于对被审计单位及其环境的了解，通过进行以下比较，同时考虑有关数据间关系的影响，以建立有关数据的期望值。

① 比较被审计单位员工人数的变动情况，检查被审计单位各部门各月工资费用的发生额是否有异常波动，若有，则查明波动原因是否合理。

② 比较本期与上期工资费用总额，要求被审计单位解释其增减变动原因，或取得公司管理层关于员工工资标准的决议。

③ 结合员工社保缴纳情况，明确被审计单位员工范围，检查是否与关联公司员工工资混淆列支。

④ 核对下列相互独立部门的相关数据：

★工资部门记录的工资支出与出纳记录的工资支付数。

★工资部门记录的工时与生产部门记录的工时。

⑤ 比较本期应付职工薪酬余额与上期应付职工薪酬余额，是否有异常变动。

（2）确定可接受的差异额。

（3）将实际的情况与期望值相比较，识别需要进一步调查的差异。

（4）如果其差额超过可接受的差异额，调查并获取充分的解释和恰当的佐证审计证据（如通过检查相关的凭证）。

（5）评估分析程序的测试结果。

3. 检查工资、奖金、津贴和补贴

（1）检查计提是否正确，依据是否充分，将执行的工资标准与有关规定核对，并对工资总额进行测试；被审计单位如果实行工效挂钩的，应取得有关主管部门确认的效益工资发放额认定证明，结合有关合同文件和实际完成的指标，检查其计提额是否正确，是否应作纳税调整。

（2）检查分配方法与上年是否一致，除因解除与职工的劳动关系给予的补偿直接计入管理费用外，被审计单位是否根据职工提供服务的受益对象，分别下列情况进行处理：

① 应由生产产品、提供劳务负担的职工薪酬，计入产品成本或劳务成本。

② 应由在建工程、无形资产负担的职工薪酬，计入建造固定资产或无形资产。

③ 被审计单位为外商投资企业，按规定从净利润中提取的职工奖励及福利基金，是否以董事会为依据，是否相应记入“利润分配——提取的职工奖励及福利基金”科目；

④ 其他职工薪酬，是否计入当期损益。

（3）检查发放金额是否正确，代扣的款项及其金额是否正确。

（4）检查是否存在属于拖欠性质的职工薪酬，并了解拖欠的原因。

4. 检查五险一金等

检查社会保险费（包括医疗、养老、失业、工伤、生育保险费）、住房公积金、工会经费和职工教育经费等计提（分配）和支付（使用）的会计处理是否正确，依据是否充分。

5. 检查辞退福利

（1）对于职工没有选择权的辞退计划，检查按辞退职工数量、辞退补偿标准计提辞退福利负债金额是否正确。

（2）对于自愿接受裁减的建议，检查按接受裁减建议的预计职工数量、辞退补偿标准（该标准确定）等计提辞退福利负债金额是否正确。

（3）检查实质性辞退工作在一年内完成，但付款时间超过一年的辞退福利，是否按折现后的金额计量，折现率的选择是否合理。

（4）检查计提辞退福利负债的会计处理是否正确，是否将计提金额计入当期管理费用。

（5）检查辞退福利支付凭证是否真实正确。

6. 检查非货币性福利

（1）检查以自产产品发放给职工的非货币性福利，是否根据受益对象，按照该产品的公允价值，计入相关资产成本或当期损益，同时确认应付职工薪酬；对于难以认定受益对象的非货币性福利，检查是否直接计入当期损益和应付职工薪酬；

（2）检查无偿向职工提供住房的非货币性福利，是否根据受益对象，将该住房每期应计提的折旧计入相关资产成本或当期损益，同时确认应付职工薪酬；对于难以认定受益对象的非货币性福利，是否直接计入当期损益和应付职工薪酬。

（3）检查租赁住房等资产供职工无偿使用的非货币性福利，是否根据受益对象，将每期应付的租金计入相关资产成本或当期损益，并确认应付职工薪酬；对于难以认定受益对象的非货币性福利，是否直接计入当期损益和应付职工薪酬。

7. 检查以现金与职工结算的股份支付

（1）检查授予后立即可行权的以现金结算的股份支付，是否在授予日以承担负债的公允价值计入相关成本或费用。

（2）检查完成等待期内的服务或达到规定业绩条件以后才可行权的以现金结算的股份支付，在等待期内的每个资产负债表日，是否以可行权情况的最佳估计为基础，按照承担负债的公允价值金额，将当期取得的服务计入成本费用。在资产负债表日，后续信息表明当期承担债务的公允价值与以前估计不同的，是否进行调整，并在可行权日，调整至实际可行权水平。

（3）检查可行权日之后，以现金结算的股份支付当期公允价值的变动金额，是否借记或贷记“公允价值变动损益”。

（4）检查在可行权日，实际以现金结算的股份支付金额是否正确，会计处理是否恰当。

8. 检查应付职工薪酬期后付款

检查应付职工薪酬的期后付款情况，并关注在资产负债表日至财务报表批准报出日之间，是否有确凿证据表明需要调整资产负债表日原确认的应付职工薪酬事项。

9. 检查应付职工薪酬列报

检查应付职工薪酬是否已按照企业会计准则的规定在财务报表中作出恰当的列报。

（1）检查是否在附注中披露与职工薪酬有关的下列信息：

① 应当支付给职工的工资、奖金、津贴和补贴及其期末应付未付金额。

② 应当为职工缴纳的医疗、养老、失业、工伤和生育等社会保险费及其期末应付未付金额。

③ 应当为职工缴存的住房公积金及其期末应付未付金额。

④ 为职工提供的非货币性福利及其计算依据。

⑤ 应当支付的因解除劳动关系给予的补偿及其期末应付未付金额。

⑥ 其他职工薪酬。

（2）检查因自愿接受裁减建议的职工数量、补偿标准等不确定而产生的预计负债（应付职工薪酬)，是否按照《企业会计准则第 13 号——或有事项》进行披露。

本章精要

生产与存货循环是企业日常发生的重要经济业务之一，是财务报表审计的重要组成内容。本章介绍了生产与存货循环所涉及的主要业务活动、会计资料、财务报表项目，介绍了本循环的内部控制及控制测试的要点。生产循环由原材料转化为产成品的有关活动组成，它可分成实物循环和价格循环两大组成部分，其核心是对存货进行审计，存货监盘与计价是本章的核心内容。其中，存货监盘程序广泛适用于各种不同的行业，而存货计价则是会计处理的一个重要领域。

相关知识

被审计单位进行存货盘点的方法

被审计单位对存货进行盘点的方法可以分为以下三类：

逐项盘点法，是指被审计单位的经营活动基本停止，在一个时点进行全面的盘点，存货的实存数由该时点的实地盘点确定。

循环盘点法，是指被审计单位在一年中定期地选择存货项目进行盘点，每年所有的存货都至少盘点一次。在此方法中，盘点行为贯穿于整个会计年度。它一般见于一些存货库存于较多分支机构的被审计单位，如大型的连锁店。

统计盘点法，是指被审计单位对存货不进行逐项的清点，而是采用统计样本，根据统计样本来推断全部存货数量的方法。

自我测试

一、单项选择题

1. 注册会计师观察被审计单位存货盘点的主要目的是（　　）。
   A. 查明客户是否漏盘某些重要的存货项目
   B. 鉴定存货的质量
   C. 了解盘点指示是否得到贯彻执行
   D. 获得存货期末是否实际存在以及其状况的证据
2. 毛利率的波动可能意味着（　　）的变动。
   A. 存货成本项目发生变动
   B. 销售额与销售成本同比例上升
   C. 销售额与销售成本同比例下降
   D. 销售价格
3. 下列项目中，一般纳税企业不应计入存货成本的有（　　）。
   A. 购入存货支付的关税
   B. 商品流通企业采购过程中发生的保险费
   C. 委托加工材料发生的增值税

D. 自制存货产生过程中发生的直接费用

4. 被审计单位负责永续盘存记录的部门是（　　）。

A. 会计部门　　B. 存储部门

C. 验收部门　　D. 采购部门

5. 注册会计师将被审计单位某一会计年度的毛利率与上年度进行比较，可以发现该年度被审计单位盈利能力是否正常，从而找出夸大或缩减经营业绩的原因，以下不影响毛利率变动的原因是（　　）。

A. 单位销售价格发生变动　　B. 单位产品成本发生变动

C. 管理费用发生变动　　D. 销售产品总体结构发生变动

6. 如果由于被审计单位存货的性质或位置等原因导致无法实施存货监盘，注册会计师应当考虑是否实施替代审计程序，获取有关期末存货数量和状况的充分、适当的审计证据。注册会计师实施的替代审计程序不包括（　　）。

A. 向客户或供应商函证

B. 通过分析程序分析是否存在重大变动

C. 检查进货交易凭证或生产记录以及其他相关资料

D. 检查资产负债表日后发生的销货交易凭证

7. 如果通过监盘发现被审计单位存货账面记录与经监盘确认的存货发生重大差异，注册会计师先后采用的下列程序中可能无效的是（　　）。

A. 提请被审计单位对已确认的差异进行调整

B. 进一步执行审计程序，查明差异原因

C. 如果被审计单位不采纳注册会计师的调整意见，应根据其重要程序确定是否在审计报告中予以反映

D. 对存货进行分析程序，确认差异的真实性

8. 甲会计师事务所接受委托审计乙公司2013年度财务报表，委派B注册会计师为该审计项目负责人。乙公司的会计记录显示，2013年12月某类存货销售激增，导致该类存货库存下降为零。B注册会计师对该类存货采取的以下措施中，难以发现可能存在虚假销售的是（　　）。

A. 进行销售的截止测试

B. 仍将该类存货列入监盘范围

C. 选择2013年12月大额销售客户寄发询证函

D. 计算该类存货2013年12月的毛利率，并与以前月份的毛利率进行比较

9. 王萍是源启会计师事务所派往乙公司实施存货监盘的外勤人员。在乙公司盘点存货之前，王萍应当（　　）。

A. 跟随被审计单位的盘点人员对存货状况进行检查

B. 观察存货盘点计划的执行情况

C. 确定存货数量和状况记录的准确性

D. 观察盘点现场存货的排列情况以及是否附有盘点标示

10. 下列属于被审计单位健全有效的存货内部控制需要由独立的采购部门负责的是（　　）。

A. 编制购货订单　　B. 编制请购单

C. 检验购入货物的数量、质量　　D. 控制存货水平以免出现积压

二、多项选择题

1. 注册会计师在编制存货监盘计划时应当实施的工作有（　　）。
   A. 了解存货的内容、性质、各存货项目的重要程度及存放场所
   B. 审阅以前年度的工作底稿，了解被审计单位的存货情况、存货盘点程序以及其他在以前年度存货审计中遇到的重大问题
   C. 考虑实地查看存货存放场所，熟悉在库存货及其组织管理方式以及潜在问题
   D. 与管理当局讨论其存货盘点计划
2. 下列各项与存货相关的费用中，应计入存货成本的有（　　）。
   A. 材料采购过程中发生的保险费
   B. 材料入库前发生的挑选整理费
   C. 材料入库发生后的储存费用
   D. 材料采购过程中发生的装卸费用
3. 注册会计师对被审计单位存货监盘时应当特别关注的问题有（　　）。
   A. 存货的移动情况，防止遗漏或重复盘点
   B. 存货的状况，观察被审计单位是否已经恰当地区分了所有毁损、陈旧、过时及残次的存货
   C. 盘点日前后存货收发及移动的凭证，检查库存记录与会计记录期末截止日期是否正确
   D. 存货验收入库、装运出库以及内部转移截止等信息，以便将来追查至被审计单位的会计记录
4. 导致存货审计复杂的主要原因包括（　　）。
   A. 存货通常是资产负债表中的一个主要项目，而且通常是构成营运资本的最大项目
   B. 存货存放于不同的地点，这使得对它的实物控制和盘点都很困难
   C. 存货本身的陈旧以及存货成本的分配也使得存货的估计出现困难
   D. 允许采用的存货计价方法的多样性
5. 对存货实施截止测试，主要实现的审计目标有（　　）。
   A. 存在　　B. 权利和义务　　C. 完整性　　D. 计价和分摊

三、判断题

1. 注册会计师进行存货监盘的主要目的是确定被审计单位对存货的监盘程序和方法是否符合盘点计划和指令的要求。（　　）

2. 存货正确截止的要求是，12月31日前购入的存货，即使未验收入库，也必须纳入存货盘点的范围。（　　）

3. 为了提高企业的工作效率，合理安排人员工作，企业存货的验收、保管、清查及处置最好由一人执行。（　　）

4. 根据存货的不同取得方式，采取相应的控制方法，实施有效控制，确保存货的取得真实、合理、透明。（　　）

5. 抽查是存货监盘程序的主要内容。为了确保抽查程序的顺利实施，编制监盘计划时，审计小组应就抽查范围与被审计单位进行充分的沟通。（　　）

6. 堆积型的散料存货通常既无标签又不做任何标记，监盘时估计此类存货数量相当困难，注册会计师可以考虑运用几何测量、高空调研和信赖详细的存货记录等程序估算。(　　)

7. 在企业盘点人员对存货盘点后，应根据观察情况在盘点标签尚未取下之前进行复盘抽点，与此同时，注册会计师还应关注在产品完工程度是否适当。(　　)

8. 对于企业存放或寄销在外地的存货，也应纳入盘点范围，可以由注册会计师亲自前往监盘，也可以向其寄存寄销单位函证。(　　)

9. 存货截止审计的主要方法是抽查存货盘点日期前后的购货发票与验收报告（或入库单）。(　　)

10. 对于数量繁多、单价较低的存货，可以按照存货类别计量成本和可变现净值，并计提存货跌价准备。(　　)

四、简答题

1. 简述生产与存货循环涉及的主要业务活动。

2. 存货监盘程序主要包括控制测试和实质性程序两种方式。请说明注册会计师在审计过程中如何选择这两种方式。

3. 应付职工薪酬实质性程序的要点有哪些?

五、案例分析题

基本情况　佳华会计师事务所于2013年12月15日接受ABC公司的委托，对其年度财务报表进行审计。ABC公司总经理介绍说，公司已于11月30日对存货进行了全面盘点，但因历年为本公司进行年度审计的另一会计师事务所的注册会计师张某在本年去世，因而11月30日的存货盘点未经注册会计师现场观察，张的去世也是本公司变更委托事务所的主要原因。公司总经理不同意再度停工盘点存货，理由是产品的交货期临近，但11月30日盘点时的所有资料可提供复核。佳华会计师事务所的审计人员深入研究了公司内部控制，认为是比较健全有效的，详细检查了ABC公司的盘点资料，并于12月31日抽点了约占存货总价值10%的项目，抽点的项目经追查永续盘存记录，未发现重大并差异。12月31日公司总资产1 000万元中存货项目达500万元。

要求　假定财务报表中其他项目的审计均为满意，注册会计师能否签发无保留意见的审计报告，请说明理由。

第 14 章

筹资与投资循环的审计

地位与作用

本章属于年报审计实务部分，主要介绍筹资与投资循环审计实务。所涉及的会计要素在各个实务操作章中是最多的，所涉及的会计知识也较多。

技能要求

* 掌握短期借款和长期借款的实质性程序，注意会计处理的不同；掌握应付债券的实质性程序，有关函证、会计报表披露程序；结合验资章节学习股本和实收资本的实质性程序；熟悉投资审计目标及实质性程序。

14.1 筹资与投资循环的特点认知

筹资与投资循环主要涉及筹资活动和投资活动两个方面。

筹资活动是指企业为满足生存和发展的需要，通过改变企业资本及债务规模和构成而筹集资金的活动。投资活动是指企业为通过分配来增加财富，或为谋求其他利益，将资产让渡给其他单位而获得另一项资产的活动。

筹资与投资循环的总目标是评价该循环各个项目余额是否公允表达。筹资与投资循环中所涉及的资产负债表项目主要有：交易性金融资产、应收股利、应收利息、可供出售金融资产、持有至到期投资、长期股权投资、短期借款、长期借款、应付债券、实收资本（或股本）、资本公积等。筹资与投资循环中所涉及的利润表项目主要有：财务费用、投资收益等。

14.1.1 筹资与投资循环涉及的主要业务活动

1. 筹资涉及的主要业务活动

1）审批授权

企业通过借款筹集资金需经管理当局的审批。

2）签订合同或协议

向银行或其他金融机构融资须签订借款合同，发行债券签订契约和债券承销或包销合同。

3）取得资金

企业实际取得银行或金融机构划入的款项或债券、股票的融入资金。

4）计算利息或股利

企业应按有关合同或协议的规定，及时计算利息或股利。

5）偿还本息或发放股利

银行借款或发行债券应按有关合同或协议的规定偿还本息，融入的股本根据股东大会的决定发放股利。

2. 投资涉及的主要业务活动

1）审批授权

投资业务应由企业的高层管理机构进行审批。

2）取得证券或其他投资

企业可以通过购买股票或债券进行投资，也可以通过与其他单位联合形成投资。

3）取得投资收益

企业可以取得股权投资的股利收入、债券投资的利息收入和其他投资收益。

4）转让证券或收回其他投资

如果投资是以购买证券的形式，企业可以通过转让证券实现投资的收回；如果是与其他单位联合经营形成的投资，除合资或联营合同期满，或由于其他特殊原因提前解散外，一般不得抽回投资。

14.1.2 筹资与投资循环涉及的会计资料

1. 筹资活动涉及的会计资料

（1）债券，是公司依据法定程序发行、约定在一定期限内还本付息的有价证券。

（2）股票，是公司签发的证明股东所持股份的凭证。

（3）债券契约，是一份明确债券持有人与发行企业双方所拥有的权利与义务的法律性文件，其内容一般包括：债券发行的标准；债权的明确表达；利息或利息率；受托管理认证书；登记和倍数；如系抵押债券，所担保的财产；债权发生拖欠情况如何处理，以及对偿债基金、利息支付、本金返还等的处理。

（4）股东名册。发行记名股票的公司应记载的内容一般包括：股东的姓名或者名称及住所；各股东所持股份数；各股东所持股票的编号；各股东取得其股份的日期。发行无记名股票的，公司应当记载其股票数量、编号及发行日期。

（5）公司债券存根簿。

（6）承销或包销协议。公司向社会公开发行股票或债券时，应当由依法设立的证券经营机构承销或包销，公司向社会与其签订承销或包销协议。

（7）借款合同或协议。公司向银行和其他金融机构借入款项时与其签订的合同或协议。

（8）有关记账凭证。

2. 投资活动涉及的会计资料

（1）股票或债券。

（2）经纪人通知书。

（3）债券契约。

（4）企业的章程及有关协议。

（5）投资协议。

（6）有关记账凭证。

（7）有关会计科目的明细账和总账。

14.2　筹资与投资循环审计过程及分析

14.2.1　筹资与投资循环的控制测试认知

1. 筹资活动内部控制及其测试

1）筹资活动的内部控制

（1）授权审批控制。

适当的授权及审批可提高筹资活动效率，降低筹资风险，防止由于缺乏授权、审批而出现一系列舞弊现象。重大的筹资活动，如大额银行贷款、发行债券、发行股票等，应由董事会作出决议或由最高管理层决策，然后由财务人员执行；小规模的筹资活动，如短期借款等，则可由财务部门负责人作出决定。

（2）职责分离控制。

职责分工、明确责任是筹资业务内部控制的重要手段。筹资业务的职务分离主要包括：筹资计划编制人与审批人适当分离，以利于审批人从独立的立场来评判计划的优劣；经办人员不能接触会计记录，通常由独立的机构代理发行债券和股票；会计记录人员同负责收、付款的人员相分离，有条件的应聘独立的机构负责支付业务；证券保管人员同会计记录人员相分离。

（3）款项收付的控制。

款项收付是指筹资发行债券、股票收入的款项以及定期分出利息、红利和利润等付出款项的业务。筹资业务收付的金额一般都比较大，为了防止以筹资业务为名进行不正当活动或者以伪造会计记录来掩盖不正当活动的事项发生，企业最好委托独立的代理机构代为发行。

无论采用何种筹资方式，都面临支付款项的问题，主要是利息的支付或股利的发放。支付利息，应安排专门人员负责利息的计算工作，应当在有关人员签字确认后，才对外偿付；企业也可委托有关代理机构代为偿付利息，降低舞弊可能。除此之外，应定期核对利息支付清单和开出支票总额。股利发放，要以董事会有关发放股利的决议文件为依据，股利的支付可以由企业自行完成或委托代理机构完成。

（4）实物保管的控制。

企业发行的债券和股票可以由独立的专门机构代为保管，也可以由企业自行保管。债券和股票都应设立相应的登记簿，并由专人进行登记，同时要进行定期盘点。

（5）会计记录的控制。

筹资业务的会计处理较为复杂，因此会计记录的控制尤为重要。企业应及时地按正确的金额、合理的方法，在适当的账户和合理的会计期间予以正确记录，并定期进行账账、账表、账实的相核，如有不符，要及时查明原因。

2）筹资活动的控制测试

小贴士

> 注册会计师在对筹资活动内部控制进行控制测试时，如果企业筹资业务不多，注册会计师可根据成本效益原则决定直接进行实质性程序；如果企业筹资业务繁多，注册会计师则必须对筹资的内部控制进行控制测试。

（1）了解筹资业务的内部控制。

（2）测试筹资业务内部控制。

注册会计师在了解企业筹资业务内部控制后，应采用一定的方法测试其健全、有效程度。具体来说，测试时应确定以下事项：

① 筹资活动是否经过授权批准。测试授权审批控制，可以直接向管理层询问，并查看筹资业务的法律性文件，检查筹资业务活动是否经董事会授权，是否履行了适当的审批手续，是否符合法律的规定。

② 筹资活动的授权、执行、记录和实物保管等是否严格分工。对职务分离控制的控制测试可以采取跟踪业务的方法，实施调查各有关岗位分工的情况。

③ 检查企业发行债券的收入是否立即存入银行。

④ 取得债券契约，检查企业是否根据契约的规定支付利息。

⑤ 检查筹资活动是否建立了严密的账簿体系和记录制度，并定期检查。

（3）分析、评价筹资业务的内部控制。

注册会计师在完成上述程序后，应对企业筹资业务的内部控制进行分析、评价，以确定其对实质性程序工作的影响，并针对控制的薄弱环节提出改进建议。

2. 投资活动的内部控制及其测试

1）投资活动的内部控制

（1）投资计划的审批授权制度。

投资必须编制投资计划。投资计划在执行前必须严格审核，审批人应当根据对外投资授权批准制度的规定，不得超越审批权限。经办人应当在职责范围内，按照审批人的意思办理对外投资业务。大规模的投资活动，由董事会决定，小规模的投资活动，也应由财务主管授权。

（2）投资业务的职责分工制度。

合法的投资业务，应在业务的授权、业务的执行、业务的会计记录以及资产的保管等方面都有明确的分工，任何一项投资业务的全过程或过程中的某一重要环节不得由一人或一个机构独立负责。这种合理的职责分工所形成的相互牵制机制，有利于避免或减少投资业务中发生错误或舞弊的可能性，并且一旦发生，就能及时发现，从而将企业的损失控制到最低限度。

（3）投资资产的保管制度。

企业对投资资产（指股票和债券资产）一般有两种保管方式：一种是由独立的专门机

构保管，如在企业拥有较大的投资资产的情况下，委托银行、证券公司、信托投资公司等机构进行保管。另一种方式是由企业自行保管，在这种方式下，必须建立严格的互相控制制度，即至少要由两名以上人员共同控制，不得一人单独接触证券。

（4）详尽的会计核算制度。

企业的投资资产无论是自行保管的还是他人保管的，都要进行完整的会计记录，并对其增减变动及投资收益进行相关会计核算。

（5）严格的记名登记制度。

除无记名证券外，企业在购入股票时应在购入的当日尽快登记于企业名下，切忌登记于经办人员名下，防止冒名转移或借其他名义谋取私利的舞弊行为发生。

（6）完善的定期盘点制度。

对于企业所拥有的投资资产，应由内部审计人员或不参与投资业务的其他人员进行定期盘点，检查是否确为企业所拥有，并将盘点记录与账面记录相互核对以确认账实的一致性。

2）投资活动的控制测试

（1）了解投资业务的内部控制。

注册会计师应通过询问被审计单位有关人员和查阅有关的内部控制文件，了解被审计单位内部控制的情况，也可以采用问卷形式，了解企业是否存在投资内部控制，弄清其内容，并做出适当记录，以便进行正常测试。

（2）投资业务内部控制测试。

一般而言，投资活动内部控制的控制测试内容包括以下内容。

① 投资项目是否经授权批准。对于投资计划的审批授权控制，主要通过查阅有关计划资料、文件或直接向管理当局询问进行审查。

② 投资项目的授权、执行、保管和记录是否严格分工。对于职务分离控制的测试，注册会计师可以采用实地调查、跟踪业务的方法进行。

③ 有无健全的内部盘核报告。注册会计师应审阅内部审计人员或其他授权人员对投资资产进行定期盘核的报告，重点应审阅其盘点方法是否恰当、盘点结果与会计记录相核对情况以及出现差异的处理是否合规等。如果各期盘核报告的结果未发现账实之间存在差异（或差异不大），说明投资资产的内部控制得到了有效执行。

④ 投资的核算方法是否符合有关财务会计制度的规定，相关的投资收益会计处理是否正确，手续是否齐全。注册会计师可以从各类投资业务的明细账中抽取部分会计分录，按会计处理程序核对有关数据和情况，判断其会计处理过程是否合规完整，并据以核实上述了解的有关内部控制是否健全，是否得到有效的执行。

（3）评价投资业务的内部控制。

注册会计师完成上述工作后，取得了有关内部控制是否健全、有效的证据，并在工作底稿中标明了内部控制的优劣势，即可对投资业务内部控制进行总体评价，确认对投资业务内部控制的可信赖程度，进而确定实质性程序的程序和重点。

14.2.2　筹资与投资循环的实质性程序认知

筹资与投资循环中账户和交易的实质性程序是为了测试该循环中某个账户余额和某项交易认定的恰当性。注册会计师在确定账户和交易实质性程序时，应充分考虑被审计单位关键内部控制及其测试的结果，同时考虑重要性原则、被审计单位上年的审计结果以及其他相关的因素。

1. 借款审计

借款是企业筹集资金的主要手段之一，按照偿还的期限，可分为短期借款和长期借款。借款是企业承担的一项经济义务，是企业的负债项目。在一般情况下，被审计单位不会高估负债，注册会计师对于负债项目的审计，主要是防止企业低估债务。低估债务经常伴随着低估成本费用，从而高估利润的目的。因此，低估债务不仅影响财务状况的反映，而且还会极大地影响企业财务成果的反映。所以，注册会计师在执行借款业务审计时，应将被审计单位是否低估借款作为一个关注的要点。

1）借款的审计目标

（1）确定被审计单位在特定期间内发生的借款业务是否均已记录完毕，有无遗漏。

（2）确认被审计单位所记录的借款在特定期间是否确实存在，是否为被审计单位所承担。

（3）确认被审计单位所有借款的会计处理是否正确。

（4）确定被审计单位各项借款的发生是否符合有关法律的规定，被审计单位是否遵守了有关债务契约的规定。

（5）确认被审计单位价款余额在有关会计报表上的反映是否恰当。

2）借款的实质性程序

（1）短期借款的实质性程序。

对于短期借款进行实质性程序，注册会计师应根据被审计单位年末短期借款余额的大小，占负债总额的比重、以前年度发现问题的多少以及相关内部控制制度的强弱等，确定短期借款实质性程序的审计程序和方法。一般而言，注册会计师对于短期借款的实质性程序应包括以下内容：

① 获取或编制短期借款明细账。注册会计师应首先获取或编制短期借款明细账，复核其加计数是否正确，并与明细账和总账核对相符。

② 函证短期借款的实有数。注册会计师应在期末在短期借款余额较大或认为必要时向银行或其他债权人函证短期借款。

③ 检查短期借款的增加。对年度内增加的短期借款，注册会计师应检查借款合同和授权批准，了解借款数额、借款条件、借款日期、还款期限、借款利率，并与相关会计记录相核对。

④ 检查短期借款的减少。对年度内减少的短期借款，注册会计师应检查相关记录和原始凭证，核实还款数额。

⑤ 检查有无到期未偿还的短期借款。注册会计师应检查相关记录和原始凭证，检查被审计单位有无到期未偿还的短期借款，如有，则应查明是否已向银行提出申请并经同意后办理延期手续。

⑥ 复核短期借款利息。注册会计师应根据短期借款的利率和期限，复核被审计单位短期借款的利息计算是否正确，有无多算或少算利息的情况，如有未计利息和多计利息，应做出记录，必要时进行调整。

⑦ 检查外币借款的折算。如果被审计单位有外币短期借款，注册会计师应检查外币短

期借款的增减变动是否按业务发生时的市场汇率或期初市场汇率折合为记账本位币金额；期末是否按市场汇率将外币短期借款余额折合为记账本位币金额；折算差额是否按规定进行会计处理；折算方法是否前后一致。

⑧ 检查短期借款在资产负债表上的反映是否恰当。企业的短期借款在资产负债表上通常设"短期借款"项目单独列示，对于因抵押而取得的短期借款，应在自查负债表附注中注明。注册会计师应确认被评审单位对短期价款项目的反映是否充分。

（2）长期借款的实质性程序。

长期借款同短期借款一样，都是企业向银行或其他金融机构借入的借款，因此，长期借款的实质性程序同短期借款的实质性程序较为相似。注册会计师在进行长期借款的实质性程序时，一般需要执行的程序包括：

① 获取或编制长期借款明细表，复核其加计数是否正确，并与明细账和总账核对相符。

② 了解金融机构对被审计单位的守信情况以及被审计单位的信用等级评估情况，了解被审计单位获得短期借款和长期借款的抵押和担保情况，评估被审计单位的信誉和融资能力。

③ 对年度内增加的长期借款，应检查借款合同和授权批准，了解借款数额、借款条件、借款日期、还款期限、借款利率，并与相关会计记录相核对。

④ 检查长期借款的使用是否符合借款合同的规定，重点检查长期借款使用的合理性。

⑤ 向银行或其他债权人函证重大的长期借款。

⑥ 对年度内减少的长期借款，注册会计师应检查相关记录和原始凭证，核实还款数额。

⑦ 检查年末有无到期未偿还的借款，逾期借款是否办理了延期手续，分析计算逾期贷款的金额、比率和期限，判断被审计单位的资信程度和偿债能力。

⑧ 检查一年内到期的长期借款是否已转列为流动负债。

⑨ 检查非记账本位币折合记账本位币采用的折算汇率，折算差额是否按规定进行会计处理。

⑩ 检查借款费用的会计处理是否正确。借款费用，指企业因借款而发生的利息、折价或溢价的摊销和辅助费用，以及因外币借款而发生的汇兑差额。按照企业会计准则规定，企业发生的借款费用，可直接归属于符合资本化条件的资产的购建或生产的，应当予以资本化，记入相关资产成本；其他借款费用，应当于发生时根据其发生额确认费用，记入当期损益。

⑪ 检查企业抵押长期借款的抵押资产的所有权是否属于企业，其价值和实际状况是否与抵押契约中规定相一致。

⑫ 检查长期借款是否已在资产负债表上充分披露。长期借款在资产负债表上列示于长期负债类下，该项目应根据"长期借款"科目的期末余额扣减将于一年内到期的长期借款后的数额填列，该项扣除数应当填列在流动负债类下的"一年内到期的长期负债"项目单独反映。注册会计师应根据审计结果，确定被审计单位长期借款在资产负债表上的列示是否充分，并注意长期借款的抵押和担保是否已在会计报表附注中作了充分的说明。

3）财务费用的实质性程序

财务费用的审计目标是：确定财务费用的记录是否完整；确定财务费用的计算是否正

确；确定财务费用的披露是否恰当。其实质性程序包括：

（1）获取或编制财务费用明细表，复核加计数是否正确，与报表数、总账数及明细账合计数核对是否相符。

（2）将本期、上期财务各明细项目作比较分析，必要时比较本期各月份财务费用，如有重大波动和异常情况应追查原因，扩大审计范围或增加测试量。

（3）检查利息支出明细账，确认利息支出的真实性及正确性。检查各项借款期末应计利息有无预计入账。注意检查现金折扣的会计处理是否正确。

（4）检查汇兑损失明细账，检查汇兑损益计算方法是否正确，核对所用汇率是否正确，前后期是否一致。

（5）检查“财务费用——其他”明细账，注意检查大额金融机构手续费的真实性与正确性。

（6）审阅下期期初的财务费用明细账，检查财务费用各项目有无跨期入账的现象，对于重大跨期项目，应作必要调整。

（7）检查从其他企业或非银行金融机构取得的利息收入是否按规定计缴营业税。

（8）检查财务费用的披露是否恰当。

2. 所有者权益审计

所有者权益是企业投资者对企业净资产的所有权，包括投资者对企业的投入资本以及企业存续过程中形成的资本公积、盈余公积和未分配利润。

小思考

> 注册会计师在审计了企业的资产和负债之后，为什么往往只花费相对较少的时间对所有者权益进行审计？

在审计过程中，所有者权益的特点决定了所有者权益审计通常都采用详查方式，一般不需要对其内部控制制度进行控制测试。

1）审计目标

（1）确认被审计单位有关所有者权益是否存在。

（2）确认所有者权益形成和增减变动是否均经过核准，是否符合相关法律、法规的规定。

（3）确认所有者权益业务是否都记录入账，并已在会计账簿上正确、公允地加以反映。

（4）确认所有者权益各项目期末余额是否正确。

（5）确认财务报表上所有者权益的反映是否恰当。

2）所有者权益的实质性程序

股本是股份有限公司按照公司章程、合同和投资协议的规定向股东募集的资本，代表股东对公司净资产的所有权。股份有限公司的股本，是在核定的资本总额及核定的股份总额的范围内，通过向股东发行股票的方式筹集的。通常股本不发生变化，只有在股份有限公司设立、增资扩股和减资时发生变化。

对于股本的实质性程序，注册会计师应通过“股本”账户进行，其程序一般包括：

（1）获取或编制股本增减变动情况明细表，复核加计数是否正确，并与报表数、总账数和明细账核对。

（2）审阅公司章程、实施细则和股东大会、董事会会议记录。注册会计师应向被审计单位索取公司章程、实施细则和股东大会、董事会会议记录的副本，认真审阅其中有关股本的条款。注册会计师应了解的资料包括：核定股份和已发行股份的份数、股票面值、股票收回、股票分割及认股权证等。通过这些资料，注册会计师应进一步确定被审计单位股本的交易是否符合有关的法规规定及股东大会或董事会的决议。

（3）检查股东是否按照公司章程、合同、协议规定的出资方式出资，各种出资方式的比例是否符合规定。注册会计师审计时，应当了解企业章程、合同、协议中出资方式、出资比例，确定其内容的合法性。然后具体分析企业实际募股时，是否存在与公司章程、合同、协议内容差异的情况，了解形成差异的原因，将有关的问题与公司有关人员协商，对审计过程及有关问题的处理，以适当的方式记录于工作底稿中。

小贴士

我国法律规定，股份有限公司的出资可以采取货币资金、实物、无形资产方式，但无形资产出资的金额不得超过股份有限公司注册资本的 20%。同时，规定采用募集方式设立的股份有限公司，发起人认购的股份不得少于公司股份的 35%。

（4）检查股票的发行、收回等交易活动。检查与股票发行、收回有关的原始凭证和会计记录，是验证股票发行、收回是否确实存在的重要步骤。应检查的原始凭证包括已发行股票的登记簿、向外界收回的股票、募股清单、银行对账单等。会计记录则主要包括银行存款日记账与总账、股本明细账与总账等。

（5）函证发行在外的股票。注册会计师为检查已发行的股票数量是否真实，是否均已收到股款或资产，在审计时可采取与证券交易所和金融机构函证及查阅的方法来验证发行股份的数量，并与股本账面数额进行核对，确定是否相符。对个别自己发行股票且自己进行有关股票发行数量、金额及股东情况登记的企业，由于企业已在股票登记簿和股东名单上进行记录，在进行股本审计时，可在检查这些记录的基础上，抽查其记录是否有凭据，核对发行的股票存根，查看其数额是否与股本账上数额相符。

（6）检查股票发行费用的会计处理。发行股票时，一般要发生股票的印刷费和委托其他单位发行股票时的手续费、佣金等。《企业会计制度》规定，溢价发行股票时，各种发行费用从溢价中抵消；无溢价的，或溢价不足以支付的部分，作为长期待摊费用，在不超过两年的期限内平均摊销。注册会计师应检查相关会计记录和原始凭证，确定被审计单位对股票发行费用的会计处理是否正确。

（7）检查股本是否已在资产负债表上恰当披露。股本应在资产负债表中单项列示，注册会计师应核对被审计单位资产负债表中股本项目的数字是否与审定数相符，并检查是否在财务报表附注中披露与股本有关的重要事项，如股本的种类、各类股本金额及股票发行的数额、每股股票的面值、本会计期间发行的股票等。

3. 投资相关项目审计

与投资相关项目包括交易性金融资产、长期股权投资、投资收益等。

1）投资相关项目的审计目标

（1）确定资产负债表中列示的投资是否存在。

（2）确定所有应当列示的投资是否均已列示。

（3）确定列示的投资是否由被审计单位拥有或控制。

（4）确定投资是否以恰当的金额包括在财务报表中，与之相关的计价调整是否已恰当记录。

（5）确定投资是否已按照企业会计准则的规定在财务报表中做出恰当列报。

2）投资相关项目的实质性程序

（1）交易性金融资产的审计。

交易性金融资产，是指企业为了近期出售而持有的金融资产。在会计科目设置上，企业持有的直接指定为以公允价值计量且其变动记入当期损益的经融资产，也通过该科目核算。交易性金融资产的实质性程序通常包括以下主要内容。

① 获取或编制交易性金融资产明细表，复核加计数是否正确，并与报表数、总账数和明细账核对。

② 对期末结存的相关交易性金融资产，向被审计单位核实其持有目的，检查本科目核算范围是否恰当。

③ 获取股票、债券及基金等交易流水单及被审计单位证券投资部门的交易记录，并与明细账核对，检查会计记录是否完整、会计处理是否正确。

④ 监盘库存交易性金融资产，并与相关账户余额进行核对，如有差异，应查明原因，并做出记录或进行适当调整。

⑤ 向相关金融机构发函询证交易性金融资产期末数量以及是否存在变现限制（与存出投资款一并函证），并记录函证过程。取得回函时应检查相关签章是否符合要求。

⑥ 抽取交易性金融资产增减变动的相关凭证，检查其原始凭证是否完整合法，会计处理是否正确。

a. 抽取交易性金融资产增加的记账凭证，注意其原始凭证是否完整、合法，成本、交易费用和相关利息或股利的会计处理是否符合规定。

b. 抽取交易性金融资产减少的记账凭证，检查其原始凭证是否完整、合法，会计处理是否正确；注意出售交易性金融资产时其成本结转是否正确，原记入的公允价值变动损益有无调整至投资收益。

⑦ 复核与交易性金融资产相关的损益计算是否准确，并与公允价值变动损益及投资收益等有关数据核对。

⑧ 复核股票、债券及基金等交易性金融资产的期末公允价值是否合理，相关会计处理是否正确。

⑨ 关注交易性金融资产是否存在重大的变现限制。

⑩ 检查交易性金融资产的列报是否恰当。

（2）长期股权投资审计。

长期股权投资核算企业持有的采用权益法或成本法核算的长期股权投资，具体包括以下内容。

① 企业持有的能够对被投资单位实施控制的权益性投资，即对子公司的投资。

② 企业持有的能够与其他合营方一同对被投资单位实施共同控制的权益性投资，即对合营企业的投资。

③ 企业持有的能够对被投资单位施加重大影响的权益性投资，即对联营企业的投资。

④ 企业对被投资单位不具有控制、共同控制或重大影响，且在活跃市场中没有报价、公允价值不能可靠计量的权益性投资。

长期股权投资的实质性程序通常包括：

① 获取或编制长期股权投资明细表，复核加计数是否正确，并与总账数和明细账核对；结合长期股权投资减值准备科目与报表数核对。

② 根据有关合同和文件，确认股权投资的股权比例和持有时间，检查股权投资核算方法是否正确。

③ 对于重大的投资，向被投资单位函证被审计单位的投资额、持股比例及被投资单位发放股利等情况。

④ 对于应采用权益法核算的长期股权投资，获取被投资单位已经注册会计师审计的年度财务报表，如果未经注册会计师审计，则应考虑对被投资单位的财务报表实施适当的审计或审阅程序。

a. 复核投资收益时，应以取得投资时被投资单位各项可辨认资产等的公允价值为基础，对被投资单位的净利润进行调整后加以确认；被投资单位采用的会计政策及会计期间与被审计单位不一致的，应当按照被审计单位的会计政策及会计期间对被投资单位的财务报表进行调整，据以确认投资损益。

b. 将重新计算的投资收益与被审计单位所计算的投资收益相核对，如有重大差异，则查明原因，并做适当调整。

c. 检查被审计单位按权益法核算长期股权投资，在确认应分担被投资单位发生的净亏损时，应首先冲减长期股权投资的账面价值，其次冲减其他实质上构成对被投资单位净投资的长期权益账面价值（如长期应收款等）；如果按照投资合同和协议约定被审计单位仍需承担额外损失义务的，应按预计承担的义务确认预计负债，并与预计负债中的相应数字核对无误；被投资单位以后期间实现盈利的，被审计单位在其收益分享额弥补未确认的亏损分担额后，恢复确认收益分享额。审计时，应检查被审计单位会计处理是否正确。

d. 检查除净损益以外被投资单位所有者权益的其他变动，是否调整记入所有者权益。

⑤ 对于采用成本法核算的长期股权投资，检查股利分配的原始凭证及分配决议等资料，确定会计处理是否正确；对被审计单位实施控制而采用成本法核算的长期股权投资，比照权益法编制变动明细表，以备合并报表使用。

⑥ 对于成本法和权益法相互转换的，检查其投资成本的确定是否正确。

⑦ 确定长期股权投资的增减变动记录是否完整：

a. 检查本期增加的长期股权投资，追查至原始凭证及相关的文件或决议及被投资单位验资报告或财务资料等，确认长期股权投资是否符合投资合同、协议的规定，并已确实投资，会计处理是否正确。

b. 检查本期减少的长期股权投资，追查至原始凭证，确认长期股权投资的收回有合理的理由及授权批准手续，并已确实收回投资，会计处理是否正确。

⑧ 期末对长期股权投资进行逐项检查，以确定长期股权投资是否已经发生减值。

⑨ 结合银行借款等的检查，了解长期股权投资是否存在质押、担保情况。如有，则应详细记录，并提请被审计单位进行充分披露。

⑩ 检查长期股权投资在资产负债表上已恰当列报。与被审计单位人员讨论确定是否存在被投资单位由于所在国家和地区及其他方面的影响，其向被审计单位转移资金的能力受到限制的情况。如存在，应详细记录受限情况，并提请被审计单位充分披露。

（3）应收股利审计。

① 获取或编制应收股利明细表，复核加计数是否正确，并与总账和明细账核对，与报表数核对。

② 与长期股权投资、交易性金融资产、可供出售金融资产、持有至到期投资等相关项目的审计结合，验证确定应收股利的计算是否正确，检查会计处理是否正确。

③ 对于重大的应收股利项目，审阅相关文件，测试其计算的准确性。必要时向被投资单位函证并记录。

④ 检查应收股利减少有无异常。

⑤ 检查期后收款情况，对至审计时已收回金额的款项进行常规检查，如核对收款凭证、银行对账单、股利分配方案等。

⑥ 关注长期未收回且金额较大的应收股利，询问被审计单位管理人员及相关职员或者查询被投资单位的情况，确定应收股利的可收回性。必要时向被投资单位函证股利支付情况，复核并记录函证结果。

⑦ 检查应收股利是否已恰当列报，确定境外投资应收股利汇回是否存在重大限制，如果存在，是否已充分披露。

（4）投资收益的审计。

① 获取或编制投资收益分类明细表，复核加计数是否正确，并与总账数和明细账核对，与报表数核对。

② 与以前年度投资收益比较，结合投资本期的变动情况，分析本期投资收益是否存在异常现象，如有，应查明原因，并做出适当的调整。

③ 与长期股权投资、交易性金融资产、交易性金融负债、可供出售金融资产、持有至到期投资等相关项目的审计结合，验证确定投资收益的记录是否正确，确定投资收益被计入正确的会计期间。

④ 检查投资收益是否已恰当列报。

本章精要

筹资与投资业务的特点决定了筹资与投资循环是财务报表审计的重要组成内容。本章在介绍筹资与投资两个循环共同特点的基础上，分别介绍了被审计单位内部控制关键点及注册会计师一般采取的控制测试，并以长期借款、长期股权投资等典型账户为例，详细介绍了对它们执行实质性程序的基本程序及其中的重要程序。

相关知识

企业实收资本的形成

企业形成实收资本有三种情况：一是企业成立时收到投资者投入的实收资本；二是资本公积和盈余公积转增的资本；三是企业增资扩股。

企业成立时的实收资本或称注册资本，一般只有一次，但对其审查非常重要。这项工作又叫“设立验资”，主要审查企业成立时投资者实际缴付的实收资本的真实性和合法性。企业成立后的实收资本也就是企业通过资本公积和盈余公积转增资本以及增资扩股形成的部分，这是企业成立后增加实收资本的主要来源。对企业成立后的实收资本审计又叫“变更验资”，主要审查企业注册资本变更是否符合法定程序，其增减变动是否真实，相关的会计处理是否正确。这种实收资本的增加也并不是经常发生的。

自我测试

一、单项选择题

1. 为了证实吉奥公司是否存在高估利润的情况，在注册会计师所列的以下关于财务费用的各项审计目标中，不属于主要审计目标的是（　　）。

   A. 确定所记录的财务费用是否为被审计期间发生的

   B. 确定与财务有关的金额及其他数据是否已恰当记录

   C. 确定财务费用的内容是否正确

   D. 确定财务费用的披露是否恰当

2. 注册会计师李明在执行天星公司年度审计业务时，为确认被审计单位借款和所有者权益的增减变动其利息和股利已登记入账这一认定目标，应执行的实质性程序是（　　）。

   A. 检查股东是否已按合同、协议、章程约定时间缴付出资额，其出资额是否经注册会计师审验

   B. 向银行或其他金融机构、债券包销人函证，并与账面余额核对

   C. 检查年度内借款和所有者权益增减的原始凭证，核实变动的真实性、合规性，检查授权批准手续是否完备，入账是否及时准确

   D. 确定借款和所有者的披露是否恰当，注意一年内到期的借款是否列入流动负债

3. 检查被审计单位的长期借款业务时，如发现有逾期未偿还的长期借款，注册会计师首先应当实施的审计程序是（　　）。

   A. 核实是否办理了延期还款手续　　B. 判断被审计单位的偿债能力

   C. 判断被审计单位的资信程度　　D. 计算逾期贷款的金额和比率

4. A 注册会计师拟对 H 公司与借款活动相关的内部控制进行测试，下列程序中不属于控制测试的是（　　）。

   A. 索取借款的授权批准文件，检查批准的权限是否恰当、手续是否齐全

   B. 观察借款业务的职责分工，并将职责分工的有关情况记录于审计工作底稿中

   C. 计算短期借款、长期借款在各个月份的平均余额，选取适用的利率匡算利息支出总额，并与财务费用等项目的相关记录核对

D. 抽取借款明细账的部分会计记录，按原始凭证到明细账再到总账的顺序核对有关会计处理过程，以判断其是否合规

5. 下列与投资交易的发生认定相关的实质性程序是（　　）。

A. 询问投资业务的职责分工情况及内部对账情况

B. 检查与投资有关的原始凭证，包括投资授权文件、被投资单位出具的股权或债权证明、投资付款记录等

C. 索取投资授权批准文件，检查审批手续是否齐全

D. 检查董事会会议记录、投资合同、交易对方提供的对账单、盘点报告等，确定有无未入账的交易

6. 在企业发生的下列事项中，影响“投资收益”的是（　　）。

A. 交易性金融资产持有期间收到不属于包含在买价中的现金股利

B. 期末交易性金融资产的公允价值大于账面余额

C. 期末交易性金融资产的公允价值小于账面余额

D. 交易性金融资产持有期间收到包含在买价中的现金股利

7. 被审计单位M企业于2013年1月1日用一批原材料对N企业进行长期股权投资，占N企业60%的股权。投出的原材料账面余额为5 000万元，公允价值为5 500万元；投资时N企业可辨认净资产公允价值为11 000万元。假设M、N公司不存在关联关系，属于非同一控制下的企业合并。双方增值税税率均为17%。则被审计单位投资时长期股权投资的初始入账价值为（　　）万元。

A. 6 435　　B. 5 500

C. 5 000　　D. 6 600

8. 下列对于投资与筹资循环中关于披露的审计程序的说法中错误的是（　　）。

A. 注意检查长期借款的抵押和担保是否已在财务报表附注中作了充分的说明

B. 注意一年内到期的长期应付款是否列入流动负债类中，如果列入，应作重分类调整

C. 与被审计单位人员讨论确定是否存在被投资单位由于所在国家和地区及其他方面的影响，其向被审计单位转移资金的能力受到限制的情况

D. 检查投资协议等文件，确定国外的投资收益汇回是否存在重大限制，若存在重大限制，应说明原因，并做出恰当披露

9. 注册会计师为了验证被审计单位在资产负债表日列示的长期股权投资确实归属于其所拥有，应实施的最佳审计程序是（　　）。

A. 将交易及会议记录进行核对，确定所有交易均经批准或授权

B. 抽查投资交易原始凭证，证实有关凭证是否已预先编号

C. 函证资产负债表日被托管的所有证券

D. 将明细账与总账进行核对

10. 投资与筹资循环的特征是，影响本循环账户余额的业务数量较少，但每笔业务的金额通常都很大。基于这个特点，在审计时，可以采用的审计方法是（　　）。

A. 抽样　　B. 实质性分析程序

C. 大量的控制测试　　D. 细节测试

二、多项选择题

1. 注册会计师陈华对筹资活动和投资活动实施控制测试和实质性程序，运用得当的有（　　）。
   A. 由于杰豪公司长期投资的交易数量较少，每笔交易的金额较大，陈华考虑到漏记或不恰当地对一笔业务进行会计处理，将会导致重大错误，从而对杰豪公司财务报表的公允反映产生较大的影响，所以决定对长期投资业务进行详细审计
   B. 根据“所有者权益 = 资产 − 负债”这一等式，陈华已经对资产和负债进行了充分的审计，从审计效率方面考虑，陈华认为无须对所有者权益进行审计
   C. 杰豪公司应付债券业务不多，注册会计师陈华没有对其内部控制进行测试，而是在了解其内部控制的基础上，直接进行实质性程序
   D. 注册会计师在审阅公司投资资产的盘核报告时，发现杰豪公司每年盘点的方法恰当，盘核结果与会计记录相核对没有差异，陈华认为杰豪公司投资资产的内部控制得到了有效执行
2. 注册会计师在对借款审计时，处理正确的有（　　）。
   A. 由于企业流动资金短缺，向银行借款 2 000 万元。后来经董事会同意，将其中的 1 000万元用于修复在洪灾中损坏的厂房和设备，公司将其中 1 000 万元借款的利息记入在建工程价值（符合资本化条件），助理人员复核了其借款利率和资本化的时间后予以确认
   B. 结合银行存款审计，在函证银行存款的同时，对所有存过款的银行（包括企业存款账户已结清的银行）函证借款是否存在
   C. 助理人员建议将一年内到期的长期借款在非流动负债中予以反映
   D. 复核借款利率与期限，并与财务费用、在建工程等相关记录核对，判断是否高估或低估利息支出
3. A 注册会计师在对 H 公司发生的借款费用进行审计时，注意到以下事项，其中，会计处理错误的有（　　）。
   A. H 公司对为购建固定资产而溢价发行的公司债券采用实际利率法分期摊销债券溢价，并以实际利率作为资本化率
   B. H 公司的某项在建工程根据建造工艺的要求需暂停施工 4 个月，在此期间，H 公司停止了借款费用资本化
   C. H 公司将为购建固定资产而产生的金额较小的专门借款手续费，在固定资产达到预定可使用状态前记入期间费用
   D. H 公司将为购建固定资产而发生的外币专门借款的汇兑差额，在固定资产达到预定可使用状态前记入固定资产购建成本
4. 在审计短期借款项目时，应当结合财务费用项目的审计，测试被审计单位本期反映的短期借款利息的整体合理性。以下各项审计程序中，与实现上述审计目标相关的有（　　）。
   A. 根据被审计单位本期发生的各项短期借款的金额、期限、利率，重新计算利息
   B. 索取被审计单位全部付息单并进行汇总后，与被审计单位会计记录进行核对
   C. 根据被审计单位各月平均短期借款余额以及平均借款利率测算利息

D. 运用审计抽样方法，从被审计单位短期借款明细账抽取若干笔相关经济业务，测试利息计算是否准确

5. 下列有关长期借款实质性程序的说法正确的有（　　）。

A. 了解金融机构对被审计单位的授信情况以及被审计单位的信用等级评估情况，有助于证实长期借款的完整性

B. 向银行或其他债权人函证重大的长期借款

C. 对年度内减少的长期借款，注册会计师应检查相关记录和原始凭证，核实还款数额

D. 长期借款在资产负债表上都应列示于长期负债类下，检查是否有例外情况

三、判断题

1. 如果能够对被审计单位的资产和负债进行审计，且能证实两者的期初余额、期末余额和本期发生额，注册会计师可不必对所有者权益进行单独审计。（　　）

2. 注册会计师在审查公开发行股票的公司已发行的股票是否真实、是否已收到股款时，应向主要股东函证。（　　）

3. 向银行或其他债权人函证短期借款，是审查短期借款的一个必要的、不可替代的程序。（　　）

4. 如果企业的长期投资证券是委托某些专门机构代为保管，注册会计师应向这些保管机构进行函证，以证实投资证券的存在性和金额的准确性。（　　）

5. 为了解投资证券的真实性，无论其是由被审计单位保管，还是由某些专门机构代为保管，在审计实施阶段，注册会计师都应参与对这些证券的盘点。（　　）

6. 借款经办人员与记录人员相互独立是确保借款业务控制有效的重要措施。（　　）

7. 注册会计师对于负债项目的审计，主要是防止企业高估债务。（　　）

8. 对于短期借款，注册会计师应在期末短期借款余额较大或认为必要时向银行或其他债权人函证短期借款；对于长期借款，注册会计师应向银行或其他债权人函证所有的长期借款。（　　）

9. 长期借款的实质性程序同短期借款的实质性程序较为相似。（　　）

10. 发生长期借款的利息支出和有关费用，应记入当期损益。（　　）

四、简答题

1. 简述筹资与投资的主要业务活动。

2. 借款的实质性程序包括哪些内容？

3. 简述投资审计的目标及实质性程序的具体内容。

五、案例分析题

基本情况　注册会计师在对吉达公司的长期股权投资审计时发现以下两笔会计分录：

（1）借：长期股权投资——甲公司	110 000	
贷：银行存款		110 000
（2）借：银行存款	200 000	
贷：投资收益		200 000

注册会计师通过向该公司有关人员调查询问及查阅有关资料，了解到如下情况：

（1）吉达公司是甲公司的重要股东之一，当年吉达公司又购进该公司面值为10万元的

股票，新购入的股票含有已宣布但未发放的股利 1 万元，至此，吉达公司已控股甲公司达 40%。

（2）甲公司当年实现净利润为 80 万元，股份公司拿出 50 万元分配利润，吉达公司分得 20 万元。

要求　指出吉达公司账务处理中存在的问题并作出相应的调整。

第 15 章

货币资金的审计

地位与作用

本章属于财务报表审计实务部分。理论上讲，货币资金是审计循环中的“交集”，从注册会计师的角度来看，货币资金属于重大错报风险高的审计领域，由其决定了本章在整个审计中不可取代的地位。

技能要求

*掌握库存现金的盘点；掌握银行存款余额调节表的编制；了解库存现金的实质性程序；归纳记忆相关的内部控制、追查未达账项、函证银行存款等。

15.1 货币资金与业务循环的特点认知

货币资金是以货币形态存在的资产。根据货币资金存放地点及用途的不同，可分为库存现金、银行存款及其他货币资金。货币资金是企业进行生产经营必不可少的物质条件。货币资金的特点决定了其审计的风险较高，所以注册会计师应重视货币资金的审计。

15.1.1 货币资金与业务循环

货币资金是各循环的枢纽，必须联系其他业务循环进行审计。货币资金与各业务循环中的业务活动存在着密切的关系。

小贴士

货币资金与其他四项业务循环的关系

1. 在销售与收款循环中，现销收入与应收款项的收回会使企业货币资金增加。

2. 在采购与付款循环中，采购货物和固定资产款项的支付会减少货币资金。

3. 在生产与存货循环中，工资和某些制造费用支出会引起货币资金的减少。

4. 在筹资与投资循环中，发行股票、取得借款的筹资行为会使货币资金增加；而对外投资会导致货币资金的减少。

15.1.2　货币资金涉及的会计资料

货币资金涉及的会计资料主要包括：库存现金盘点表；银行对账单；银行存款余额调节表；相关原始凭证；有关科目的记账凭证；有关会计账簿。

15.2　货币资金审计过程及分析

15.2.1　货币资金的控制测试认知

1. 货币资金内部控制的目标

被审计单位为了加强对货币资金的管理，保护货币资金的安全、完整和高效运营，防止各种违法乱纪行为的发生，应根据货币资金的特点，建立健全有关货币资金的内部控制，并在生产经营中得到有效执行。

一般而言，一个良好的货币资金内部控制应该达到以下几点。

（1）货币资金收支与记账的岗位分离。

（2）货币资金收支要有合理、合法的凭据。

（3）全部收支及时准确入账，并且支出要有核准手续。

（4）控制现金支出，当日收入现金应及时送存银行。

（5）按月盘点现金，编制银行存款余额调节表，以做到账实相符。

（6）加强对货币资金收支业务的内部审计。

2. 货币资金内部控制的内容

根据财政部制定的《内部会计控制规范——货币资金（试行）》规定，被审计单位货币资金内部控制应包括以下内容。

1）岗位分工及授权批准

（1）单位应当建立货币资金业务的岗位责任制，明确相关部门和岗位的职责权限，确保办理货币资金业务的不相容岗位相互分离、制约和监督。出纳人员不得兼任稽核、会计档案保管和收入、支出、费用、债权债务账目的登记工作。单位不得由一人办理货币资金业务的全过程。

（2）单位应当对货币资金业务建立严格的授权批准制度，明确审批人对货币资金业务的授权批准方式、权限、程序、责任和相关控制措施，规定经办人办理货币资金的职责范围和工作要求。审批人应当根据货币资金授权批准制度的规定，在授权范围内进行审批，不得超越审批权限。经办人应当在职责范围内，按照审批人的批准意见办理货币资金业务。对于审批人超越授权范围审批的货币资金业务，经办人员有权拒绝办理，并及时向审批人的上级授权部门报告。

（3）单位应当按照规定的程序（如支付申请、支付审批、支付复核、办理支付）办理货币资金支付业务。

（4）单位对于重要货币资金支付业务，应当实行集体决策和审批，并建立责任追究制度，防范贪污、侵占、挪用货币资金等行为。

（5）严禁未经授权的机构或人员办理货币资金业务或直接接触货币资金。

2）现金和银行存款的管理

（1）单位应当加强现金库存限额的管理，超过库存限额的库存现金应及时存入银行。

（2）单位必须根据《现金管理暂行条例》的规定，结合本单位的实际情况，确定本单位现金的开支范围。不属于现金开支范围的业务应当通过银行办理转账结算。

（3）单位现金收入应当及时存入银行，不得用于直接支付单位自身的支出。因特殊情况需坐支现金的，应事先报经开户银行审查批准。

（4）单位取得的货币资金收入必须及时入账，不得私设“小金库”，不得账外设账，严禁收款不入账。

（5）单位应当严格按照《支付结算办法》等国家规定，加强银行账户的管理，严格按照规定开立账户，办理存款、取款和结算。

（6）单位应当严格遵守银行结算纪律，不准签发没有资金保证的票据或远期支票，套取银行信用；不准签发、取得和转让没有真实交易和债权债务的票据，套取银行和他人资金；不准无理由拒绝付款，任意占用他人资金；不准违反规定开立和使用银行账户。

（7）单位应当指定专人定期核对银行账户，每月至少核对一次，编制银行存款余额调节表，使银行存款账面余额与银行对账单调节相符。如调节不符，应查明原因，及时处理。

（8）单位应当定期和不定期进行现金盘点，确保现金账面余额与实际库存相符。发现不符，及时查明原因，做出处理。

3）票据及有关印章的管理

（1）单位应当加强与货币资金相关的票据的管理，明确各种票据的购买、保管、领用、背书转让、注销等环节的职责权限和程序，并专设登记簿进行记录，防止空白票据的遗失和被盗用。

（2）单位应当加强银行预留印鉴的管理。财务专用章应由专人保管，个人名章必须由本人或其授权人员保管。严禁一人保管支付款项所需的全部印章。

4）监督检查

单位应当建立对货币资金业务的监督检查制度，明确监督检查机构或人员的职责权限，定期和不定期地进行检查。对监督检查过程中发现的货币资金内部控制中的薄弱环节，应当及时采取措施加以纠正和完善。

3. 货币资金内部控制的测试

1）了解并描述货币资金内部控制

注册会计师在进行控制测试时，首先要通过查阅被审计单位的有关规章制度等重要文件、现场观察被审计单位的有关业务活动、询问被审计单位有关人员等方法了解被审计单位有关货币资金的内部控制情况，并采用文字叙述或流程图等方法对了解的内部控制制度进行记录或描述。

2）货币资金的控制测试

（1）检查货币资金内部控制是否建立并严格执行。

（2）抽取并检查收款凭证。如果货币资金收款内部控制不强，很可能发生贪污、舞弊或挪用等情况。注册会计师应选取一定数量的收款凭证进行检查。

① 核对收款凭证与存入银行账户的日期和金额是否相符。

② 核对货币资金、银行存款日记账的收入金额是否正确。

③ 核对收款凭证与银行对账单是否相符。

④ 核对收款凭证与应收账款等相关明细账的有关记录是否相符。

⑤ 核对实收金额与销货发票的相关凭据是否一致。

(3) 抽取并检查付款凭证。为测试货币资金付款内部控制，注册会计师应选取适当样本的货币资金付款凭证进行检查。

① 检查付款的授权批准手续是否符合规定。

② 核对货币资金、银行存款日记账的付出金额是否正确。

③ 核对付款凭证与银行对账单是否相符。

④ 核对付款凭证与应付账款等相关明细账的记录是否一致。

⑤ 核对实付金额与购货发票等相关凭据是否相符。

小思考

收款凭证应附有的原始凭证如银行收账通知；付款凭证应附有的原始凭证如购货发票等，你还能列举出哪些呢?

(4) 抽取一定期间的库存现金、银行存款日记账与总账核对。首先，注册会计师应抽取一定期间的库存现金、银行存款日记账，检查其有无计算错误，加总是否正确无误。如果检查中发现问题较多，说明被审计单位货币资金的会计记录不够可靠。其次，注册会计师应根据日记账提供的线索，核对总账中的库存现金、银行存款、应付账款等有关账户的记录。

(5) 抽取一定期间银行存款余额调节表，检验其是否按月正确编制并经复核。为证实银行存款记录的正确性，注册会计师必须抽取一定期间的银行存款余额调节表，将其同银行对账单、银行存款日记账及总账进行核对，确定被审计单位是否按月正确编制并复核银行存款余额调节表。

3）评价货币资金的内部控制

注册会计师在完成上述程序之后，即可对货币资金的内部控制进行评价。评价时，注册会计师应首先确定货币资金内部控制可信赖的程度以及存在的薄弱环节或缺点，然后据以确定在货币资金实质性程序中对哪些环节可以适当减少审计程序，哪些环节应增加审计程序重点检查，以减少审计风险。

15.2.2 货币资金的实质性程序认知

1. 库存现金审计

库存现金包括企业的人民币现金、外币现金。现金是企业流动性最强的资产，尽管其在企业资产总额中的比重不大，但企业发生的舞弊事件大都与现金有关，因此，注册会计师应该重视库存现金的审计。

1）库存现金的审计目标

（1）确定被审计单位资产负债表中的库存现金在资产负债表日是否确实存在。

（2）确定被审计单位所有应当记录的现金收支业务是否均已记录完毕，有无遗漏。

（3）确定记录的库存现金是否为被审计单位所拥有或控制。

（4）确定库存现金以恰当的金额包括在财务报表的货币资金项目中，与之相关的计价调整已恰当记录。

（5）确定库存现金是否已按照企业会计准则的规定在财务报表中做出恰当列报。

2）库存现金的实质性程序

（1）核对库存现金日记账与总账的余额是否相符。如果不相符，应查明原因，并建议适当调整。

（2）监盘库存现金。监盘库存现金是证实资产负债表中所列库存现金是否存在的一项重要程序。监盘库存现金的步骤和方法如下：

① 制订库存现金盘点计划，实施突击性的检查。时间最好选择在上午上班前或下午下班后进行，盘点的范围一般包括企业各部门存放的现金，通常包括对已收到但未存入银行的现金、零用金、找换金等。盘点时，必须有出纳员和被审计单位会计主管人员参加，并由注册会计师进行监盘。在进行库存现金盘点前，应由出纳员将库存现金集中起来存入保险柜。必要时可加以封存，然后由出纳员把已办妥库存现金收付手续的收付款登入库存现金日记账。如企业库存现金存放部门有两处或两处以上的，应同时进行盘点。

② 审阅库存现金日记账并同时与库存现金收付凭证相核对。一方面检查库存现金日记账的记录与凭证的内容和金额是否相符；另一方面了解凭证日期与库存现金日记账日期是否相符或接近。

③ 由出纳员根据库存现金日记账进行加计累计数额，结算出库存现金结余。

④ 盘点保险柜的库存现金实存数，同时编制“库存现金监盘表”（格式见表15－1），分币种、面值列示盘点金额。

表15－1　库存现金监盘表

被审计单位：________　　索引号：________

项目：________　　财务报表截止日/期间：________

编制：________　　复核：________

日期：________　　日期：________

检查盘点记录					实有库存现金盘点记录						
项　目	项　次	人民币	美元	某外币	面　额	人民币		美元		某外币	
						张	金额	张	金额	张	金额
上一日账面库存余额	1										
盘点日未记账传票收入金额	2										
盘点日未记账传票支出金额	3										
盘点应有库存现金数额	4＝1＋2－3										
盘点实有库存现金数额	5										
盘点日应有与实有差异	6＝4－5										

续表

检查盘点记录						实有库存库金盘点记录						
项　目		项　次	人民币	美元	某外币	面　额	人民币		美元		某外币	
							张	金额	张	金额	张	金额
差异原因分析	白条抵库（张）											
						合计						
追溯调整	报表日至查账日库存现金付出总额											
	报表日至查账日库存现金收入总额											
	报表日库存现金应有余额											
	报表日账面汇率											
	报表日余额折合本位币金额											
本位币合计												

出纳员：　　　　　　　会计主管人员：　　　　　　　监盘人：　　　　　　　检查日期：

审计说明：

⑤ 库存现金盘点日在结账日后，注册会计师应根据结账日至盘点日所有现金收支倒推计算出结账日金额。

⑥ 将盘点金额与库存现金日记账余额进行核对，如有差异，应查明原因，并作出记录或适当调整。

⑦ 若有冲抵库存现金的借条、未提现支票、未作报销的原始凭证，应在“库存现金监盘表”中注明，必要时应提请被审计单位调整。

⑧ 最后，由出纳人员、会计主管和注册会计师在监盘表上签章确认。

（3）分析被审计单位日常库存现金余额是否合理，关注是否存在大额未缴存的现金。

（4）抽查大额库存现金收支。注册会计师应抽查大额库存现金收支原始凭证的内容是否完整，有无授权批准，并核对相关账户的进账情况，如有与被审计单位生产经营业务无关的收支事项，应查明原因，并做相应的记录。

（5）检查库存现金收支的正确截止。被审计单位资产负债表中的库存现金数额，应以结账日实有数额为准。因此，注册会计师必须验证库存现金收支的截止日期。通常，注册会计师可以对结账日前后一段时期内库存现金收支凭证进行审计，以确定是否存在跨期事项。

（6）检查库存现金是否在资产负债表上恰当列报。根据规定，库存现金在资产负债表中“货币资金”项目下反映，注册会计师应在实施上述审计程序后，确定库存现金账户的期末余额是否恰当，据以确定货币资金是否在资产负债表上恰当披露。

2. 银行存款审计

银行存款是指企业存放在银行或其他金融机构的货币资金。按照国家有关规定，凡是独立核算的企业都必须在当地银行开设账户。企业在银行开设账户以后，除按核定的限额保留库存现金外，超过限额的库存现金必须存入银行；除了在规定的范围内可以用库存现金直接支付的款项外，在经营过程中所发生的一切货币收支业务，都必须通过银行账户进行结算。

1）银行存款的审计目标

（1）确定被审计单位资产负债表中的银行存款在财务报表日是否确实存在，是否为被审计单位所拥有。

（2）确定被审计单位在特定期间内发生的银行存款收支业务是否均已记录完毕，有无遗漏。

（3）确定银行存款的余额是否正确。

（4）确定银行存款在财务报表上的披露是否恰当。

2）银行存款的实质性程序

（1）获取或编制银行存款余额明细表，复核加计是否正确，并与总账数和日记账核对是否相符；注册会计师测试银行存款余额的起点是核对银行存款日记账余额与总账的余额是否相符。如果不相符，应查明原因，必要时应建议被审计单位适当调整。

（2）实施实质性分析程序。计算银行存款中定期存款所占的比例，计算银行存款累计余额是否恰当，评估利息收入的合理性；检查是否存在高息资金拆借，确认银行存款余额是否存在，利息收入是否已经完整记录。如存在高息资金拆借，应进一步分析拆出资金的安全性，检查高额利差的入账情况；计算存放于非金融机构的存款占银行存款的比例，分析这些资金的安全性。

（3）取得并检查银行存款余额对账单和银行存款余额调节表。取得并检查银行存款余额对账单和银行存款余额调节表是证实资产负债表中所列银行存款是否存在的重要程序。银行存款余额调节表通常应由被审计单位根据不同的银行账户及货币种类分别编制，并向注册会计师提供，但在某些情况下（如被审计单位内部控制比较薄弱）注册会计师也可亲自编制银行存款余额调节表。常见的银行存款余额调节表格式如表15－2所示。

具体测试程序通常包括以下几个方面。

① 验算调节表的数字计算。

② 对于金额较大的未提现支票、可提现的未提现支票以及注册会计师认为重要的未提现支票，列示未提现支票清单，注明开票日期和收票人姓名或单位。

③ 追查截止日时银行对账单上的在途存款，并在银行账户调节表上注明存款日期。

④ 审查直至截止日仍未提现的大额支票和其他已签发的一个月以上的未提现支票。

⑤ 审查直至截止日银行已收、企业未收款项的性质及款项的来源，应重点核对与现金有关的银行往来业务和银行对账单有一收一付，企业日记账上却没有记载的情况；注意审查银行存款余额调节表所有未达账项是否合情、合理、合法，对于长期未达账项（一般超过2个月以上的）应进行重点审查。

⑥ 核对银行存款总账余额与银行对账单加总余额。

表 15－2　银行存款余额调节表

年　月　日

编制人:	日期:	索引号:
复核人:	日期:	页次:
户别:	币别:	

项　目
银行对账单余额（　　年　月　日）
加：企业已收，银行尚未入账金额
其中：1. ________________元
2. ________________元
减：企业已付，银行尚未入账金额
其中：1. ________________元
2. ________________元
调整后银行对账单余额
企业银行存款日记账余额（　　年　月　日）
加：银行已收，企业尚未入账金额
其中：1. ________________元
2. ________________元
减：银行已付，企业尚未入账金额
其中：1. ________________元
2. ________________元
调整后银行存款日记账余额

经办会计人员：（签字）　　　　会计主管：（签字）

（4）函证银行存款余额，编制银行存款函证结果汇总表，检查银行回函。银行存款函证是指注册会计师在执行审计业务过程中，需要以被审计单位名义向有关单位发函询证，以验证被审计单位的银行存款是否真实、合法、完整。函证银行存款余额是证实资产负债表所列银行存款是否存在的重要程序。

通过向往来银行的函证，注册会计师不仅可以了解企业资产的存在，同时还可以了解欠银行的债务。函证还可用于发现企业未登记的银行借款和未披露的或有负债。

函证时，注册会计师应向被审计单位在本年存过款（含外埠存款、银行汇票存款、银行本票存款、信用卡存款等）的所有银行发函，其中包括企业存款账户已结清的银行。并且，即使注册会计师已直接从某一银行取得了银行对账单和所有已付支票，仍应向这一银行进行函证。表 15－3 所示的是财政部、中国人民银行制定的运用于审计的银行询证函参考格式。

表 15－3　银行询证函

编号：

__________（银行）：

本公司聘请的××××会计师事务所正在对本公司的财务报表进行审计，按照中国注册会计师审计准则的要求，应当询证本公司与贵行的存款、借款等往来事项。下列数据出自本公司账簿记录，如与贵行记录相符，请在本函下端“数据证明无误”处签章证明；如有不符，请在“数据不符”处列明不符金额。有关询证费用可直接从本公司××××存款账户中收取。回函请直接寄至××××会计师事务所。

通信地址：

邮编：　　　　电话：　　　　传真：

截至　　年　月　日，本公司银行存款、借款、账户余额列示如下：

1. 银行存款

账户名称	银行账号	币种	利率	余额	起止日期	是否被质押、用于担保或存在其他使用限制	备　注

除上述列示的银行存款外，本公司并无在贵行的其他存款。

注：“起止日期”一栏仅适用于定期存款，如为活期或保证金存款，可只填写“活期”或“保证金存款”。

2. 银行借款

借款人名称	币种	余额	借款日期	还款日期	利率	借款条件	抵（质）押品/担保人	备注

除上述列示的银行借款外，本公司并无自贵行的其他借款。

注：此项仅函证截至资产负债表日本公司尚未归还的借款。

3. 其他事项

（公司签章）

年　月　日

以下仅供被询证银行使用

结论：

1. 信息证明无误

（银行签章）

经办人：　　　　年　月　日

2. 数据不符，请列明不符项目及具体内容（对于在本函前述中漏列的其他重要信息，请列出详细资料）

（银行签章）

经办人：　　　　年　月　日

（5）检查银行存单。编制银行存单检查表，检查是否与账面记录金额一致，是否被质押或限制使用，存单是否为被审计单位所拥有。

① 对已质押的定期存款，应检查定期存单，并与相应的质押合同核对，同时关注定期存单对应的质押借款有无入账。

② 对未质押的定期存款，应检查开户证实书原件。

③ 对外勤工作结束日前已提取的定期存款，应核对相应的兑付凭证、银行对账单和定期存款复印件。一年以上的定期存款或限定用途的银行存款，不属于企业的流动资产，应列于其他资产类下。关注是否存在质押、冻结等对变现有限制或存在境外的款项，如果存在，是否已提请被审计单位进行必要的调整和披露。

（6）检查银行存款账户存款人是否为被审计单位，若存款人非被审计单位，应获取该账户户主和被审计单位的书面声明，确认资产负债表日是否需要提请被审计单位进行调整。

（7）关注是否存在质押、冻结等对变现有限制或存在境外的款项。如果存在，是否已提请被审计单位作必要的调整和披露。

（8）对不符合现金及现金等价物条件的银行存款在审计工作底稿中予以列明，以考虑对现金流量表的影响。

（9）抽查大额银行存款收支的原始凭证。检查原始凭证是否齐全、有无授权批准；检查记账凭证与原始凭证是否相符，账务处理是否正确，是否记录于恰当的会计期间等项内容；检查是否存在非营业目的的大额货币资金转移，并核对相关账户的进账情况，如有与被审计单位生产经营业务无关的收支事项，应查明原因并做相应的记录。

（10）检查银行存款收支截止是否正确。选取资产负债表日前后若干张、一定金额以上的凭证实施截止测试，关注业务内容及对应项目。通常，为验证银行存款收支的截止日期，注册会计师对结账日前后一段时期内出现的银行存款收支凭证进行审计，以确定是否存在跨期事项，如有跨期收支事项，应考虑是否提请被审计单位进行调整。

小贴士

> 审查银行存款收支的截止时，注册会计师一般要审查结账日前后一段时期内的收支凭证。具体审计方法是：注册会计师应当在清点支票及支票存根时，确定各银行账户最后一张支票的号码，同时查实该号码之前的所有支票均已开出。在结账日未开出的支票及其后开出的支票，均不得作为结账日的存款收付入账。

（11）检查银行存款是否在财务报表中做出恰当列报。根据有关规定，企业的银行存款在资产负债表的“货币资金”项目中反映。所以，注册会计师应在实施上述审计程序后，确定银行存款账户的期末余额是否恰当，进而确定银行存款是否在资产负债表中恰当披露。

本章精要

> 货币资金与各业务循环均有直接相关。同时，它作为企业的一项重要资产，在资产负债表日是否存在、金额是否正确以及在被审计单位会计期间的收支活动是否合法等事项上对财务报表披露的合法性、公允性有直接影响。本章以库存现金和银行存款为例，重点介绍了对库存现金进行盘点的程序以及银行存款实质性程序中编制银行存款余额调节表、执行银行存款函证、关注银行账户间转账划拨、检查大额银行存款收支等细节测试程序。

相关知识

表15－4列举了在货币资金循环中可能发生的错报。

表15－4 在货币资金循环中可能发生的错报

可能的错报	关键控制点
现金收入不入账	通过观察、检查和询问等发现是否有“小金库”
挪用，白条抵库	检查相关凭证是否真实并经过授权
贪污公款，如假发票等	检查发票或收据的真实性和是否连续编号
以现金支付回扣或好处费	抽取并检查付款凭证，检查支出是否有授权批准
存入的收入来源不合法，如出租账户	抽取并检查收款凭证
坐支	观察出纳的工作，并且检查相关凭证
非法挪用资金	抽取一定期间的银行存款日记账和对账单核对

自我测试

一、单项选择题

1. 企业规定现金收入应于每日存入银行的主要目的是（　　）。

A. 确保交易经适当批准　　B. 确保交易按授权进行

C. 保护资产安全　　D. 确保现金及收入记录完整

2. 下列各项中，最有可能防止员工挪用现金收入的内控措施是（　　）。

A. 现金收取与应收账款过账之间职责分离

B. 坏账冲销由独立于信用审批部门的主管授权

C. 监督每日现金汇总表与现金日记账之间的核对

D. 对现金日记账和每日现金汇总表实施独立的内部稽核

3. 吉奥公司某银行账户的银行对账单余额为585 000元，在审查吉奥公司编制的该账户银行存款余额调节表时，A注册会计师注意到以下事项：吉奥公司已收、银行尚未入账的某公司的销货款100 000元；吉奥公司已付、银行尚未入账的预付某公司材料款50 000元；银行已收、吉奥公司尚未入账的某公司退回的押金35 000元；银行已代扣、吉奥公司尚未入账的水电费25 000元。假定不考虑审计重要性水平，A注册会计师审计后确认该账户的银行存款日记账余额应（　　）元。

A. 625 000　　B. 635 000　　C. 575 000　　D. 595 000

4. 监盘库存现金是注册会计师证实被审计单位资产负债表所列现金是否存在的一项重要程序，被审计单位必须参加盘点的人员是（　　）。

A. 会计主管人员和内部审计人员　　B. 出纳人员和会计主管人员

C. 现金出纳员和银行出纳员　　D. 出纳员和内部审计人员

5. 在对库存现金进行盘点时，时间最好选择在上午上班或下午下班时进行，主要为了证实（　　）认定。

A. 完整性　　B. 计价和分摊　　C. 存在　　D. 权利和义务

6. 吉奥公司某银行账户的银行对账单余额与银行存款日记账余额不符，A注册会计师应当执行的最有效的审计程序是（　　）。

A. 重新测试相关的内部控制
B. 审查银行对账单中记录的该账户资产负债日前后的收付情况
C. 审查银行存款日记账中记录的该账户资产负债表日前后的收付情况
D. 审查该账户的银行存款余额调节表

7. 货币资金内部控制的以下关键环节中，存在重大缺陷的是（　）。
A. 财务专用章由专人保管，个人名章有本人或其授权人员保管
B. 对重要货币资金支付业务实行集体决策
C. 现金收付及时存入银行，特殊情况下，经主管领导审查批准方可坐支现金
D. 指定专人定期核对银行账户，每月核对一次，编制银行存款余额调节表，使银行存款账面余额与银行对账单调节相符

8. 下列情形中，不违背货币资金“不相容岗位相互分离”控制原则的是（　）。
A. 由出纳人员兼任会计档案保管工作
B. 由出纳人员保管签发支票所需全部印章
C. 由出纳人员兼任收入总账和明细账的登记工作
D. 由出纳人员兼任固定资产明细账的登记工作

9. 注册会计师 A 于 2014 年 3 月 5 日下午下班时对甲公司全部现金进行监盘后，确认实有现金数额为 1 000 元。甲公司 3 月 4 日账面库存现金余额为 2 000 元，3 月 5 日发生的现金收支全部未登记入账，其中收入金额为 3 000 元、支出金额为 4 000 元，2014 年 1 月 1 日至 3 月 4 日现金收入总额为 165 200 元、现金支出总额为 165 500 元，则推断 2013 年 12 月 31 日库存现金余额应为（　）元。
A. 2 500　　B. 1 000　　C. 2 300　　D. 1 300

10. 注册会计师对银行存款进行截止测试的关键是（　）。
A. 审查当年各月的银行存款余额调节表
B. 确定被审计年度企业开出的最后一张支票号码
C. 审查当年各月的银行存款对账单
D. 确定天华公司当年记录的最后一笔银行存款业务

二、多项选择题

1. 在对询证函的以下处理方法中，正确的有（　）。
A. 在粘封询证函时对其统一编号，并将发出询证函的情况记录于审计工作底稿
B. 询证函经会计师事务所盖章后，由注册会计师直接发出
C. 收回询证函后，将重要的回函复制给被审计单位以帮助催收货款
D. 对以电子邮件方式收回的询证函，要求被询证函单位将原件盖章后寄回会计师事务所

2. 下列不符合货币资金的内部控制规范的有（　）。
A. 单位负责人的直接亲属不得担任本单位会计机构负责人
B. 会计机构负责人的直系亲属不得担任本单位出纳人员
C. 为了加强内部控制，单位因指定专人集中保管单位负责人、财务负责人的个人印章和财务专用章
D. 出纳员不得兼任固定资产、无形资产账目的登记工作

3. 下列各项货币资金中，注册会计师审计后应当提请被审计单位通过“其他货币资金”科目核算的是（　　）。

A. 信用保证金存款　　B. 备用金

C. 存出投资款　　D. 银行本票存款

4. 下列审计程序中，属于库存现金、银行存款账户实质性程序的有（　　）。

A. 监盘库存现金，编制库存现金监盘表

B. 抽查大额现金和银行存款收支是否及时入账

C. 抽查是否每月编制银行存款余额调节表

D. 向开户银行函证银行存款余额

5. 函证银行存款余额，注册会计师主要是为了证实（　　）。

A. 银行存款是否存在　　B. 银行借款金额

C. 是否存在被审计单位未入账的负债　　D. 是否存在或有负债

三、判断题

1. 出纳人员不得同时从事银行对账单的获取、银行存款余额调节表的编制等工作。(　　)

2. 注册会计师对银行存款的函证，可以采用积极式和消极式。(　　)

3. 为证实银行存款记录的正确性，注册会计师必须抽取一定期间的银行存款余额调节表，将其同银行对账单、银行存款日记账及总账进行核对，确定被审计单位是否按月正确编制并复核银行存款余额调节表。(　　)

4. 由于现金盘点往往在资产负债表日后进行的，注册会计师需要根据资产负债表日至审计报告日之间所有现金收支数倒推计算资产负债表日的现金数额。(　　)

5. 上市公司发生了会计政策变更，但未按财政部规定报上市地证券交易所备案，则上市公司应及时补报。(　　)

6. 注册会计师田虎在对天星股份有限公司2013年12月31日银行存款余额调节表的编制执行控制测试时发现，该公司出纳王猛根据自己登记的银行存款日记账结合银行对账单按期编制出了准确的银行存款余额调节表，为此田虎认为该项内部控制有效。(　　)

7. 注册会计师在分配财务报表项目重要性水平时考虑到，由于货币资金是企业流动性最强的资产，被审计单位必须加强对货币资金的管理，并建立良好的货币资金内部控制，以防止错报及舞弊的发生，所以应充分认识货币资金的重要性水平。(　　)

8. 因为被审计单位的库存现金余额极小，小于注册会计师分配的库存现金重要性水平，注册会计师可以不对库存现金进行实质性程序。(　　)

9. 监盘库存现金是证实资产负债表中所列现金是否存在的一项重要程序，盘点范围包括未存入银行的已收现金、零用金、找换金及各部门人员领用的备用金等。(　　)

10. 注册会计师在对银行存款做控制测试时可以抽取适当收款凭证，检查收款凭证金额是否与销售发票、经批准的销售单及记入销售明细账和银行存款日记账的相关金额是否一致。(　　)

四、简答题

1. 简述注册会计师进行现金监盘与存货监盘的区别。

2. 为什么要函证银行存款余额，如何选择函证对象？

3. 银行存款的审计目标是什么？

五、案例分析题

基本情况　在对佳华公司 2013 年度财务报表进行审计时，李琳注册会计师负责审计货币资金项目。佳华公司在总部和营业部均设有出纳部门。为顺利监盘库存现金，李琳注册会计师在监盘前一天通知佳华公司会计主管人员做好监盘准备。考虑到出纳日常工作安排，对总部和营业部库存现金的监盘时间分别定在上午十点和下午三点。监盘时，出纳把现金放入保险柜，并将已办妥现金收付手续的交易登入现金日记账，结出现金日记账余额；然后，李琳注册会计师当场盘点现金，在与现金日记账核对后填写“库存现金监盘表”，并在签字后形成审计工作底稿。

要求　请指出上述库存现金监盘工作中有哪些不当之处，并提出改进建议。

21世纪特色课程规划教材

第三部分
模拟实务篇

1. 审计实务指导目的认知

通过审计实务的综合模拟演练，使学生能够加强对所学专业理论知识的理解与认识，完成从理论到实践的认知过程，对审计主要做什么工作有一个感性认识；加强对审计基本方法的运用和基本技能的训练，从而更好地培养学生的实际操作能力，达到理论教学与审计实务的统一；开阔学生的视野，增进学生对社会、企业的了解和认识；培养学生的分析能力、判断能力、调查研究能力和文字表达能力，为学生今后进入社会从事相关工作奠定了良好的基础。

2. 审计实务任务的安排

审计实务主要以模拟注册会计师审计为例，设计了相关的审计案例，要求学生在掌握审计理论的基础上，能够遵循并运用审计准则进行审计调查、描述、评价；掌握审计查账的基本知识技能和方法，正确出具审计报告；增强独立开展相关工作的能力，提高实践操作能力，培养学生良好的工作作风。

3. 审计实务资料

实务一

【实务操作内容】注册会计师职业道德规范。

【实务操作要求】掌握注册会计师职业道德规范的基本要求。

【实务资料】

吉奥股份有限公司系佳华会计师事务所的常年审计客户。2013 年 11 月，佳华会计师事务所与吉奥股份有限公司续签了审计业务约定书，审计吉奥股份有限公司 2013 年度财务报表。假定存在以下审计情形：

（1）吉奥股份有限公司由于财务困难，应付佳华会计师事务所 2012 年度审计费 100 万元一直没有支付。经双方协商，佳华会计师事务所同意吉奥股份有限公司延期至 2014 年底支付。在此期间，吉奥股份有限公司按银行同期贷款利率支付资金占用费。

（2）吉奥股份有限公司由于财务人员短缺，2013 年向佳华会计师事务所借用一名注册会计师，由该注册会计师将经会计主管审核的记账凭证录入计算机信息系统。佳华会计师事务所未将该注册会计师包括在吉奥股份有限公司 2013 年度财务报表审计项目组。

（3）甲注册会计师已连续 5 年担任吉奥股份有限公司年度财务报表审计的签字注册会计师。根据有关规定，在审计吉奥股份有限公司 2013 年度财务报表时，佳华会计师事务所决定不再由甲注册会计师担任签字注册会计师。但在成立吉奥股份有限公司 2010 年度财务报表审计项目组时，佳华会计师事务所要求其继续担任外勤审计负责人。

（4）由于吉奥股份有限公司降低 2010 年度财务报表审计费用近 1/3，导致佳华会计师事务所审计收入不能弥补审计成本，佳华会计师事务所决定不再对吉奥股份有限公司下属的 2 个重要的销售分公司进行审计，并以审计范围受限为由出具了保留意见的审计报告。

（5）吉奥股份有限公司要求佳华会计师事务所在出具审计报告的同时，提供内部控制审核报告，为此，双方另行签订了业务约定书。

（6）佳华会计师事务所针对审计过程中发现的问题，向吉奥股份有限公司提出了会计政策选用和会计处理调整的建议，并协助其解决相关账户调整问题。

【实务要求】请根据《中国注册会计师职业道德规范》有关独立性的规定，分别判断上述六种情形是否威胁佳华会计师事务所的独立性，并简要说明理由。

实务二

【实务操作内容】注册会计师职业道德规范。

【实务操作要求】掌握注册会计师职业道德规范的基本要求。

【实务资料】佳华会计师事务所接受委托，承办V商业银行2013年度财务报表审计业务，并于2013年底与V商业银行签订了审计业务约定书。佳华会计师事务所指派A和B注册会计师为该审计项目负责人。假定存在以下情况：

（1）V商业银行以2013年度经营亏损为由，要求佳华会计师事务所降低一定数目的审计收费，但允诺给予其正在申请购买的办公楼按揭贷款利率予以相关优惠。佳华会计师事务所同意了V商业银行的要求，并与之签订了补充协议。

（2）A注册会计师持有V商业银行的股票100股，市值约600元。由于数额较小，A注册会计师未将该股票售出，也未予回避。

（3）B注册会计师的妹妹在V商业银行财务部做会计核算工作，但非财务部负责人。B注册会计师未予回避。

（4）由于计算机专家李先生曾在V商业银行信息部工作，且参与了其现行计算机信息系统的设计，佳华会计师事务所特聘李先生协助测试V商业银行的计算机信息系统。

（5）佳华会计师事务所与V商业银行信贷评审部进行业务合作。由信贷评审部介绍需要审计的贷款客户，佳华会计师事务所负责审计工作，最后由信贷评审部复核审计质量。鉴于双方各自承担的工作，相关审计收费由双方各按50%比例分配。

【实务要求】

① 针对第（1）、（4）、（5）三种情况，判断佳华会计师事务所是否违反《中国注册会计师职业道德规范》的相关规定，并简要说明理由。

② 针对第（2）、（3）两种情况，分别判断A、B注册会计师是否违反《中国注册会计师职业道德规范》的相关规定，并简要说明理由。

实务三

【实务操作内容】注册会计师职业道德规范。

【实务操作要求】掌握注册会计师职业道德规范的基本要求。

【实务资料】2014年2月1日ABC会计师事务所注册会计师李华的叔叔李博打来电话，请李华及其所在事务所担任XYZ有限责任公司2013年度财务报表的审计工作。李华为了扩大事务所的业务爽快地接受了。并于2月5日带领审计小组进驻XYZ公司实施审计。李华是ABC会计师事务所的发起人之一，任审计部经理，主要擅长工业制造企业的审计业务。

XYZ公司属于高科技民营企业，其最主要的出资者为李博，占有60%的股权。李博担任董事长及总经理。李华的父亲也是出资者之一，但仅占有5%的股权。XYZ公司主要经营计算机软件开发、销售。

【实务要求】请根据注册会计师职业道德规范指导意见的要求，确定李华能否担任XYZ有限责任公司的审计业务，并简要说明理由；请指出会计师事务所为了从整体上维护独立性应采取的措施。

实务四

【实务操作内容】销售与收款循环的内部控制测试。

【实务操作要求】掌握销售与收款的内部控制及其测试的审计方法。

【实务资料】注册会计师审查某机器制造厂，对有关销售与收款的内部控制进行了调查，了解的该厂销售与收款内部控制情况如下：

（1）根据批准的顾客订单，销售部编制预先连续编号的一式三联现销或赊销销售单。经销售部授权人员批准后，所有销售单的第一联直接送仓库作为按销售单订货和发货给装运部门的授权依据；第二联交开具账单部门；第三联由销售部留存。装运部门将从仓库提取的商品与销售单核对无误后装运，并编制一式四联预先连续编号的发运单，其中三联及时分送开具账单部门、仓库和顾客，一联留存装运部门。

（2）开具账单部门在收到发运单并与销售单核对无误后，编制预先连续编号的销售发票，并将其连同发运单和销售单及时送交会计部门。会计部门在核对无误后确认销售收入并登记应收账款账簿。会计部门定期向顾客寄送对账单，并对顾客提出的异议进行专门追查。

（3）公司的应收账款账龄分析由专门的“应收账款账龄分析计算机系统”完成，该系统由独立的信息部门负责维护管理。会计部门相关人员负责在系统中及时录入所有与应收账款交易相关的基础数据。为了便于及时更正录入的基础数据可能存在的差错，信息部门拥有修改基础数据的权利。

【实务要求】

①针对（1）~（3），请逐项判断公司的内部控制程序在设计上是否存在缺陷。如果存在缺陷，请分别予以指出，并简要说明理由，提出改进建议。

②针对（1）中从销售部根据经批准的顾客订单编制销售单到装运部门实施装运之间的交易处理过程，请指出其中缺失的一项关键内部控制程序，说明该控制程序主要与哪一个财务报表项目的何种认定有关，并提出改进建议。

实务五

【实务操作内容】营业收入审计。

【实务操作要求】掌握营业收入的审计要点。

【实务资料】注册会计师2013年年底对嘉天企业全年销售收入进行分析时发现，12月的销售收入增长幅度大，超出平时月份的计划收入很多。为了查明这一异常情况，该注册会计师审阅并核对了主营业务收入、主营业务成本、应收账款、库存商品等明细账和有关凭证。发现一张12月20日编制的收款凭证未付原始凭证，会计分录为：借记“应收账款”58.5万元，贷记“主营业务收入”50万元，贷记“应交税费——应交增值税（销项税额）”8.5万元。但库存商品明细账上没有相应记录，经询问仓库保管员得知，当时并未发货。

【实务要求】指出该企业销售业务中存在的问题，并做调整分录。

实务六

【实务操作内容】应收账款审计。

【实务操作要求】掌握应收账款审计的要点。

【实务资料】注册会计师2014年2月14日审查佳佳股份有限公司2013年度财务报表时，取得应收账款资料，如下表所示。

应收账款明细账

账面余额/元

债务单位	年初数	年末数
电脑开发公司	65 000	31 000
食品公司	35 400	21 000
物资公司	27 000	17 000
商　场	90 900	36000
商业中心	21 000	45 000
合　　计	239 300	150 000

注册会计师于2014年2月对该公司应收账款全部进行了函证，截止到2月25日除物资公司外，注册会计师收到了全部回函，除下列存在异议外，其他均与应收账款明细账相符。

（1）电脑开发公司回函，仅欠款11 000元，其余已于2013年12月30日支付，经注册会计师追查，该笔款项已于2013年12月31日收到。

（2）商业中心回函称2013年12月所欠18 000元因商品质量问题，只能支付70%，财务部经理已同意。

【实务要求】根据以上资料，做出审计调整分录；并分析物资公司欠款可能存在的问题，提出处理意见。

实务七

【实务操作内容】坏账准备审计。

【实务操作要求】掌握坏账准备审计的要点。

【实务资料】甲公司2013年12月31日应收账款总账余额为20 000万元，其所属明细账中借方金额的合计数为21 000万元，贷方金额合计数为1 000万元；其他应收款总账余额为3 000万元，该公司采用余额百分比法计提坏账准备，计提比例1%，计提金额为230万元。坏账准备的记录详见下表。

坏账准备明细账

万元

日　期	凭证字号	摘　要	借　方	贷　方	余　额
1/1		上年结转			100（贷方）
5/6	转字37	转销坏账	50		50（贷方）
8/11	转字87	核销坏账	60		10（贷方）
31/12	转字98	计提本年坏账准备		230	220（贷方）

【实务要求】根据上述资料，指出坏账准备计提中存在的问题并进行纠正。

实务八

【实务操作内容】销售收入的审计。

【实务操作要求】掌握收入审计的要点。

【实务资料】大华公司在2013年10月份与甲企业签订销售合同，该合同中规定：由甲企业支付给大华公司货款及增值税共计549 900元。其中，2013年11月份预付219 960元，12月份补付274 950元，2013年1月补付54 990元。由大华公司向甲企业提供机床10台，其中，2013年12月份6台，2013年1月份4台。大华公司增值税税率为17%。上述业务发生后，大华公司的账务处理如下：

（1）2013 年 11 月份预付款项时：

借：银行存款 219 960

　贷：主营业务收入 188 000

　　应交税费——应交增值税 31 960

（2）2013 年 12 月份收到款项时：

借：银行存款 274 950

　贷：主营业务收入 235 000

　　应交税费——应交增值税 35 950

（3）2014 年 1 月份收到款项时：

借：银行存款 54 990

　贷：主营业务收入 47 000

　　应交税费——应交增值税 7 990

注册会计师于 2014 年 2 月对大华公司进行审计。

【实务要求】根据上述资料，说明审计方法，指出存在问题，提出处理意见。

实务九

【实务操作内容】销售与收款循环的审计。

【实务操作要求】掌握销售与收款循环的审计要点

【实务资料】ABC 会计师事务所接受委托对恒华股份有限公司 2013 年度财务报表进行审计。在对销售与收款循环实施审计时，通过相关审计程序发现以下销售业务：

（1）恒华股份公司与 A 企业签订一项购销合同，合同规定，恒华公司为 A 企业建造安装两台电梯，合同价款为 800 万元。按合同规定，A 企业在恒华公司交付商品前预付价款的 20%，其余价款将在恒华公司将商品运抵 A 企业并安装检验合格后才予以支付。恒华公司于本年度 12 月 25 日将完成的商品运抵 A 企业，预计于次年 1 月 31 日全部安装完成。恒华股份有限公司确定了 800 万元的收入。

（2）恒华公司本年度售给 C 企业一台机床，销售价款 50 万元，恒华公司已开出增值税专用发票，并将提货单交与 C 企业，商业汇票期限为三个月，到期日为次年 2 月 3 日。由于 C 企业车间内放置该项新设备的场地尚未确定，经恒华公司同意，机床待次年 1 月 20 日再予提货。恒华股份有限公司确认了 50 万元的收入。

（3）恒华公司本年 1 月 5 日销售给 D 企业一台大型设备。销售价款 200 万元。按合同规定，D 企业于 1 月 5 日先支付价款的 20%，其余价款分四次平均支付，于每年 6 月 30 日和 12 月 31 日支付。设备已发出，D 企业已验收合格。该设备实际成本为 120 万元。恒华股份有限公司确认了 200 万元的收入。

（4）恒华公司本年销售给 F 企业一台机床，销售价款为 35 万元，F 企业已支付全部价款。该机床本年 12 月 31 日尚未完工，已发生的实际成本 15 万元。恒华股份有限公司确认了 35 万元的收入。

【实务要求】根据上述资料，请分别指出恒华股份有限公司已经确认的收入能否确认（按能够确认、不能确认、不能全部确认三种情况分别回答），如果不能确认或不能全部确认的请简要说明理由。

实务十

【实务操作内容】采购与付款循环的内部控制及其测试。

【实务操作要求】掌握采购与付款循环的内部控制测试方法。

【实务资料】审计人员接受委托，对靓靓公司进行年度财务报表审计。假定：

（1）该审计人员目前正在对应付账款项目的审计编制计划。

（2）上年度工作底稿显示共寄发200封询证函，对该客户的2 000家供货商进行抽样函证，样本从余额较大的各明细账户中抽取，为了解决函证结果与被审计单位会计记录间的较小差异，审计人员和被审计单位均花费较多时间。对于未回复的供应商，均运用其他审计程序进行了审计，没有发生异议。

【实训要求】

① 说明该审计人员在制定将予实施的审计程序时，应考虑哪些审计目的。

② 说明该审计人员应否使用函证，如使用函证，列举使用函证的各种情况。（3）说明上年度进行函证时，选取有较大年末余额的供应商进行函证为何不一定是最有效的方法？本年度在选样函证应付账款时，该审计人员宜采用何种更有效的方法？

实务十一

【实务操作内容】应付账款审计。

【实务操作要求】掌握应付账款的审计要点。

【实务资料】注册会计师正在对大华公司的应付账款项目进行审计。根据需要，决定对下列四个明细账户进行函证，见下表。

应付账款余额明细表

万元

公司名称	年末余额	本年度进货总额
甲公司	23 080	52 300
乙公司	0	2 250 000
丙公司	56 800	85 600
丁公司	250 000	3 562 000

【实务要求】

① 审计人员应该选择哪两家公司进行函证，为什么？

② 如果上述4家公司均为大华公司的购货人（债务人），根据上表应收账款年末余额和本年度销货总额，注册会计师应选择哪两家公司进行函证，为什么？

实务十二

【实务操作内容】应付账款和生产成本的审计。

【实务操作要求】掌握应付账款和生产成本的审计要点。

【实务资料】吉星公司在经济效益好期间，为使以后年度留有余地，年终以车间修理为名，虚设一个提供劳务的单位，并编制虚假劳务费用20万元的单据作为应付账款进行账务处理，其会计分录为：

借：制造费用——修理费　　　　200 000

　贷：应付账款——××　　　　200 000

【实务要求】根据上述情况，分析过程并进行调整分录。

实务十三

【实务操作内容】固定资产审计。

【实务操作要求】掌握固定资产审计的要点。

【实务资料】注册会计师审计吉星有限公司当年财务决算时发现，该公司本年度5月份购入空调10台，每台3 000元，当日即投入使用，其会计处理为：

借：管理费用　　30 000

　贷：银行存款　　30 000

经查，该类空调年折旧率为12%，购买手续齐备。

【实务要求】根据上述资料，请指出该企业处理当中存在的问题，并提出审计处理意见。

实务十四

【实务操作内容】固定资产和累计折旧的审计。

【实务操作要求】掌握固定资产和累计折旧的审计要点。

【实务资料】注册会计师审查吉华股份有限公司2013年度“固定资产”和“累计折旧”项目时发现下列情况：

（1）对所有的空调机按其实际使用的时间（5 ~ 9月）计提折旧。

（2）公司有融资租入的设备4台，租赁期为5年，未列入计提折旧固定资产范围。

（3）对已提足折旧继续使用的某设备，仍计提折旧。

（4）8月初购入吊车2辆，价值650万元，当月已投入使用并同时开始计提折旧。

（5）该公司采用平均年限法计提折旧，但于本年度9月改为工作量法，这一改变已经董事会批准，未在财务报表附注中予以说明。

【实务要求】根据上述资料，请指出上述各项中存在的问题，并提出改进建议。

实务十五

【实务操作内容】存货的审计。

【实务操作要求】掌握存货的审计要点。

【实务资料】注册会计师在观察被审计单位存货实地盘点时，发现了下列特殊项目：

（1）产成品仓库中有数箱产品为挂盘点单，经询问，属于被审计单位的已售出产品。

（2）一间小仓库中有三种沾满灰尘的原材料，每种材料都挂有盘点标签，并且数额与实物相符。

（3）材料明细账上有一批存货记录，存货盘点表上没有，经询问，得知该批材料存放在外地。

【实务要求】根据上述资料，请分析指出对这些项目应当进一步采取何种审计程序。

实务十六

【实务操作内容】存货的审计。

【实务操作要求】掌握存货的审计要点。

【实务资料】注册会计师在审查乙企业2013年度材料发出业务时发现，12月份该企业生产领用A材料的计划成本8 000 000元，车间一般耗用4 000 000元，本月份材料成本差异

率 -2%。

有关账务处理如下：

（1）结转发出材料计划成本时：

借：生产成本 8 000 000

制造费用 4 000 000

贷：原材料 12 000 000

（2）结转发出材料成本差异：

借：生产成本 240 000

贷：材料成本差异 240 000

【实务要求】根据上述资料，指出上述记录存在的问题，并提出当期账项调整建议。

实务十七

【实务操作内容】存货的审计。

【实务操作要求】掌握存货的审计要点。

【实务资料】注册会计师在对A公司2013年度财务报表的存货项目进行审计时，发现存在以下错误：

（1）某项存货实际有910件，年度盘点时误认为是901件。

（2）某项购货的发票已到货未到，年末已依据发票入账，但未计入期末存货。

（3）某项购货的货到而发票未到，年末未予以入账，但已计入期末存货中。

（4）某产品销售时，未做销售记录。因其实物尚存在仓库，已将其列入期末存货当中。

（5）某产品销售时，未做销售记录，亦未包括在期末存货中。

【实务要求】根据上述情况，逐一分析这些错误对本期财务报表所产生的影响。

实务十八

【实务操作内容】人力资源与工薪的审计。

【实务操作要求】掌握人力资源与工薪的审计要点。

【实务资料】天华公司2013年7月份的工薪分配表如下表所示。

天华公司2013年7月工薪分配表

部门	人员类别	生产成本	制造费用	管理费用	销售费用	合计
生产部门	生产工人	67 210				67 210
生产部门	管理人员		6 435			6 435
机修车间	全体人员	3 575				3 575
销售部门	销售人员				2 431	2 431
厂部	管理人员			11 440		11 440
其他	固定资产清理	572				572
其他	基建工程人员	1 759				1 759
医务室	医务人员			787		787
合计		73 116	6 435	12 227	2 431	94 209

【实务要求】根据上述资料，审查上述工薪分配表，如有错误，指出错误所在。

实务十九

【实务操作内容】成本与费用的审计。

【实务操作要求】掌握成本与费用的审计要点。

【实务资料】注册会计师审查 2013 年 6 月份 A 公司生产费用明细账和产品成本计算单时，发现下面的问题：

（1）2013 年 6 月份明细账登记完工甲产品 400 件，期末盘点其在产品 200 件，在产品投料率为 80%，加工程度为 50%，其成本计算单见下表。

甲产品成本计算单

2013 年 6 月　　元

成本项目	期初在产品成本	本期生产费用	生产费用合计	产成品成本	期末在产品成本
直接材料	28 800	167 600	196 400	157 120	39 280
直接人工	6 300	38 000	44 300	35 400	8 860
制造费用	8 000	76 400	84 400	67 520	16 880
合　计	43 100	282 000	325 100	260 040	65 020

（2）在建工程领用原材料 15 000 元，计入产品成本。

（3）幼儿园人员工资 5 200 元，计入产品成本。

（4）本月应摊入的工具费 800 元，没有摊入。

（5）月底办理假退料 9 000 元，经审查车间没有该种余料。

经审查本月产成品数量、月末在产品数量以及加工程度均正确无误。

【实务要求】根据上述材料指出存在的问题，提出审计意见，并编制正确的成本计算单。

实务二十

【实务操作内容】营业外支出的审计。

【实务操作要求】掌握营业外支出的审计要点。

【实务资料】注册会计师接受委托对 A 公司 2013 年财务报表进行审计，发现下列事项：

（1）A 公司 2013 年木工车间失火，损失巨大。经核查公司为修复厂房及核销火灾损失共计 105 000 元，该公司将该项支出列入“管理费用——其他管理费用”。

（2）该公司技术科 2013 年租入实验室设备 4 台，按合同规定，每月支付租金 50 000 元，并按设备原价 6 000 000 元逐月计提折旧，折旧率为 5%，计 300 000 元，两项共计 900 000元，已记入“管理费用”。

（3）由于 2013 年出纳岗位转换，全年银行存款利息收入 25 000 元一直未进行处理。

（4）员工宿舍全年生活用水、电费共计 87 000 元，社会摊派款 30 000 元，公司自行组织员工的外出休养的车船费、住宿费等共计 5 660 元，均已列入“管理费用”。

【实务要求】根据上述事项，指出存在的问题，并提出审计意见。

实务二十一

【实务操作内容】筹资与投资循环审计。

【实务操作要求】掌握筹资与投资循环的审计要点。

【实务资料】注册会计师在审查天齐企业资本公积的明细账时，发现本期股票溢价15 200元，抽查有关会计凭证时，发现本期实际发行股票8 000股，每股发行价格12元，股票面值10元，佣金800元，股票的手续费1 200元，已列入财务费用。

【实务要求】根据上述资料，审查该企业发行股票溢价中的问题，并提出处理意见。

实务二十二

【实务操作内容】筹资与投资循环审计。

【实务操作要求】掌握筹资与投资循环的审计要点。

【实务资料】注册会计师李明审查红星公司实收资本时，发现该公司接受其他单位投资转入的固定资产一项，投出单位账面价值为200 000元，已提折旧50 000元。该公司对投资转入固定资产评估后确认其账面价值为180 000元。其账务处理如下：

借：固定资产	200 000	
贷：累计折旧		20 000
资本公积		30 000
实收资本		150 000

【实务要求】根据上述资料，审查该公司投入资本业务，指出存在问题，并予以改正。

实务二十三

【实务操作内容】短期借款审计。

【实务操作要求】掌握短期借款的审计要点。

【实务资料】注册会计师接受委托对新华造纸厂的短期借款项目进行审计。本年度新华造纸厂从工商银行取得生产周转借款180 000元，用于采购原材料。审计人员查阅“材料采购”明细账并与凭证核对，发现在借款期内没有采购原材料。调阅“银行存款日记账”发现，当月用银行存款支付生产车间房屋改建费180 000元，作为修理费用处理。注册会计师到车间调查，车间管理人员证实房屋改建属实。注册会计师进而召开有关人员座谈会，要求新华造纸厂财务科就生产借款一事进行详细说明。被审计单位承认套取银行信用改变借款用途。

【实务要求】根据上述资料，提出审计意见。

实务二十四

【实务操作内容】长期借款审计。

【实务操作要求】掌握长期借款的审计要点。

【实务资料】佳华公司2013年5月申请长期借款192 000元购置一台设备，计划三个月内安装调试结束投入生产。预计每月增加产值40 000元，增加利润80 000元，两年还清。该设备2013年10月完工投产。审计人员于2014年1月对长期借款审计得到以下资料：

10月，增产20 000元，收入14 000元，利润3 400元。

11月，增产30 000元，收入24 000元，利润5 300元。

12月，增产40 000元，收入30 000元，利润6 400元。

共增产值90 000元，收入68 000元，利润15 100元。12月用利润还长期借款18 000元，利息5 400元。

【实务要求】根据上述资料，对长期借款使用偿还进行恰当评价。

实务二十五

【实务操作内容】所有者权益审计。

【实务操作要求】掌握所有者权益的审计要点。

【实务资料】吉奥股份有限公司2013年实现税后利润3 000万元，所得税税率25%，法定盈余公积提取比例10%，利润分配前的股本结构为：

普通股股本10 000万股　　每股面值1元　　10 000万元

资本公积—股本溢价　　每股溢价2元　　20 000万元

盈余公积　　2 000万元

未分配利润　　3 000万元

（1）该公司投资600万元与其他企业开办联营公司，占联营企业投资总额的30%（按权益法核算），当年联营企业的净利润为100万元，按投资合同规定当年不分配利润，该企业未做会计处理。（联营企业所得税税率25%）

（2）经董事会研究决定，每10股增发1股作为股票股利，并已按规定办妥增资手续。

分配后股本结构为：

普通股股本10 000万股　　每股面值1元　　10 000万元

资本公积——资本溢价　　每股溢价2元　　20 000万元

盈余公积　　2 301. 5万元

未分配利润　　3 708. 5万元

【实务要求】根据上述资料，指出该公司存在的问题，并加以改正。

实务二十六

【实务操作内容】投资相关项目的审计。

【实务操作要求】掌握投资相关项目的审计要点。

【实务资料】注册会计师在对宏达公司的长期股权投资审计时发现以下两笔会计分录：

借：长期股权投资——甲公司　　110 000

　贷：银行存款　　110 000

借：银行存款　　200 000

　贷：投资收益　　200 000

注册会计师通过向该公司有关人员调查询问及查阅有关资料，了解到如下情况：

（1）宏达公司是甲公司的重要股东之一，当年宏达公司又购进该公司面值为10万元的股票，新购入的股票含有已宣布但未发放的股利1万元，至此，宏达公司已控股甲公司达40%。

（2）甲公司当年实现净利润为80万元，股份公司拿出50万元分配利润，宏达公司分得20万元。

【实务要求】指出宏达公司账务处理中存在的问题并进行相应的调整。

实务二十七

【实务操作内容】库存现金的审计。

【实务操作要求】掌握库存现金的审计要点。

【实务资料】2014年1月20日，注册会计师王英、李强在对大华企业2013年12月31日资产负债表审计中查得“货币资金”项目中库存现金为1 062.10元。1月21日上午8时，王英、李强对该企业出纳员张华所经营的现金进行了清点。该企业1月20日现金日记账余额是832.10元，清点结果如下：

（1）现金实有数627.34元。

（2）在保险柜中有下列单据已收、付款，但未入账。

其中，职工刘阳12月14日预借差旅费200元，已经领导批准。职工刘刚借据一张，金额140元，未经批准，也没有说明用途。在保险柜中，有已收款单但未记账的凭证共4张，金额135.24元。

（3）银行核定该企业库存现金限额为800元。

（4）经核对1月1—20日的收付款凭证和库存现金日记账，核实1月1—20日收入现金数为2 350元、支出现金数为2 580元，正确无误。

【实务要求】根据上述资料，编制库存现金盘点表，核实库存现金实有数，并核实2013年12月31日资产负债表所列数字是否正确，对现金收支、留存管理的合法性提出审计意见。

实务二十八

【实务操作内容】银行存款的审计。

【实务操作要求】掌握银行存款的审计要点。

【实务资料】注册会计师对华达纺织股份有限公司2013年12月31日的资产负债表进行审计。在审查资产负债表“货币资金”项目时，发现该公司2013年12月31日的银行存款账面余额为49 800元，向开户银行取得对账单一张，2013年12月31日的银行存款余额为65 000元。另外，查有下列未达账项和记账差错。

（1）12月23日，银行将一笔委托收款5 800元收到入账，但企业尚未收到收款通知，尚未记账。

（2）12月24日，银行代企业支付电话费1 800元，银行已登记企业银行存款减少，但企业尚未收到付款通知，尚未记账。

（3）12月25日企业送存转账一张，金额3 000元，并已登记入账，但银行尚未记账。

（4）12月30日开出一张转账支票，支付购货款14 000元，但持票单位尚未到银行办理转账，银行尚未记账。

（5）12月15日收到银行收款通知单金额12 200元，公司入账时将银行存款增加数错记成12 000元。

【实务要求】根据上述资料，编制银行存款余额调节表，核实2013年12月31日资产负债表上“货币资金”项目中银行存款数额的正确性。

实务二十九

【实务操作内容】终结审计与审计报告。

【实务操作要求】掌握终结审计与审计报告的审计要点。

【实务资料】北京佳华会计师事务所的A和B注册会计师对XYZ股份有限公司2013年度的财务报表进行审计，确定的会计报表层次重要性水平为30万元。审计外勤工作结束日是2014年3月15日，并于2014年3月25日递交审计报告。XYZ股份有限公司2013年度审计前财务报表反映的是资产总额为 8 000 万元，股东权益总额为 2 400 万元，利润总额为 300 万元。

A 和 B 注册会计师经审计发现该公司存在以下 5 个事项：

（1）2012 年年末和 2013 年年末应收账款余额分别为 1 200 万元和 1 800 万元，公司的坏账核算方法一直采用备抵法，但将其坏账准备比例由 2009 年的 5‰变更为 2010 年的 3‰。

（2）2013 年 5 月 1 日，公司为增加营运资金按面值发行 2 年期、面值为 4 200 万元、票面利率为 10% 的企业债券，当日筹足资金并按规定进行了相应的会计处理，但当年未计提债券利息。

（3）2013 年 10 月 31 日，公司清查盘点成品仓库，发现 Y 产品短缺 40 万元，进行了借记“待处理财产损益”科目 40 万元、贷记“库存商品”科目 40 万元的会计处理。2014 年 5 月，查清短缺原因，其中属于一般经营损失部分为 35 万元、属于非常损失部分为 5 万元，由于结账时间在前，公司未在 2013 年度财务报表中包含对这一经济业务相应的会计处理。

（4）2014 年 1 月，公司购买价格为 24 万元的管理部门用轿车 1 辆入账，当月启用，但当年未计提折旧。公司采用平均年限法核算固定资产折旧，该类固定资产预计使用年限为 5 年，预计净残值率为 5%。

（5）2014 年 1 月 10 日，公司原材料仓库因火灾造成 Z 原材料毁损 250 万元，公司于当月按规定进行了相应的会计处理。

【实务要求】

1. 假定不考虑审计重要性因素，分别针对审计发现的上述 5 个事项，A 和 B 注册会计师应提出何种处理建议？若需提出调整建议，应列示审计调整分录。

2. 如果 XYZ 股份有限公司拒绝接受 A 和 B 注册会计师针对审计发现的上述 5 个事项所提出的相应的处理建议，A 和 B 注册会计师应当出具何种意见类型的审计报告？并简要说明理由。

3. 如果 XYZ 股份有限公司只存在上述第 4 和第 5 这 2 个事项，并且接受 A 和 B 注册会计师对第 5 事项提出的相应的处理建议，但拒绝接受对第 4 个事项提出的相应处理建议，A 和 B 注册会计师应当出具何种意见类型的审计报告？并简要说明理由。

实务三十

【实务操作内容】终结审计与审计报告。

【实务操作要求】掌握终结审计与审计报告的审计要点。

【实务资料】注册会计师张华作为 ABC 会计师事务所审计项目负责人，在审计以下单位 2013 年度财务报表时分别遇到以下情况：

（1）甲公司拥有一项长期股权投资，账面价值 500 万元、持股比例 30%。2010 年 12 月 31 日，甲公司与 K 公司签署投资转让协议，拟以 450 万元的价格转让该项长期股权投资，已收到价款 300 万元，但尚未办理产权过户手续，甲公司以该项长期股权投资正在转让之中为由，不再计减值准备。

（2）乙公司于 2012 年 5 月为 L 公司 1 年期银行借款 1 000 万元提供担保，因 L 公司不能及时偿还，银行于 2013 年 11 月向法院提起诉讼，要求乙公司承担连带清偿责任。2013 年 12 月 31 日，乙公司在咨询律师后，根据 L 公司的财务状况，计提了 500 万元的预计负债。对上述预计负债，乙公司已在财务报表附注中进行了适当披露。截至审计工作完成日，法院未对该项诉讼作出判决。

（3）丙公司在2013年度向其股东M公司以市场价格销售产品5 000万元，以成本加成价格购入原材料3 000万元，上述销售和采购分别占丙公司当年销售、购货的比例为30%和40%，丙公司已在财务报表附注中进行了适当披露。

【实务要求】假定上述情况对各被审计单位2013年度财务报表的影响都是重要的，且各被审计单位均拒绝接受A注册会计师提出的审计处理建议。在不考虑其他因素影响的前提下，请分别针对上述3种情况，判断A注册会计师应对2013年度财务报表出具何种类型的审计报告，并简要说明理由。

参考文献

[1] 中国注册会计师协会. 审计［M］. 北京：经济科学出版社，2013.
[2] 中国注册会计师协会. 会计［M］. 北京：中国财政经济出版社，2013.
[3] 陈汉文. 审计理论［M］. 北京：机械工业出版社，2009.
[4] 王彦. 中国注册会计师执业准则实务问题释疑［M］. 北京：经济管理出版社，2009.
[5] 丁增稳，方飞虎. 会计职业认知［M］. 北京：中国人民大学出版社，2010.
[6] 张彤杉. 审计学［M］. 北京：清华大学出版社，2007.
[7] 蔺宁. 审计基础与实务［M］. 北京：人民大学出版社，2012.
[8] 张军平，石峰. 审计实务［M］. 北京：北京交通大学，2007.
[9] 中国注册会计师协会. 税法［M］. 北京：经济科学出版社，2013.
[10] 刘明辉. 审计［M］. 大连：东北财经大学出版社，2007.
[11] 李晓慧. 审计学（第二版）［M］. 北京：中国人民大学出版社，2012.
[12] 吴秋生. 审计学［M］. 上海：上海财经大学出版社，2006.
[13] 李代俊. 审计实务［M］. 北京：中国财政经济出版社，2013.
[14] 赵春萍. 审计基础与实务［M］. 长春：东北师范大学出版社，2008.
[15] 奚淑琴. 审计实务［M］. 北京：中国财政经济出版社，2012.
[16] 蔡维灿. 审计实务［M］. 北京：北京理工大学出版社，2012.
[17] 王守龙. 审计学基础［M］. 北京：清华大学出版社，2012.
[18] 林双全. 审计理论与实务［M］. 北京：科学出版社，2008.
[19] 杨昌红. 审计学［M］. 北京：清华大学出版社，2008.
[20] 中国注册会计师协会. 中国注册会计师执业准则指南（上、下）［M］. 北京：中国财政经济出版社，2006.